Lilly Freud-Marlé

Mein Onkel Sigmund Freud

Lilly Freud-Marlé

Mein Onkel Sigmund Freud

Erinnerungen
an eine große Familie

Herausgegeben
von Christfried Tögel

Aufbau-Verlag

Mit 38 Abbildungen

ISBN-10: 3-351-02630-7
ISBN-13: 978-3-351-02630-1

1. Auflage 2006

Einbandgestaltung Andreas Heilmann, Hamburg
Typographie Johanna Rennert-Mönch
Druck und Binden Pustet, Regensburg
Printed in Germany

www.aufbau-verlag.de

Inhalt

ANHANG

Vorwort

Die Biographen aber sollen sich plagen, wir wollen's ihnen nicht zu leicht machen. Jeder soll mit seinen Ansichten über die ›Entwicklung des Helden‹ recht behalten, ich freue mich schon, wie die sich irren werden.

Sigmund Freud

Nicht aus seinem Werke entnehme ich den Beweis von Freuds Einstellung zum menschlichen Schicksal, aus seinem eigenen Leben als Mensch, Forscher und Lehrer, aus lebendiger Erfahrung versuche ich, das edle Bild von seiner tapferen Beherrschung der großen Aufgabe zu formen, die dem Menschen, dem vergänglichen Geschöpf, von der Natur zur Lösung zuerteilt worden ist.

Lilly Freud-Marlé

Im Mai 1948 veröffentlichte Margarethe Freud, die ältere Schwester Lilly Freud-Marlés, in der »Neuen Zürcher Zeitung« einen Artikel, in dem sie behauptete, Lilly sei das Vorbild des von Hans Leip verfaßten und später von Lale Andersen gesungenen Liedes »Lili Marleen« gewesen.[1] Nebenbei erwähnte sie, daß Lilly eine Freud-Biographie geschrieben habe. Diese Bemerkung wurde von den Freud-Forschern bisher entweder nicht zur Kenntnis genommen, oder man hielt sie für frei erfunden.

Im Sommer 2003 arbeitete ich in Washington in der Library of Congress. Auf der Suche nach Dokumenten zu Freuds ältester Schwester Anna, deren Erinnerungen ich für die Herausgabe im Aufbau-Verlag vorbereitete, stieß ich im Nachlaß ihres Sohnes Edward Bernays, des Vaters der Public Relations, auf ein mir unbekanntes, mit 383 Seiten ungewöhnlich umfangreiches Typoskript. Bei näherer Betrachtung erwies es sich als die erwähnte und seitdem verschollene »Freud-Biographie«. Das Deckblatt trägt die Beschriftung

SIGMUND FREUD
Aus den Memoiren seiner Nichte
Lilly Freud-Marlé
Copyright.
Alle Rechte, insbesondere der
fremdsprachigen Übersetzung, vorbehalten.

Der Copyright-Vermerk ist ein Indiz dafür, daß sich Lilly Freud-Marlé um eine Veröffentlichung ihrer Erinnerungen bemühte. Über dieses Projekt und ihre Versuche, einen Verlag dafür zu finden, äußerte sie sich in einem Brief an den Kinderbuchverleger Herbert Stuffer in Berlin,[2] mit dem ihre Schwester, die Kinderbuchkünstlerin Tom Seidmann-Freud, eng zusammengearbeitet hatte.

London, den 2. April 1947.
3. Adamson Rd. N.W. 3.

[...] Nun hören Sie, verehrter lieber Herr Stuffer, Ihnen als gutem und bewährten Freund der Familie möchte ich mich anvertrauen und Ihren so kenntnisreichen Rat erbitten. Diesmal für mich selbst!

Sie wissen ja, daß ich mein Leben lang als Vertreterin internationaler Poesie und Prosa auf den Podien des Kontinents gearbeitet habe. Als Diseuse – Hier in England habe ich auch noch eine Zeitlang gearbeitet – mit schönem Erfolg, aber da drängte sich plötzlich ein anderes Ventil für meine künstlerischen Fähigkeiten vor. Und ich setzte mich nieder und habe nun seit über zweieinhalb Jahren ein Buch geschrieben. Das wäre natürlich nichts so Überraschendes oder Besonderes. Aber das Thema ist ein ungewöhnliches und wird vielleicht aufhorchen machen. Sie wissen ja, daß mein armes Mutterl die Schwester vom großen Psychoanalytiker Professor Sigmund Freud war, und mein Vaterl war sein Cousin – Nun habe ich ein Buch geschrieben. Den Titel noch nicht gegeben. Aber es kreist um Freud. Es ist wohl die erste Biographie von ihm, die nichts mit seiner wissenschaftlichen Arbeit zu tun hat und nur mit seiner Persönlichkeit und mit dem Leben seines Tages – seiner Umgebung und seiner Zeit zu tun hat. Es umschließt also von seinen Ahnen angefangen – bis über seinen Tod hinaus, er starb in London 1939, mehr als ein Jahrhundert. Das Buch, das kurz vor seinem Abschluß steht, enthält auch sehr sehr viel Zeitkolorit und soviel von meinem Leben, als es in Verbindung mit Onkel Sigi steht – Briefe und Photographien bereichern die Illustration des Buches.

Im Jahre 1943 interessierte sich ein bekannter englischer Verlag sehr für die Herausgabe des Buches. Aber das war die Zeit, wo ich es erst geplant hatte. Nun war es unmöglich, diese Aufgabe in kurzer Zeit zu lösen. Namentlich unter den Verhältnissen, unter welchen es zum Teil begonnen und geschrieben wurde.

Bomben etc. etc. Lebensgefahr oft Tag und Nacht!!! etc. Schweigen über das vergangene Entsetzen. Aber nun, in kurzen Wochen, ist es beendet. Mein Mann und ich sehen es jetzt noch durch und typen es schon »ins Reine«.

Anna Freud, Tochter Freuds, sagte mir jüngst, »Amerika würde sich darauf stürzen«. Immer kommen namentlich von drüben Anfragen nach einer Biographie Freuds.

Wem kann man sich drüben anvertrauen??? Darf ich Ihren Rat erbitten für die amerikanische Ausgabe? Es soll ein besonders schönes Buch werden, wünsche ich mir. Feines Papier, besonderer Druck, ein mit Liebe gemachtes Buch.

Können Sie mir raten??? Nach Holland und Schweden,

wo ich so oft gesprochen habe, habe ich Beziehungen aufgenommen, Freundinnen, die bei ersten Verlegern eruieren sollen, ob sie Interesse für ein Freudbuch haben. Nun handelt es sich um die deutsche Ausgabe. Denn ich will es absolut in meiner Muttersprache gedruckt wissen.

Ich dachte an Bermann-Fischer in Stockholm, wo ich auch eine Beziehung hatte. Und habe. Im tiefsten Inneren dachte ich an Sie! Wenn ich an die wundervollen, mit Liebe gepflegten und mit so viel Geschmack und Takt herausgegebenen Bücher Toms von Ihnen denke, so kann ich mir vorstellen, wie ein Freudbuch, ein erstmaliges, von Ihnen herausgegeben ausschauen würde. Aber aber. Ist denn so etwas möglich? Würden Sie es können? Brauchten Sie eine Erlaubnis in Deutschland hierzu? Und wie wäre es mit der Ausfuhr bestellt?? In andere Länder? Und mit der finanziellen Möglichkeit? Wenige, aber literarisch versierte Menschen, welche schon Teile meines Buches kennen, im engsten Kreise vorgelesen, meinen, es müsse ein internationaler Erfolg werden – Gott geb's! […]

Ich möchte deshalb so unendlich gerne, daß mein Buch zu Weihnachten auf den Büchermärkten erscheint. Und deshalb bitte ich Sie herzlich um Ihren Rat. Ich vertraue mich Ihnen an, weil ich weiß, daß Ihr Wort ist: Ja ist ja, und nein ist nein. So selten sind edle Erscheinungen geworden.

Sie werden sagen, warum ich mich nicht ganz Anna Freud anvertraue. Ich habe das Buch allein geschrieben, ohne jede Hilfe der Familie. Aber ganz nah ihr.

Und nichts Definitives gesagt. Sie ahnt wohl – aber ich wollte allen Erzählungen bei unserem häufigen Beisammensein, namentlich mit Tante Martha, niemandem eine Hemmung auferlegen, indem er fühlte – und den Fluß der Gespräche aufhält – Sie begreifen.

Tante Martha, die Gattin Freuds, im 83. Lebensjahre[3] – – – Lebt – […]

Lillys Aufzeichnungen, zwischen November 1944 und Herbst 1947 entstanden, sind die ersten ihrer Art, die von einem Mitglied der Familie Freud verfaßt wurden. Die einzige bisher veröffentlichte Biographie über Sigmund Freud stammt von seinem ältesten Sohn Martin und wurde etwa zehn Jahre später niedergeschrieben.[4]

Lilly Freud-Marlé, Schauspielerin, Rezitatorin, Jüdin, war 1939 mit ihrem Mann nach London emigriert, im selben Jahr, in dem ihr Onkel in seinem Londoner Haus in Maresfield Gardens starb. In ebendiesem Haus, dem heutigen Freud Museum, führte sie in einer Atmosphäre enger Verbundenheit ausführliche Gespräche mit ihrer Tante Martha, die sie in ihre Aufzeichnungen integrierte. Daneben war es ihre plastisches Erinnerungsvermögen sowie über die Jahre des Exils gerettete Materialien zu Freud, die ihr die Niederschrift des vorliegenden Buches ermöglichten.

Vor dem Hintergrund der Zerstörung aller bisherigen Lebensgrundlagen, konfrontiert mit der Nachricht von der Ermordung ihrer Mutter in Treblinka, gewinnt das Heraufrufen längst versunkener Tage die Dimension einer Vergewisserung. Das emotional zum Teil hochbesetzte Beschwören von Szenen der Geborgenheit in einer Großfamilie, die Charakterisierung von Großeltern und Eltern, das Festhalten von Erinnerungsbildern, Gesten, Tönen und Farben fungiert als Brücke zwischen dem unwiederbringlich Verlorenen und dem, was neu beginnen soll. Wie für Freud das Heimkommen ein zentrales Lebensmotiv war, so ist es für die Nichte das treibende Motiv ihrer Aufzeichnungen, das von seiner Wirkung auf den heutigen Leser nichts eingebüßt hat.

Im Zentrum ihres Textes steht der hochverehrte und über alles geliebte Onkel, die Vaterfigur auch über ihrem Leben. Mit ihrem geschulten Blick für Szenerie und Atmosphäre und ihrem Gedächtnis für Dialoge schildert Lilly Episoden und Anekdoten aus dem Alltag der Großfamilie, hält wörtliche Repliken fest, erinnert sich an die Tischrunden in der Berggasse, die Sommerferien mit der Großmutter, den Tanten, Cousins und Cousinen, die Geburtstage des Onkels, wenn in Wien alle Orchideen ausverkauft waren. Sie bewundert seine immense Arbeitsleistung und Disziplin, die Anna, die jüngste Tochter, zu der Charakterisierung »Uhrenmännchen« veranlaßte, erfreut sich seiner Genußfähigkeit und seines geselligen Wesens: »Er genoß die Harmonie des Augenblicks.« Sie dankt ihm für Ermutigung und Förderung ihrer künstlerischen Karriere. Sie erlebt sein schweres Krebsleiden, aber auch den Willen, weder auf Arbeit noch auf Glück zu verzichten: »Nur noch ein wenig genießen dürfen.«

Auf ihre Darstellung, die weder den Regeln einer wohlkomponierten Biographie folgt noch am Maßstab objektivierter Lebensbeschreibung gemessen sein will, trifft am besten eine von ihr selbst gewählte Kapitelüberschrift zu: Kaleidoskop. So stehen ausführliche Naturschilderungen neben pointierten Szenen und Dialogstücken, Ereignisse aus der eigenen Kindheit neben Schilderungen des Arbeitsalltags ihres Onkels, schwärmerische Passagen neben knappen Sentenzen. Ihr zuweilen betont lyrisch-emotionaler Ausdruck, der heute zum Teil befremden mag, entsprach ganz gewiß ihrem persönlichen Stilideal, speiste sich aber auch aus dem Repertoire zeitgenössischer Dichtung, das sie als Rezitatorin pflegte.

Die Wiedergabe des Textes folgt in Orthographie und Interpunktion den Gepflogenheiten vor der Rechtschreibreform von 1999, ohne individuelle Eigenheiten oder zeittypische Besonderheiten zu eliminieren. In wenigen Fällen wurde in die Satzkonstruktion eingegriffen. Stillschweigend korrigiert wurden offenkundige sprachliche Versehen, falsche Schreibungen von Eigennamen oder vereinzelte sachliche Fehler. Immer bedenkend, daß das zugrunde liegende Typoskript kein redigiertes Satzmanuskript darstellt, haben wir uns entschlossen, wiederholt Absätze einzubauen, um die Lektüre zu erleichtern. Die von der Autorin praktizierte Zitierweise ist im großen und ganzen zuverlässig. Dort, wo gedruckte Quellen vorliegen, haben wir die Zitate geprüft und gegebenenfalls korrigiert, was vor allem Textstellen aus Freuds Briefen und Werken betrifft

Für den Abdruck des Beitrags von Thomas Mann, »Ritter zwischen Tod und Teufel«, sowie der »Worte am Sarge Sigmund Freuds« von Stefan Zweig danken wir dem S. Fischer Verlag: Thomas Mann, Gesammelte Werke, Bd. X: Reden und Aufsätze 2. © 1960, 1974 S. Fischer Verlag GmbH, Frankfurt am Main; Stefan Zweig, Über Sigmund Freud. © 1989 Fischer Taschenbuch Verlag GmbH, Frankfurt am Main. Alle Rechte vorbehalten S. Fischer Verlag GmbH, Frankfurt am Main.

Zum besseren Verständnis des »Familiennetzes« bringt der Anhang neben den Zeittafeln zu Sigmund Freud und Lilly Freud-Marlé einen Stammbaum sowie in den Anmerkungen weitere faktische Ergänzungen, Erläuterungen und gegebenenfalls Berichtigungen. Die abgedruckten vier Essays, von Lilly »Medaillons« genannt, waren ein Geburtstagsgeschenk für ihren Onkel. Sie sind mit roter Tinte auf handgeschöpftem Papier geschrieben und befinden sich heute im Freud Museum London in einer von Lilly angefertigten Mappe. Obwohl zwei von ihnen – »Sigmund Freud in seinem Heim« und »Nikolsburg und das Museum und Archiv jüdischer Sammlungen« – im wesentlichen mit den betreffenden Passagen der Erinnerungen übereinstimmen, haben wir uns entschlossen, sie im Zusammenhang, so wie sie Freud 1936 von Lilly erhielt, zu präsentieren.

Wer war Lilly Freud-Marlé?

Sigmund Freud hatte sechs Geschwister: Anna, Rosa, Maria, Adolfine, Pauline und Alexander. Sie standen ihm unterschiedlich nahe, und die Beziehungen waren, bedingt durch äußere Einflüsse und Ereignisse, oft Schwankungen unterworfen.

Die zweite Tochter von Maria und Moritz Freud, Elisabeth (Lilly), wurde am 22. November 1888 in Wien geboren. Bereits als Kind fiel sie durch ihr hervorragendes Gedächtnis auf, konnte sie doch ein großes Repertoire von Dichtungen der Weltliteratur auswendig rezitieren.

Etwa Anfang 1898 übersiedelten ihre Eltern mit den drei Töchtern Margarethe, Lilly und Martha Gertrud, die sich später Tom nannte, nach Berlin. Zuerst wohnten sie in der Ansbacher Straße 6, unweit des Zoos. 1908 zog die Familie in die Bamberger Straße 5, etwas weiter entfernt vom direkten Zentrum der Metropole. Von den im Oktober 1904 geborenen Zwillingen kam Georg tot zur Welt. Sein Bruder Theodor ertrank als Achtzehnjähriger beim Baden.

Lilly wurde Schülerin bei Otto Sommerstorff und Oskar Sauer, zwei hervorragenden Vertretern der Schauspielkunst ihrer Zeit. Im Juli 1917 heiratete sie den Schauspieler Arnold Marlé (1887–1970), der später Oberregisseur des Deutschen Schauspielhauses in Hamburg wurde. Am 9. Januar 1919 wurde ihr Sohn Omri geboren. Am 18. März 1911 debütierte sie in Berlin, zehn Jahre später feierte sie ihren ersten großen Erfolg. Ihre Bühnenlaufbahn an den Münchner Kammerspielen und dem Schauspielhaus in Hamburg war allerdings nur kurz. Auf Grund ihrer rezitatorischen Erfolge konzentrierte sie sich zunehmend auf die Vortragskunst. 1926 trat sie zusammen mit Rabindranath Tagore in der Berliner Philharmonie auf. Bei weiteren Auftritten in ganz Europa rezitierte sie Tagores Dichtungen sowohl in Englisch als auch in Bengali und trug wesentlich dazu bei, einem europäischen Publikum asiatische Dichtkunst nahezubringen. Gut denkbar, daß Freuds Besuch bei Tagore im Oktober 1926, als sich dieser in Wien aufhielt, durch seine Nichte vermittelt worden war.[5] Neben ihrer künstlerischen Tätigkeit arbeitete sie als Sprecherzieherin und gründete mit ihrem Mann in München eine Theater-Akademie.

Nach dem Freitod ihrer Schwester Tom im Februar 1930 adoptierte Lilly deren Tochter Angela. 1933 gab Arnold Marlé seine Stellung in Hamburg auf und ging mit seiner Familie nach Prag. Sohn Omri hielt sich seit Juni 1938 zu Studienzwecken in England auf. Als die Lage in Prag immer bedrohlicher wurde, hatte das Ehepaar nur den einen Wunsch, ihrem Sohn nach England zu folgen. 1939 erhielten beide – wohl auch dank des Einsatzes von Sigmund Freud – die Einreiseerlaubnis und ließen sich in London nieder. Dort starb Lilly am 1. August 1970, nur wenige Monate nach ihrem Mann.

Lillys Mutter war 1933, nach dem Freitod ihrer Tochter Tom, nach Wien zurückgekehrt. Nach dem »Anschluß« Österreichs an das Deutsche Reich im März 1938 blieb sie mit drei ihrer gleichfalls hochbetagten Schwestern in Wien zurück, während ihre beiden Brüder, Sigmund und Alexander, in letzter Minute das Land verlassen hatten. Im Sommer 1942 wurden sie nach Theresienstadt deportiert, wo Adolfine wenige Wochen nach der Einlieferung umkam. Maria, Rosa und Paula wurden nach Treblinka gebracht und dort ermordet.

Das letzte persönliche Zeugnis über das Schicksal der Schwestern ist der Brief eines Häftlings in Theresienstadt, den er kurz nach Kriegsende an Anna Freud richtete:

Sehr geehrte gnädige Frau,

[…] Ich bin im Juni 43 nach Theresienstadt verschickt worden, wo ich dann 3¼ Jahre verbrachte. Meine erste Tätigkeit dort hat darin bestanden, daß ich zum ältesten Verwalter eines Riesensaales bestellt wurde, in dem unter den 270 Insassen auch zu meiner großen Bestürzung die beiden alten Damen Freud, ungefähr 80 Jahre alt, und die dritte, etwas jüngere Schwester, die Frau Winternitz, sich befunden haben. […] Die Zustände waren furchtbar, die vielen Menschen mußten wahllos nebeneinanderliegen, wir hatten weder Matratzen noch Strohsäcke, später doch etwas Holzwolle, die zu hart war, dazu die primitivste ungenügende und unregelmäßigste Kost, immer Kartoffel, selten einmal einen Knödel, ordinär, derb ohne Fett zubereitet, dazu das tägliche Brot, das fast immer verschimmelt war. Die beiden Schwestern haben das heldenhaft ertragen, nur haben sie viel geklagt, daß ihr ganzes Gepäck verschollen war wie bei den allermeisten Leuten; ob schon vom Wiener Altersheim oder unterwegs, konnte ich nicht erfahren, jedenfalls hat ihnen die notwendigste Kleidung und Wäsche gefehlt. Die eine der beiden Schwestern, die sehr zusammengehalten haben, war schon ein wenig verworren, die andere hat sich ihrer in unglaublicher, bewunderungswürdiger Weise angenommen, hat sie in jeder Hinsicht, Tag und Nacht betreut mit Essen, Reinigung, Wäsche. […] Ich hab mir viel Mühe gegeben, das Schicksal der beiden Damen zu erleichtern, ich habe ihnen Wäsche auch von meiner Frau und von mancher anderen lieben Dame besorgt, es war alles so schwer, ich konnte nur Kleines erwirken, was eben in meiner Macht stand, vor allem betreffs des Essens und besonders die ärztliche Behandlung. Mit der einen Schwester habe ich mich fast täglich besprochen und unterhalten, ich wollte sie bewegen, wenn schon nicht ins Krankenhaus, mit der unruhigen Schwester doch in ein Altersheim überzusiedeln, was sie aber sehr entschieden abgelehnt hat, und so sind sie bis Ende September bei mir geblieben. Inzwischen hat sich der Zustand der Schwester, wir hatten eine Epidemie von Dysenterie ohne Heilmittel, verschlimmert, sie mußte ins Krankenzimmer, wo sie auch gestorben ist.

Um diese Zeit haben die Abtransporte aus Theresienstadt begonnen, angeblich in das größere Lager nach Birkenau, tatsächlich, wie es sich gezeigt hat, nach Auschwitz.

Wir haben noch herzlichen Abschied genommen, und seither habe ich nichts von den Damen gehört. Es hat auf mich furchtbar gewirkt, daß diese besonders feinen, geistig hochstehenden Damen ein solches grausames Schicksal zu erleiden hatten, und es bleibt mir eine Genugtuung, daß ich in der Lage war, ihre letzten Tage ein wenig zu erleichtern. [...][6]

Im Sommer 1942 wußten die Verwandten noch nichts über das Schicksal von Lillys Mutter. Besonders ergreifend ist eine Postkarte ihrer Tochter Margarethe, die am 14. Juli 1942, als Maria Freud bereits nach Theresienstadt deportiert worden war, von Kopenhagen nach Wien schrieb:

Geliebtes Mutterl! Ich warte mit Sehnsucht u Ungeduld [auf] Deine neue Adresse u. hoffe, daß man Dir meine Karten u. Paket nachsendet, damit Du nicht ohne Nachrichten bist. Ich hoffe so sehr, daß Du u die Geschw. gut untergebracht. Schreibe doch bitte bald. Ich versuche was ich kann, damit Du Brief hast u Karten. Ich mache neue Eingabe, damit Du sofort etw. erhältst, falls das P. verlorengegangen, was ich jedoch nicht hoffe. M. dän. Bekannten fragen mich öfters, ob ich keine Bestätigung, da sie sonst postamtl. reklamieren müssen. Bussi

Tochter[7]

Die Vergegenwärtigung einer besonnten Vergangenheit und die enge Anlehnung an Martha Freud gaben Lilly Freud-Marlé die Möglichkeit, den grausamen Tod ihrer Mutter zu verarbeiten.

Christfried Tögel
Magdalena Frank

Selig trauern
Edle um ein edles Leben.
Nie verliert sich, was gewesen;
Wenn du deines Grams genesen,
Wird in Sehnsucht, wird in Schauern
dir dein Wesen
das Verlorne wiedergeben.

Richard Dehmel

Berufeneren als mir mag es vergönnt sein, bei einer ordnenden Überschau aus den gesiebten Weizenkörnern der Lebensarbeit Freuds ein gesundes Brot für das Leben der Menschen zu formen und klar zu erkennen, daß hier, in der scheinbaren Grausamkeit, eine Analyse durchzumachen, zu ertragen, gleich »einer Operation ohne Narkose«, wie Freud einmal selbst die Behandlung nannte,[8] eine Erlösung liegt. Damit ist auch die Schwierigkeit für den behandelnden Arzt zu erklären, aber ebenso die schwere Ertragbarkeit für den Patienten, diese Tiefenforschung in ihrem ganzen Ausmaß bei Bewußtsein zu erdulden. Verborgenes und Verstecktes ans Tageslicht des Bewußtseins zu fördern und die Scheu der Seele und die Scham des Körpers bei der Entdeckung aller als Geheimnis geschützten Erlebnisse frühester Kindheit preiszugeben. Und aus frühesten, weiter zurückliegenden Motiven den gordischen Knoten entwirren zu lassen, durch Stadien der Behandlung und verzweifelten Erschütterung zur Genesung zu schreiten.

Wandeln zur Gesundung. Wenn ich an die Lehre dieses großen Arztes denke und die Vorstellung dessen habe, was er eigentlich wollte, ein Retter des armen, von und durch sich selbst gequälten Menschenkindes zu sein – so sehe ich einen Baum vor mir, das menschliche Geschöpf darstellend. Wie der Baum von den feinstverästelnden Wurzeln in der saft- und kraftspendenden Erde bis zu den von der Sonne umhegten und vom Wetter bewegten fruchttragenden Ästen dasteht, aufrecht und gesund – so wünscht er den Menschen. Daß er gedeihe und gesund heranwachse, ohne sich schuldig zu fühlen, ohne seelische Erkrankung, von frühester Kindheit an aufzuwachsen, von der Sonne der Liebe beschienen und von dem natürlichen Schatten des Lebens, der Trauer, betroffen. Unverbrüchlich und ohne Angst, nach seiner Bestimmung zu wachsen. Und wie der Gärtner die zu argen Wucherungen des Baumes mit scharfem Werkzeug absägt und mit der Gartenschere entfernt, damit die Verdunkelung des Baumes gelöst wird und Sonne und Regen das ganze Gewächs durchdringen können, so greift Freud mit seiner Tiefenlehre ein, damit der Mensch von seinen Verästelungen befreit werde, und heilend erlöst er den Leidenden, den Patienten, zu stärkerem Wachstum, zu gesünderem Leben und zu seiner Erfüllung.

Ein Helfer in höchster Not, ein begnadeter und begnadender Arzt.

Ahnen

»Von meiner väterlichen Familie glaube ich zu wissen, daß sie lange Zeiten am Rhein (in Köln) gelebt hat, aus Anlaß einer Judenverfolgung im 14. oder 15. Jahrhundert nach dem Osten floh, und im Laufe des 19. Jahrhunderts die Rückwanderung von Litauen über Galizien nach dem deutschen Österreich antrat.«

Freud, »Selbstdarstellung«[9]

Ich bin so glücklich, diese Mutmaßung meines Onkels durch eine persönliche Erfahrung festigen zu können. Auf meinen Vortragsreisen durch den europäischen Kontinent gastierte ich auf einer Bühne Kölns. Eines Nachmittags wandere ich durch die Stadt, und plötzlich bleibe ich wie gebannt vor einem Hause stehen, an dessen Fassade ein großes weißes Schild auffällt mit schwarzer Schrift aus erhöhten Buchstaben:

SIGMUND FREUD

Kaum bewußt, was ich tue, drücke ich den Klingelknopf, und nach kurzen Sekunden öffnet eine Gestalt die Türe. Ich bin tief betroffen. Das ist ja das Ebenbild meines Vaters Maurice Freud. Die gleiche Gestalt, die auffallend helle Hautfarbe, die blauen Augen, die schwere weiße Hand mit den spitz zulaufenden Fingern, die ich nun begrüßend in der meinen halte. Er führt mich freundlich ins Zimmer und lädt mich zum Sitzen ein. Heiter erkläre ich ihm meinen Überfall. »Ja«, sagt er, »ich gehe selbst den Spuren unserer Familie nach, die seit Generationen in Köln ansässig ist. Mit Stolz trage ich den Namen des verehrten Großen unserer Familie.[10] Um Ihnen zu beweisen, daß ich unserer Herkunft auf der Fährte bin, habe ich mir hier eine Adresse notiert, die zweifellos auch auf die Spur unserer Familie führt. Sehen Sie, hier«, und er zeigt mir sein Notizbuch, »steht der Name Maurice Freud, Berlin. W. Schöneberg, Bambergerstraße 5. Ich habe es vor, ihn auf einer meiner Reisen zu besuchen.« »Leider werden Sie meinen geliebten Vater nicht mehr antreffen, er ist vor Jahren gestorben«, antworte ich in erschütternder Erkenntnis, daß sich hier Blut und Verwandtschaft so unbewußt vordrängen, daß der meinem Vater so Ähnliche seinen Namen in der Brusttasche trägt.* »Wie schade«, sagt er mit tiefem Bedauern und tut das Büchlein enttäuscht an seinen Platz. Hierauf stellt er mir seine anmutige Frau vor. Sie zeigen mir ein Familienbild, auf dem mir Ähnlichkeiten der Gesichter, des Ausdrucks auffallen, und erstaunt höre ich Vornamen seiner Verwandten, die mir in meiner eigenen Familie so vertraut klingen. Bereichert durch dieses Erlebnis, versprechen wir einander ein Wiedersehen. Leider hielt ich nicht Wort im Drange des damaligen Lebens. Es war einige Jahre nach dem ersten Weltkriege, und ich erwartete die Geburt meines zweiten Kindes.

* Mein Vater, Maurice Freud, war der Cousin meines Onkels Sigmund Freud und meiner Mutter Maria Freud.

Die Eltern

Dne 6. května 1856 narodil se v tomto domě prof. dr. Sigmund Freud vedec světového jmena na poli psychoanalýzy Příbor 1931	Am 6. Mai 1856 wurde in diesem Hause geboren Prof. Dr. Sigmund Freud Wissenschaftler von weltbekanntem Namen auf dem Felde der Psychoanalyse

Gedenktafel am Geburtshause Freuds

In einer kleinen Industriestadt Mährens, einer Provinz der heutigen Tschechoslowakei, liegt auf der Anhöhe eines kleinen Platzes das bescheidene, schmale Geburtshaus Sigmund Freuds: Příbor – Freiberg, Zámečnická ulice 117. Hier wurde er am 6. Mai 1856 geboren. Seine Mutter Amalia[11] war damals 21 Jahre alt und die zweite Gattin seines viel älteren Vaters Jakob. Dieser nennt bereits zwei Söhne aus erster Ehe sein eigen.[12]

Der Vater ist Kaufmann, hat eine eingetragene Tuchfirma, ist von sehr starken menschlichen Qualitäten und sehr fortschrittlich in seinen Anschauungen.

Die Mutter in ihrer großen Jugend voll Kraft, Energie und starken praktischen Geistes. Nicht ohne Herbheit, die Selbstbewußtsein und Wärme verbirgt.

Vater Jakob Freud war wohl um die zweiundvierzig,[13] als er eines der anmutigsten Mädchen des damaligen Wien – Amalia – heiratete. Sie war jung und blühend und hieß als Mädchen Amalia Nathanson. Ihre Familie stammte aus der Stadt Brody, im damaligen Galizien gelegen. Brody galt als aufstrebende Handelsstadt des östlichen Europas und

Freuds Geburtshaus in Freiberg / Mähren

wurde bald in ihrer Blüte zu einem industriellen und geistigen Mittelpunkt. Die Familie Nathanson gehörte zu dem kulturellen Zentrum der Stadt. Viele Familien, zu Wohlstand gelangt, gingen später nach Wien und nach Odessa, wo es in jeder Hinsicht wirtschaftlich und kulturell breitere und tiefere Möglichkeiten gab. Während Amalia mit ihren Eltern nach Wien ging, ließ sich ihr Bruder Hermann in Odessa nieder, wo er eine Kusine des Komponisten und Pianisten Anton Rubinstein[14], Susi Teschner, heiratete. Von seinen vier Kindern gründete später sein einziger Sohn[15] die erste deutsche Bibliothek in Odessa. Die Familie Nathanson und der erweiterte Familien- und Freundeskreis bildeten eines der wichtigsten geistigen Zentren der bewegten russischen Stadt. Oft und gerne erzählte mir meine Groß-

Der Vater Jakob Freud, um 1864

mutter von ihrem berühmten angeheirateten Verwandten Rubinstein, und eines Tages schenkte sie mir sein Bild, das sie bis dahin auf ihrer alten Kommode sorgfältig gehütet hatte. Großmutters Bruder Hermann brachte es zu hohem Ansehen in Odessa. Er erhielt ein Ehrengrab. Sie war immer sehr stolz auf ihn.

Die Mutter Amalia Freud, um 1872

Von Wien aus folgte sie ihm, dem viel älteren tapferen Manne vermählt, nach Freiberg, in die kleine Industriestadt Mährens, wo sie ihr erstes Kind, einen gesunden Knaben, das Licht der Welt erblicken ließ.

Und sie gaben ihm den Namen SIGISMUND.

Ich war immer stolz auf diese Frau, denn in ihr müssen die Kräfte geschlummert haben, die durch Vermählung mit Jakob zu dieser vollendeten Frucht geführt. Mit seiner ersten Frau zeugte er zwei Söhne von menschlicher Würde und kosmopolitischer Einfühlung, aber das Schöpferische Sigmunds legte sie dem Patriarchen in die Wiege. Daß ich von meiner Großmutter mehr weiß als von meinem Großvater und stärkere Eindrücke von ihm empfangen habe, ist begreiflich. Sie überlebte ihn um viele Jahrzehnte, und ich war noch ein kleines Mädchen, als er starb.

Ich überlese das Geschriebene und sehe, daß ein Verschreiben mich aufmerken läßt. Ich beabsichtigte und glaubte zu schreiben, stärkere Eindrücke von »ihr« und nicht von »ihm«. Der Irrtum ist aber geschehen. Das Unbewußte spricht hier. Ich versuche, in meinen Erinnerungen nachzuforschen, und finde, tief in meiner Kindheit zurückliegend, die Szene und das Geschehen wieder: die Zertrümmerung der Wange meiner geliebten Puppe Hilde. Mein unverwischter, bewußter erster Schmerz. Dieses Erlebnis, welches sich viel tiefer und schmerzvoller in mich eingrub als die viel freundlicheren Begegnungen mit meiner Großmutter, ist sicherlich die Ursache meines Verschreibens. Und dann: der kleine, simple Reim auf den Namen meines älteren Schwesterchens[16] blieb lange Jahre der einzige, der sich mir tief einprägte. Und da vom frühen Kindesalter an und später intensiver das Versesprechen sich zu meinem Lebensberuf gestalten sollte, blieb unbewußt Großvaters dunkle Stimme und der drollige Reim ein unvergeßliches Vorzeichen und eine Vorbedeutung für mein ganzes Leben, für meine künstlerische Neigung und Tätigkeit. Von diesem Kindheitserlebnis werden wir bald mehr hören.

Aber nach diesem Ausflug ins Unbewußte möchte ich zu meiner Großmutter zurück, wie ich sie als Kind erlebt habe.

Ich sehe sie vormittags in der Küche stehen – sie war nämlich auch eine vorbildliche Köchin – und mit gewandten Händen das tägliche Mahl bereiten. Da gab es immer Suppe, Fleisch und Gemüse, Kartoffeln und eine vorzügliche Mehlspeise. Sie war sparsam und kalkulierte genial. Die Waage und der kleine Holzbehälter mit den Gewichten, mit denen ich so gern spielte, wurden täglich gebraucht. Jeder war befriedigt. Ihr Mahl ein Genuß. Hier erinnere ich mich an meinen ersten Auftrag einzukaufen. Es war kurz vor Tisch, und meine Großmutter sagt: »Liserl, geh Semmerln kaufen.« Beglückt über meinen Auftrag, eile ich zur Küche hinaus. Die Treppenstufen hinunter, durch die Straßen, zum Bäcker an den Ladentisch. Auf Zehenspitzen erhoben, mich an den Ladentisch klammernd, mache ich meine Bestellung. Mit der Tüte in der Hand eile ich zur Türe, wobei ich noch rasch und zuversichtlich der Bäckerin zurufe: »Großmutter zahlt's.« Lange noch ging das Wort scherzend durch die Familie.

Vier Jahre verbringt die kleine Familie in Freiberg, dann übersiedelt sie nach Wien, wo vier Schwestern und ein Knabe in kurzer Aufeinanderfolge das Heim bereichern. Anna, die älteste, war noch in Freiberg geboren.[17] Später erzählte mir meine Großmutter noch von einem früh verstorbenen Knaben[18] und bedauerte seinen Verlust mit der Frage an das Schicksal, »was wohl aus ihm geworden wäre, wo doch zwei Söhne der Welt große Werte und großen Namen schenkten«. Hier, in der Hauptstadt Österreichs, lebt die Familie in kleinen Verhältnissen, und das Nest mit den heranwachsenden Kleinen wird vom fürsorglichen Vater und der überaus tüchtigen Mutter wohl versorgt und die Kinder gepflegt und erzogen. Mit Stolz und Freude berichtet die Mutter, wie sie die Kinder, schon in der Schule und voll Temperament, alle sieben so wundervoll zu beschäftigen weiß, daß, als ein Gast einmal fragt: »Ja, sind denn Ihre Kinderchen nicht zu Hause?«, sie ihm lächelnd eine Türe öffnet und ihm alle sieben mäuschenstill und wohlbeschäftigt in der wohnlichen Stube zeigt.

Sehr fleißig rühmt man die junge Mutter, die noch nähen lernt, um für alle Kinder Kleider und Anzüge zu fertigen. Daß diese Arbeit mühseliger war als heute, dafür sprechen die Krinolinen, die hervorlugenden Spitzen der Höschen, die so viel Geschick und Zeit für sich fordern. Meine Mutter,[19] die dritte der Töchter, erzählte mir oft, wie nach den fleißig erfüllten Tagen der Woche die Eltern mit allen sieben in den Prater gehen. Wie jeder von ihnen, adrett um den Holztisch sitzend, ein Krügel Bier und ein Paar Würstl bekommt. Wie herrlich das Veilchenpflücken im Grünen! Wie blühen in der Erinnerung der Kinder die lustigen Spiele, das

Ringelspiel, die Schwingen, die Schießbuden, die Wasserfahrten und Bahnen – und über allem das Leuchten der Kastanien! Die langen Alleen, die Karossen, die trabenden Hufe, das alte duftige Wien. Und schimmernd durch alle Bäume und Farben – der Mann mit den vielfarbigen Luftballons, die Type: Alt-Wien. »Und was man nicht alles für einen Gulden bekam!« pflegte meine Großmutter seufzend zu klagen. Welche Freude herrscht, wenn der Vater mit einem Ballen Tuch für die ganze Familie nach Hause kommt. Oder wenn gar zweimal im Jahr zur Winterszeit sieben Paar schwarze und zur Sommerszeit sieben Paar gelbe hohe Schnürstiefel die Wohnstube schmücken!

Meine Eltern wohnten damals mit uns – wir waren drei kleine Mädchen – im gleichen Hause mit den Großeltern. Wir im Mezzanin, sie im ersten Stock, Grüne Thorgasse 14.[20] Die Wohnung war, wie die unsere, hell und freundlich. Gleich gegenüber der Eingangstüre befindet sich die Küche, immer eigen und sauber gehalten, und das Geschirr an den Wänden spiegelt in leuchtendem Kupfer. Blankgeputzt und sorgfältig gehalten, ahnte es nicht seine Endbestimmung. Nach der Besetzung Wiens durch die Deutschen im Jahre 1938 mußten alle Haushaltungen ihre Kupfergeräte zu Munitionszwecken abliefern. Onkel Alexander[21] erzählte mir später in London, daß er eines Nachts gemeinsam mit seinem Sohn Harry das Kupfergeschirr meiner Großmutter in sein Auto trug und es ans Donauufer fuhr. Heimlich und unbeobachtet ließen sie das einst zu gutem Anlaß gebrauchte Hausgerät in die Fluten des alten Donauflusses hinuntergleiten. Voll Genugtuung lächelte er vor sich hin und sagte leise: »Mit Großmutters Hausfrauenstolz schießt man nicht.«

Der Küche zur Rechten liegen zwei Zimmer mit dem Ausblick auf einen Garten und ihr zur Linken, auf die Straße hinaus, abermals zwei Zimmer, die, wie die ganze Einrichtung des Hauses, Behaglichkeit atmen. Mein Großvater kommt täglich, nach uns zu sehen, ehe er hinauf in seine Wohnung geht. Er ist ein großer, breitschulteriger Mann mit weißem langem Haupthaar und Bart, die Zigarre im Mund, einen Stock mit schwerem Knauf, so sehe ich ihn bildhaft vor mir. Nie werde ich den Abend vergessen, an dem er sich schwer auf das Sofa niederließ und der Knauf seines Stockes das Gesicht meiner Puppe traf und ein großes Loch in ihre Wange schlug. Sie war eine Gehpuppe, hatte herrliche blaue Porzellanaugen, blondes Lockenhaar und hieß Hilde nach einem jungen schönen Mädchen, einer Sommerliebe von mir. Ich höre noch mein Schluchzen und den verzagten, trostspendenden Alten. Ich sehe ihn patriarchalisch vor schneeweißem Tischtuch sitzen, nach der Mahlzeit aus einer kleinen zweikumigen Glasschale Meerrettich trinken und wie ihm zur rauchenden Zigarre das Pilsnerbier schmeckt.

Sein Schreibtisch im Lichte des Fensters, mit der Aussicht auf den Garten, trägt rechts eine Anzahl hebräischer Bücher und birgt auch die Fibel, aus welcher er mich und mein älteres Schwesterchen lehrt. Er beherrscht die hebräische Sprache und gilt als Kenner jüdischer Wissenschaft. Und ich gedenke des schwingenden Schaukelstuhls, der sich im Rhythmus des buchstabierenden Kindes so heftig bewegt, daß er sich überschlägt und ich kopfüber und unverletzt in der Zimmerecke lande. Und dann der weihevolle Sederabend[22] bei ihm und Großmutter! Die schön gedeckte Tafel mit altem Porzellan und Glas, die verheirateten Kinder der Alten und deren Nachkommen, die bis zur und über die Tischkante reichen, die langen rauschenden Seidenröcke der Mütter und Tanten und die gestärkten Kragen und Hemden der Männer. Jede Tochter bringt aus ihrer Küche Bereitetes, und ich entsinne mich des roten Weines und der Gebete und des Zeigefingers des Alten, welcher die zehn Plagen der Bedränger Ägyptens ausspritzt auf das schneeweiße Linnen.

Und wie beneide ich mein ältestes Schwesterchen, denn auf ihren Namen gibt es einen Reim. Die schwere, dahinrollende Stimme des Großvaters tönt mir noch heute ins Ohr:

> Gretl, machpetl, rachamachi
> Geht auf den Boden und sucht die Ki.
> Ki ist nicht da, Gretl machpetl, rachamacha!

Und dann trommelte er mit seinen schweren Fingern auf die kindliche Brust. Es war dies die erste gereimte Erfahrung meines Lebens.

Eine große Rolle spielten die Gänse und die Gansleber. Ich erinnere mich, wie oft ich als Kind Großmutters Begeisterung genoß, wenn die Gansleber die Erwartung der Hausfrau durch ihre Größe erfüllte. Und nie habe ich Kohl so zubereitet gegessen wie von ihren schlanken, behenden, geschickten Fingern. Das Gemüse fein zerhackt, dazu Mehl, Butter und Salz eine Prise zu Einbrenn braun gerührt und vermengt dem schmackhaften Grün. Und an Geburtstagen und Familienfesten zog unvergeßlicher Duft durchs reinlich gepflegte Haus. Süßer Geruch nach frisch gebackenen Kuchen, dem mandelbespickten, rosinengefüllten Wiener Gugelhupf, den leicht auf der Zunge zergehenden Faschingskrapfen, und die weißen, zarten Vanillekipferln strömten ihr verlockendes Aroma. Nach den Mahlzeiten mußten alle in ihrer Gegenwart an den Waschtisch sich die Hände reinigen. Die Kleiderbürste und das Staubtuch waren wichtigste Dinge und die vorzügliche Hausfrau in allem so sichtbar.

Früh um Punkt sieben wurde geweckt, dann geräumt und gefrühstückt, und sie selbst brachte ihrem jüngsten Sohne das Frühstück ans Bett. Alle Deckchen wurden des Abends gefaltet, alles am Tage Benutzte fortgeräumt und gepflegt. Und wie eigen die Mutter! Ich erinnere sie, vor ihrem Spiegel sitzend und Kritik üben an der Arbeit ihrer Tochter Dolfi[23], die sie täglich frisierte. Da durfte kein Härchen abstehen von der erhöhten Frisur, und ich höre sie, indem sie das Haar strich, kritisch sagen: »Schlecht frisiert, Dolferl, schlecht frisiert.« Es war nur die alte Gewohnheit, fünf kleine Mädchen zur Ordnung zu mahnen, denn kein Härchen wagte sich unfolgsam zu sträuben, haarölgeglättet stand die hochgekämmte Frisur. Tadellos geflochten krönte sie der lange Zopf, aus eigenem Haar gefertigt, welcher des Nachts, in weißes Linnen gewickelt, an der Seite des kleinen Drehspiegels hing. Kein Stäubchen am Gewand, die Schürze umgebunden, kein gutes Kleid im Haus getragen und sogleich alles gereinigt, gebürstet und umhüllt in den Kasten gehängt. Ich erinnere mich einer stürmischen häuslichen Szene, als Dolfi ihren Schirm quer über den Schaukelstuhl gelegt und, vergessend, sich auf ihn setzte, so daß er krachend in zwei Hälften zerbrach. Unachtsamkeit war für sie fast unverzeihlich.

Es ist ihr zur lieben Gewohnheit geworden, die Sommer viele Jahre hindurch in Ro nov[24], einem Lungenheilkurort Mährens in der Nähe der Karpaten, zu verbringen. Sie trank die heilende Molke, und ich erinnere mich, wie ich aus dem Becher mit Glasröhrchen, stolz ihr nachahmend, das gesunde, bekömmliche Getränk schlürfte, wenn wir Kinder früh am Morgen mit den Erwachsenen die Alleen des Kurparks auf und ab wandelten.

Ach, war die Ankunft in Ro nov doch so beängstigend und voller Gefahr, wenn der große Landauer, mit der ganzen Familie gefüllt und dem Koffer an der Seite des Kutschers, plötzlich anzog und schräg den kleinen Abhang hinunter auf die Landstraße rollte, daß dem Kind, das erwartungsvoll und glückselig in die Ferien fuhr, der Atem ängstlich stillstand, wie auf der Schaukel zu Hause im Garten. Die Peitsche knallte, beruhigt zogen die Braunen nun weiter, und fernher von den Feldern winkten die Tücher der Bäuerinnen, die zum Bahnhof herüber festlich gekleidet schritten. Nun ging's in den kleinen Kurort, himmlisch zwischen Bergen und der Betschwa[25] gelegen. Inmitten der Marktplatz. Wie die Erinnerung die Bilder aus frühester Kindheit heraufwirft ins sprechende Gedächtnis! Auf dem Viereck des Platzes spielt eine Kurkapelle, die einige Male des Tages musiziert. Wir Kinder, den Großen entflohen, die langsam den Kreis umschritten, wir Kleinen Versteck spielend und gejagt von kindlichem Eifer und dem Klang der Musik. Wie umstanden wir an vielen späten Abenden die herumziehenden Seiltänzergruppen, wie verfolgten wir atemlos den Mann mit der balancierenden Stange, hoch und quer über dem ganzen Marktplatz schwebend. Die glitzernden Kostüme der Turner und Tänzer, der breitgeschminkte Mund und das Grinsen des Clowns! Und dann des Tags die Dorfmusikanten! Wie eilte ich, das Glück zu genießen, dem Trompeter die Noten zu halten und ohne Widerstand so manchmal das Feuchte im Gesicht zu spüren, wenn er das Mundstück des Instrumentes ausspritzte von der Nässe des Atems.

Und die Zigeuner im Dorf! Wie träumte ich, auch ein gestohlenes Fürstenkind zu sein! Und über allem der dunkelblaue Himmel der mährischen Wälder und besternt die glitzernde Nacht.

Die Zittergräser, die Nelken im Garten, die kleinen selbstgepflückten Sträuße, erwärmt die Stiele von Kinderhand, die Kränze am Bachesrand, gebunden aus Blättern und tannennadelngespickt und gehalten. Die dottergelbe Butterblume und das bescheidene kleine Gänseblümchen (Daisy genannt), die Vertraute aller Kleinen und aller duftigen Rasen. Die Vogelbeeren in Büscheln am herbstelnden Waldrand, zu roten Korallenketten gefädelt, die Holzbank unter der alten Kastanie, das Schmetterlingsnetz mit dem glücklichen Fang, das Krebsesuchen im eiskalten Bach, das Brausen der Betschwa, die Vergißmeinnichte, gelbgesternt und himmelblau am Bachesrand, der Aufstieg mit Becher und Bergstock zum Heidelbeer- und Himbeerpflücken am

Bergeshang, die Glaskugeln, buntfarbig in Großmutters kleinem Garten am bäuerlichen Hause, und die dunkelrot blühenden großen, entfalteten Rosen, der Stock, die schweren Zweige haltend, bastumbunden und morgenbetaut. Das wilde Reifenspiel und der Ball und der Kreisel und das Schwimmenlernen im kalten Bassin! Und die Regenrinne im Garten! Stundenlang konnte das Kind am Fenster stehen und die kleinen Kreise beobachten, die die aufschlagenden Regentropfen zogen, versonnen, schweigend und glücklich!

Wie oft nur das Kind gestolpert und gestürzt am Rande des Baches, auf dem Gartenweg und zu Hause im holperigen Durchgang auf würfelartig erhobenem Stein.

Die wild gewordene Kuh im Felde und das ängstliche Rasen des Kindes direkt in die schwingende große Eisenkugel der Kegelbahn hinein! Und die erste erotische Neugier und die Kinderfreundschaften. Das Wispern und das tuschelnde Geheimnis.

Und am Abend, am frühen, zur Vesperzeit, um die dralle melkende Kuhmagd gedrängt, zwischen ihren gespreizten Knien den sich rasch mit Milch füllenden Eimer gepreßt, und wir Kinder, lachend und plaudernd, die Becher gezückt, schlürfen durstig und erquickt den schaumig gespritzten kuhwarmen Saft.

Der Dorfhändler und der Konditor und die herrlichen langen Kipferln mit der goldgelben Butter. Und die Kinder, die barfuß Walderdbeeren, Himbeeren und Heidelbeeren in Gläsern verkaufen, und mein tiefes Leid, nicht auch barfuß gehen zu dürfen.

Ich habe in diesen mährischen Sommern erste tschechische Worte gelernt. Dobrý den, dobrou noc – guten Tag, gute Nacht, und leider nur bis Drei zählen gelernt. Wie mit dem Hebräischen, so ging's mir mit dem Tschechischen.

Und dann: der plötzlich vor mir aufrauschende Lämmergeier[26]! Ich trat ins Gebüsch, er blickte mich scharf an und schwang sich in die Lüfte. Und ich eilte erschreckt davon.

Und ich erinnere meinen jungen blonden Vater heiter meine Mutter auf dem Felde jagen und uns Kinder um ihn herumtollen. Er ließ uns wild die Abhänge herunterrollen, selig und erhitzt.

In dieser Atmosphäre, die von der Kinderseele so glücklich erlebt wurde, gewann Großmuter Amalia ihre völlige Gesundheit wieder. Geheilt von einem hartnäckigen Brustübel, einem quälenden Husten, verdankt sie wohl dem monatelangen Aufenthalt in Ro nov, Jahre hindurch, die Genesung in dem bezaubernden Luftkurort in der Nähe der Karpaten, daß sie voll Lebenskraft und Freude einem so hohen Alter entgegengehen konnte.

So geschah es einmal, daß das Städtchen und die umliegenden Dörfer einige Sommerwochen hindurch in freudiger Erregung waren. Eine Kinderprozession sollte stattfinden, und der Olmützer Erzbischof Kohn[27] war angesagt, die Prozession feierlich zu führen.

Hunderte Hände regten sich freudig, den Knaben und Mädchen neue Kleider zu fertigen. Die Knaben in Anzügen, frisch »geschniegelt und gebügelt«, wie man zu sagen pflegte, und die Mädchen alle in Weiß, in weißen Musselinen[28], getupft und gestreift, Seidenkleidchen, gekräuselt und schleifenumwunden. Hohe schwarze geschnürte oder gelbe Knöpfelschuhe, glänzend gewichst, über weiße Baumwollstrümpfe gezogen.

Wir Kinder alle halfen fiebernd bei den Vorbereitungen, und das altösterreichische Ländchen, der heutigen Tschechoslowakei zugehörig, das liebliche Mähren, judenfreundlich und gläubig katholisch, wählte vier kleine Judenmädchen, sich der Prozession anzuschließen, die Feierlichkeit mitzuerleben, und es wurde ihnen die hohe Pflicht zuteil, Erzbischof Kohn zu begrüßen. Daß dies einmal möglich war, ist heute – nach der großen jüdischen Tragödie – wohl schwer zu begreifen, aber bei Juden jener Zeit wie bei den Christen herrschte auch in religiösen Fragen das laissez faire des neunzehnten Jahrhunderts. Jene auserwählten Mädchen waren mein älteres Schwesterchen Gretl, eine kleine Freundin Elly, eine junge Ungarin und ich, das kleine damalige Liserl. Die Erwachsenen feuerten uns an mit mysteriösen Versprechungen, während sie unser glattes Kinderhaar mit lauwarmem Zuckerwasser zu straffen Zöpfen flochten. Man schlief schlecht des Nachts, weil die erste Flechte zu hart an den Kopf gezogen war. Aber wie stolz warfen wir am nächsten Morgen unseren Kopf in den Nacken, wenn das Haar gewellt in steifem Ausklang über unsere Schultern fiel. Die jungen Mütter lehrten uns, wie wir zur Begrüßung des Erzbischofs hervortreten sollten, ihm den schweren rubinleuchtenden Ring zu küssen. Auch wie wir ihm einen Blumenstrauß überreichen sollten, welcher von einer steifen weißen Bauernmanschette umrahmt war, an der eine breite Atlasschleife befestigt war, die von uns Mädchen gehalten wurde. Nun aber hieß es, einen kleinen Begrüßungsvers aufzusagen, und zwar wählten die Mütter die drei unschuldigen Worte:

»Dem hochedlen Kirchenfürsten!«

Aber drei von uns waren noch zu klein, das letzte Wort war viel zu schwierig auszusprechen, und ich werde nie das Gelächter der jungen Mütter vergessen, als die kleine Ungarin plötzlich hervortrat und rief mit gutturalem ungarischem Akzent: »Ich kann's, ich kann's, dem hochelendigen Kirschenfirschten!« Daraufhin, um allen künftigen Gefahren aus dem Wege zu gehen, sollten wir lautlos den Strauß überreichen. »Was man verspricht, das muß man auch halten«, hatten wir in Wien in unserer Jugend gelernt. Aber hatten die jungen, heiteren Mütter den Ernst des Sprüchleins vergessen? Sie versprachen uns, nach der Prozession und der gelungenen Überreichung des Feldblumenstraußes an den Erzbischof würden wir von ihm persönlich ein Geschenk erhalten. Und in der Tat. Wie sehe ich dieses Bild aus meiner Kindheit vor mir! In renaissancerotgoldenem Ornat über weißseidenem Gewand, mit dem hohen Bischofsstab, der Bischofsmütze ehrwürdig vor uns stehend: Erzbischof Kohn. Und hinter ihm, auf den Fußboden gehäuft, die Darbringung der bäuerlichen Bevölkerung – Geschenke für ihn, Pakete über Pakete. Aber unser Geschenk kam nie an. Wir warteten, warteten. Die Enttäuschung der vier kleinen Mädchen war groß. Wir Kinder sahen den Erzbischof Kohn, den großen Erzbischof Kohn, der doch eigentlich mit dem lieben Gott zu tun hatte, im leichten Nebel der Vergangenheit verschwinden. Ein Bischof, der nicht Wort hält, und Pakete, die nicht ankommen! Und junge Mütter, die lachend ihre Kinder betören!

Stundenlang schreitet die Prozession an den Marterln der malerischen Dörfer vorbei über Wiesen und Feldwege und sonnendurchflutete Dorfstraßen, vorbei an weißen Meilensteinen und verschlafenen blumengeschmückten Bergfriedhöfen. Feierlich und geduldig. Die Stille wird ab und zu von den Litaneien lateinischer Kirchengesänge erfüllt, und von Zeit zu Zeit läuten, zur Einkehr und zu Gebeten mahnend, die Silberglöckchen der Ministranten. Und wir Kinder bewundern die Heiligenbilder, die, in schönen, bunten Farben als Fahnen über unsere Köpfe erhoben, in Abständen im langen Zuge getragen wurden. Feierlich schritt in dem sich langsam vorwärts bewegenden Zuge Erzbischof Kohn unter dem rotseidenen Baldachin. Die weißleinenen Kittel, von heimischen Spitzenklöppeleien umrandet, der Geistlichen, welche das schirmende Dach langsam trugen, schimmern gestärkt in der Sonnenglut. In den Reihen des Zuges wandern auch Verkäufer und Verkäuferinnen mit. Ihre Ware ist aus farbigem Wachs. Sie bieten Glieder, Hände und Füße, Arme und Beine, dar für diejenigen, die an das Gesundbeten glauben.

Und wer eine Wachshand opfert,
Dem heilt an der Hand die Wund';
Und wer einen Wachsfuß opfert,
Dem wird der Fuß gesund.

Unsterblicher Heinrich Heine!

Seine »Wallfahrt nach Kevlaar«, dem Städtchen am Rhein, Wallfahrtsort für ungezählte Hilfesuchende, sein Gedicht, welches den Geist der Prozessionen so einmalig eingefangen hat, wird unsterblich sein. Und farbige Herzen werden der Mutter Gottes inbrünstiglich dargebracht. Große und Kinderherzen, ganz kleine.

Die Mutter faltet die Hände,
Ihr war, sie wußte nicht wie;
Andächtig sang sie leise:
»Gelobt seist du, Marie!«

In späteren Sommern ging Großmutter Freud nach Ischl im Salzkammergut, wo die Berge und die Traun und das internationale Leben sie fesselten. In diesem Kurort wird sie bekannt und verehrt, und ihr neunzigster Geburtstag wird von dem ganzen Ort gefeiert. Sie wird Ehrenbürgerin, und die Stadtmusikanten bringen ihr unter dem Balkon ein Ständchen, und der Bürgermeister überreicht ihr einen Kranz mit Blumen und der Zahl ihrer Jahre darin. Abwehrend sagt sie: »Zu viel, zu viel!«

Sie lebte sehr, sehr gerne mit all dem vollen Einsatz ihres starken Frauentums und mit aller Lebensenergie und allem Willen. Bis zuletzt hält sie streng an der Tageseinteilung und dem vorgenommenen Tagwerk fest. In Mußestunden häkelt sie feine Spitzen und bestickt Wäschebänder, mit welchen sie ihre Töchter, Schwieger- und Enkeltöchter beschenkt. Einige Male in der Woche gibt es eine Kartenpartie. Tarock liebt sie am meisten, und es wird mit einer

Amalia Freud an ihrem 90. Geburtstag, 18. August 1925

wohlschmeckenden Jause für die älteren Freundinnen verbunden. Von Kaiser Franz Joseph, welcher am gleichen Tag mit ihr seinen Geburtstag feiert, es ist der 18. August, erhält sie ein persönliches Glückwunschtelegramm. Ihr zur großen Freude. Auch er hat seinen Sommersitz in Ischl. Bis in ihr hohes Alter war sie fraulich eitel und auf gepflegte Kleidung und schlichten Schmuck bedacht. Vor einer ihrer Sommerreisen probierte sie ein Kapotthütchen[29] mit langen Seidenschleifen. Streng Form und Farben prüfend, schien sie mit der Auswahl nicht ganz zufrieden zu sein. Da nahm sie plötzlich, vor dem Spiegel sitzend, das Hütchen am Ende des Bandes, schwang es durchs Zimmer, ließ es los, und während es, durch die Lüfte fliegend, zu Boden glitt, daß der Veilchentuff bebte, rief sie zürnend aus: »Hu, der macht mich zu alt.« Sie hatte damals schon das neunzigste Jahr überschritten. Gern stand sie vor ihrer antiken Kommode, wo in der ersten Schublade links, eigen und geordnet, ihre einfachen Schmuckstücke lagen. Ich stand neben ihr, und sie ließ jedes einzelne Stück durch ihre Finger gleiten, als streichelte sie längst vergangene Erinnerungen, aber dann hielt sie eine kleine Korallenbrosche in der Hand und schenkte sie mir zum Andenken an unsere sommerlichen Besuche in Ischl. Längst sind die drei Korallen aus ihrer dünn gewordenen Fassung gefallen und liegen geborgen in einem schwarzweißen Perlbeutelchen, welches ihr Prinzessin Bonaparte[30] einstmals geschenkt hat. Die verbleichenden Korallen, das verschlissene Beutelchen und die gestickten Wäschebänder mit rotem Kreuzstich, von ihrer Hand sorgfältig gearbeitet, erinnern mich an freundliche Stunden, an stilles Geben und Nehmen, kleine innige Denkmäler verklungener Zärtlichkeiten.

Die Landpartien, die Ausflüge spielten eine große Rolle. Fast täglich ging man durch Wälder, Felder und Dörfer, um gemeinsam mit Freunden und Familie die Jause im Freien zu genießen, und wenn Jüngere den Heimweg bequem in einem Fiaker zurücklegen wollten, da sagte sie noch in hohem Alter energisch: »Ich geh zu Fuß.«

Auf unseren weiten abwechselungsreichen Sommerreisen, welche uns am häufigsten durch das sonnige Italien führten, besuchten wir auf der Heimreise nach dem Norden unsere Verwandten in Österreich und in der Tschechoslowakei. So versäumten wir auch nie, meine Großmutter in Bad Ischl aufzusuchen, die stets von Familienbesuchen umgeben war. Als sie einmal darauf bestand, ihr und ihren Gästen von unserer Kunst etwas »zum besten« zu geben – wie lange doch hat sie schon kein Theater gesehen –, schien sie wie verjüngt von dem Erlebnis. Ja, ja – sie empfing nicht nur Telegramme von Kaiser Franz Joseph, sie hatte auch ihre Privatvorstellungen wie König Ludwig II. von Bayern. Freudig fuhr sie meinem Mann durch sein volles Haar und sagte bewundernd: »Das muß aber schwer sein!« Er hatte für sie den Faustmonolog gesprochen. Und als ich mit einem kleinen Wiegenlied endete, sagte sie impulsiv, »schöner Mensch«, indem sie zärtlich über meinen Arm strich. Sie war damals schon äußerst sparsam mit Worten, aber stark und bestimmt in Sprache und Ausdruck. Wie war ich damals heiter! Ich machte einige Tanzbewegungen, rezitierte und summte ein kleines Lied. An der Türe stand die alte, ungewöhnlich häßliche Magd Großmutters, sah zu und ging dann zurück in die Küche, vor sich hin brummend: »Rezitieren kann ich, tanzen kann ich, singen kann ich, und schön bin ich auch«, berichtete Tante Dolfi lachend.

Erst heute, als reifer Mensch, empfinde ich voll und ganz die Bedeutung der eigenen Scholle. In unserem Künstlerdasein zu Wanderung und Veränderung getrieben, konnten wir immer nur zeitweise eine Stadt für uns beheimatet machen. Großmutter lebte den größten Teil ihres Lebens in Wien und wechselte nur selten ihr Wohnhaus. Wie vertraut wird einem da Wohnung und Stadt! Jeder Stein wird in Jahren verwandt, und behütet, geborgen lebt man den Tag. So wechselte sie auch wohl nur zweimal den Ort der Erholung. Mit Zuversicht erreicht man im Sommer das Häuschen, welches den Winter über geduldig gewartet, und sauber und eigen empfängt es, wie jährlich, den Gast.

Tante Martha, Onkel Sigmunds Frau, schreibt in einem Briefe aus Wien vom 22. März, dem Geburtstage meiner Mutter, dem zweiten Tage des Frühlings: »Großmutter hat sich von ihrer schweren Erkrankung im Winter überraschend erholt. Und freut sich mit jedem Sonntagvormittag, der ihr den Besuch ihrer ›goldenen Söhne‹, wie sie sie nannte, bringt. Ihr Zimmer geht dann manchmal über von Kindern, Enkerln und Urenkerln. Aber je mehr Geruder, desto beseligter ist sie.« Ihr Ältester läßt es sich nicht nehmen, mit einem Wagen, einem Fiaker, in Begleitung seiner Tochter Anna zur Mutter zu fahren, unterwegs muß er halten, und eigenhändig kauft der Sohn der Mutter den Blumentopf, den er ihr jeden Sonntag zum Gruße bringt. Großmutter wird von allen zärtlichst geliebt. Als Kind verspricht der Älteste ihr ein goldenes Bett. Er wird es ihr schenken, wenn er groß sein wird. »Ich werde dir später ein goldenes Bett kaufen.« Und er hat sein Versprechen gehalten, so völlig gehalten. Selten wird eine Mutter so geehrt, geachtet und verwöhnt wie Amalia Freud bis in ihr sechsundneunzigstes Lebensjahr. Nach dem Vorbilde ihres ältesten Sohnes handeln die anderen Kinder. Ein rührendes und humorvolles Beispiel ihrer Fürsorge ist die Geheimhaltung der Preissteigerung nach dem ersten Weltkriege, in der Zeit der Inflation, die eine so unerhörte Höhe annahm. Da ihre Tochter Dolfi alle Einkäufe besorgte, läßt man sie im guten Glauben, daß alle Waren noch so billig und preiswert seien wie zuvor. Es war für die Brüder eine Selbstverständlichkeit, daß die Mutter nicht nur so viel Geld zur Verfügung hat, als sie benötigt, sondern so viel, als sie sich vielleicht wünscht.

Die Todesfälle in der Familie werden ihr aus Rücksicht auf ihr empfindsames Wesen und hohes Alter später verheimlicht. Sie pflegte die düsteren Stimmungen schweigend hinzunehmen, aber leise zu fragen: »Was macht Sopherl?[31] Ist sie gesund? Hat sie eine schöne Wohnung? Sie schreibt gar nicht. Janker und Tom?[32]«, und nachdenklich, mit gesenktem Haupt, Namen zu nennen, die ihr lieb waren. Ich, an die solche Fragen gerichtet sind und die eine ausweichende Antwort gibt, wußte, sie fühlt die Wahrheit und glaubt mir nicht. Aber mehr sagte sie nicht und erlaubte uns in ihrer Weisheit das traurige Spiel.

Als sie ihres hohen Alters wegen ihren täglichen Spaziergang nicht mehr zu Fuß machen konnte, wurde sie mit einem Fiaker an sonnigen Tagen ausgefahren. Es war, wie sie mit Vergnügen erzählte, der gleiche Kutscher, der die berühmte Schauspielerin Kati Schratt zum Burgtheater fuhr. Sie war Kaiser Franz Joseph in jahrzehntelanger Freundschaft verbunden.

Der »Wiener Fiaker« war eine beliebte Erscheinung im Stadtbild, für die Nachwelt erhalten in dem berühmt gewordenen »Fiakerlied«, das der damals populärste Schauspieler Wiens, Alexander Girardi, kreierte, es mit so viel bezaubernder Verve, hinreißendem Rhythmus und Charme vortrug, das heißt halb singend, halb sprechend, und mit so tief eingefleischtem »Weanertum«, daß er es wohl an die vielen tausend Male immer wieder bejubelt singen mußte. Und es klingt mir, mich rückerinnernd, heute noch vibrierend in meinen Ohren. Und der Kutscher, mit dem glimmenden Zigarrenstummel im Mundwinkel, trieb voll Elan, mit elegantem Peitschenschwingen den »Braunen« liebkosend, zum Trab an. Großmutter Amalia verzichtete bis in ihr hohes Alter nicht darauf, sich im Fiaker durch die laternenbeleuchteten Straßen Wiens fahren zu lassen, um in der Silvesternacht die Turmuhr des Stephandoms, des »alten Steffel«, zu beobachten, so lange, bis ihre schweren Zeiger auf Mitternacht standen und die Turmglocke die Zwölfe schlug. Und so das alte Jahr in das Sein zurückfiel und das neue Jahr eingeleitet wurde. Diese Ausfahrten im Fiaker waren eine der ungezählten Annehmlichkeiten des Lebens, mit denen ihre Söhne sie umgaben. Wie zärtlich betrachtete sie die Bilder ihrer Söhne! Ihre schönen langfingerigen Hände gleiten liebkosend über das Bild, und ich höre ihre innig gemurmelten Worte: »Mein goldener Sohn, mein goldener Sohn!«

Eine kleine charmante Episode knüpft sich an das Erlebnis durch die Überreichung des Goethepreises an ihren Sohn Sigmund.[33] Als er zu Weltruhm gelangt und Besucher aus allen Erdteilen ihn, verehrend, in seiner Heimatstadt aufsuchen, da hegen sie den begreiflichen Wunsch, auch seine Mutter kennenzulernen. Und so finden Menschen von großen Unterschieden an Stand, Beruf und Berufung zu ihrem Heime den Weg. Man erzählt, daß sie allen Situationen mit viel Grazie des Geistes gewachsen war und nie um eine wohldurchdachte Antwort verlegen. Auch läßt sie sich nie durch Fragen bestürmen, sondern erzählt nur, was sie als richtig empfindet. So kamen Gesandte aus Frankfurt zur Mutter. Sie schaut die Herren verwundert an und fragt: »Goethe? Ja, wieso Goethepreis? Mein Sohn ist doch kein Dichter!« Worauf man ihr den Sinn der Ehrung erklärt. Begreifend erwidert sie: »Ja, wissen Sie meine Herren, ich habe noch einen Sohn, der ist auch tüchtig und berühmt, Alexander, in Tarifsachen.«

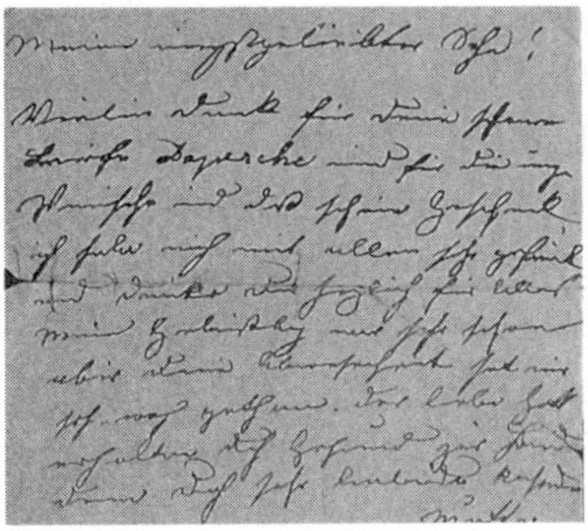

Brief Amalia Freuds

Die Handschrift der Mutter und der Charme ihres Stils und ihrer Briefe. Sie hat die zierlichste Handschrift von uns allen in der Familie. Feine dahineilende Zeilen, die wie waagerechte Schienen unter dem gleichen Fluß zärtlich gesetzter Worte dahingleiten. Kleine Bogen und Rundung der Linien und der Raum zwischen den Worten, sprechend von edlem Charme und gebender Hand. Leichtes Schwanken einzelner Lettern deutet das nahende Alter an. Ihre anmutige Wiener Mundart läßt sie die Worte Freud und Leid in meinem Poesiealbum aufeinander reimen:

Lili Freud soll nie haben ein Leid,
Das wünscht ihr ihre sie liebhabende
Großmutter Amalia Freud.

Es war dies die zweite gereimte Erfahrung meines Lebens.

Mutter Amalia liebte ihre Tochter Dolfi mit der Liebe, die nicht an Jahre und Wandlungen gebunden ist. Und gar manchmal vergißt sie, daß sie einen nun schon selbst alternden Menschen vor sich hat, und auf manche kleine Begebenheit fällt ein humoristisches Licht. Als meine Tante einen pikanten Scherz erzählt, da sagt sie zurechtweisend: »Ist das eine Rede für ein junges Mädchen?« Und ein andermal, als ein Bekannter eine Gewürztheit erzählt, schickt sie das »junge« Mädchen hinaus. Das junge Mädchen war damals einige sechzig Jahre alt. Trotz ihrer Unzertrennlichkeit mit Dolfi kann sie es nicht verwinden, daß sie unvermählt bleibt, und sorgend hat sie Jahrzehnte hindurch mit leinenen Schätzen ihren Heiratstrousseau[34] gefüllt. Dolferls Aussteuer wird voll Sorgfalt gehalten. »Die Alte wird immer gescheiter«, sagt Onkel Sigmund kurz vor ihrem Tode von ihr. Langsam lösen sich die Bande veralteter Sitten, und kritisch begreift und beurteilt sie das verwandelte Leben der Jetztzeit. Man hört auf ihren Rat und ihre Wünsche. Als die Ärzte wegen ihres schwachen Gesundheitszustandes von einer Sommerreise dringend abraten, da entschließt sie sich doch zur Fahrt. Die Ärzte beraten mit Onkel Sigmund, und er meint, »wenn sie es wünscht, so fährt sie«. Und mit großem Aufwand an ärztlichem Beistand und liebevoller Sorgfalt fährt Tante Dolfi mit Großmutter in den letzten Sommeraufenthalt ihres gesegneten Lebens hinein – in ihr geliebtes Ischl.

Dolfi, ihre zweitjüngste Tochter, hat sie nie verlassen. Bis zu ihrem Tode. Sie bedeutet für ihre Mutter die engste Zusammengehörigkeit mit einem geliebten, unersetzbaren Menschen. In ihrer Todesstunde hält sie ihre Hände so fest um ihre Tochter geschlungen, daß der Arzt, nachdem sie ihre Augen für immer geschlossen hatte, sie aus ihrer innigen Umarmung lösen mußte. Sie war bis zur letzten Stunde ihres so reichen Lebens der innig umhegte Mittelpunkt der Familie. Erst nach ihrem Tode wurde die Familienzusammenkunft aus ihrem Heime in die Berggasse 19 zu Freud verlegt – ihrem Erstgeborenen.

Das Grab der Eltern auf dem Zentralfriedhof in Wien

Jakob Freud stirbt im Jahre 1896 in Wien
im 82sten Lebensjahre.[35]

Amalia Freud stirbt im Jahre 1930 in Wien
im 96sten Lebensjahre.

Gymnasium

»Als Kind von vier Jahren kam ich nach Wien, wo ich alle Schulen durchmachte. Auf dem Gymnasium war ich durch sieben Jahre Primus, hatte eine bevorzugte Stellung, wurde kaum je geprüft.«

Freud, »Selbstdarstellung«

Aus seiner frühen Schulzeit erzählte mir meine Großmutter, daß der so überaus intelligente und wissensdurstige Knabe seinen Eltern, welche stolz auf diesen vielversprechenden Ältesten waren, natürlich gar keine Schulsorgen machte. »Ich habe ihn oft in den ersten Schuljahren von der Schule abgeholt«, erzählte sie mir, sich gerne rückerinnernd, lächelnd und zufrieden. Und sie fügte glücklich hinzu, daß Sigis dunkles, kluges Auge und das überaus fein geschnittene Gesicht viele Vorübergehende veranlaßte, sich nach dem edlen und schönen Knaben umzuwenden und ihn freundlich zu betrachten. Das Heim der Eltern war ganz auf Sigis Lernen und auf sein späteres ernstes Studium eingestellt, und obgleich zwei seiner Geschwister musikalisch waren, Pauli und Alexander, wurde kein Musikinstrument im Hause geduldet.[36] »Ruhe, Sigi lernt«, diese Worte habe ich oft aus den Erzählungen meiner Mutter, der dritten Schwester Freuds, aus ihrer frühen Mädchenzeit entnommen. Und häufig erzählte sie mir von Sigis Händeabdrücken an der Wand seines Studierzimmers. Er pflegte immer die gleiche Strecke durch sein Arbeitszimmer zu gehen und an bestimmter Stelle vor der Wendung mit beiden Händen flach auf die Wand zu schlagen. Rhythmisch im Takte des Lernens. Mit der Zeit bildete der Aufschlag seiner Hände ihr Abbild auf der Zimmerwand.* Seine Entwickelung zum Jüngling nimmt harmonischen Verlauf, im Hause von der Achtung und der tiefen elterlichen und geschwisterlichen Liebe umgeben. Man bedenke, fünf warmherzige Wiener Mäderln als Schwestern zu haben, die einen großen Bruder zärtlich verwöhnen, einen ihn geistig ermunternden und klug lenkenden Vater, eine innige, energische Mutter, die vorbildliche Hausfrau. Und dann der kleine, lebhafte, zehn Jahre jüngere Bruder Alexander, welcher von Anbeginn zum großen Bruder aufschaute.

Bei fleißigem Lernen und strebsam konzentriert, vergehen die Jahre im Gymnasium, bis der Jüngling von siebzehn Jahren im Monat Juni 1873 seine Matura absolviert. Bei dem damaligen Erziehungssystem im alten Österreich ein zeitlicher Vorsprung von zwei Jahren. Aus einem Briefe an einen seiner Freunde erfahren wir, daß er, wie alle seine anderen Kameraden, welche in der Prüfung standen, den gleichen Gefühlen und Zuständen unterworfen war. Dem Hoffen und Schwanken, der Bestürzung und Erheiterung, und er empfindet, daß es natürlich und gegeben sei, daß bei einem so wichtigen Anlaß wie dem einer solchen Prüfung die gütige Vorsehung wie der boshafte Zufall ihre Hand im Spiele haben. Wie einem plötzlich Lichter aufgehen und unerklärliche Glücksfälle sich ereignen, wie bald Glück, bald Unglück im wechselhaften Ereignis sich dokumentieren. So habe er von den fünf Arbeiten, die zum Resultat standen, drei mit »lobenswert« absolviert, eine mit »ausgezeichnet« bestanden und eine zu seinem Verdruß nur mit »befriedigend«. Die mathematische Aufgabe gelang am

* Anna Freud äußerte sich in einem Gespräch zu mir, als von der Möglichkeit einer Freud-Biographie die Rede war, dahin: »Man weiß ja so wenig.« Dr. Ernest Jones erzählt, Freud habe geäußert, daß in den Biographien bedeutender Persönlichkeiten, die die Mitwelt und die Nachwelt interessieren, so wenig aus ihrer Kindheit erzählt werde. »Warum verschweigen sie die Erlebnisse ihrer Kindheit«, soll Freud vorwurfsvoll gesagt haben.

besten und trug ihm die höchste Belobigung ein, und da er sich schon privat vor der Prüfung mit der griechischen Sage des Ödipus beschäftigt hatte, so fiel ihm die Lösung der gestellten Aufgabe – dreiunddreißig Verse aus dem Ödipusdrama des Sophokles zu übertragen[37] – nicht schwer. Vielleicht war die intensive Einfühlung in die griechische Ödipussage die schicksalhafte Vorbestimmung für ihn, sich in der Zeit der Reife der psychoanalytischen Aufgaben und Erfahrungen mit der Aufklärung des Rätsels der Sphinx und des Ödipus zu beschäftigen und der Menschheit den Begriff des Ödipuskomplexes – der frühen Attachierung des Sohnes an die Mutter und der Abwehr des Vaters – zur Erkenntnis aufzuschließen.[38] Auch mit den Vergilschen lateinischen Versen der Äneide hatte er sich schon vor der Prüfung beschäftigt, und dann hatte er eine Übersetzung aus dem Lateinischen ins Deutsche zu fertigen. Hier aber, vertrauend auf seine Vorkenntnisse und die Leichtigkeit, so schien es, der Aufgabe, nahm er sich nur zu kurze Zeit zur Übertragung, und zu seinem Verdruß mißlang sie. Allgemein menschlich und so begreiflich sind die Wünsche, die nach Absolvierung der Prüfung, der Matura, den nun zum Manne heranreifenden Jüngling bewegen. »Wünschen Sie mir«, so schreibt er seinem Freunde, »größere Ziele und reinere Erfolge und stärkere Nebenbuhler und ernsteren Eifer!«[39]

Seine Wünsche haben sich erfüllt. Ein begnadendes Schicksal hat dem Jüngling große Veranlagungen und starke Kraftquellen, schöpferische Gedankenkraft ins Leben mitgegeben, um mit ernstem Eifer und eiserner Kraft sich zu einem Aufstieg und einer Entfaltung zu formen, so daß der Mensch Sigmund Freud zu einer geistigen Gestalt heranwuchs, auf seinem Gebiet einmalig in seinem Zeitalter. So ragt also der erst Siebzehnjährige weit über jede alltägliche Erscheinung heraus. Als der Vater nun in kluger Voraussicht die Berufswahl seines Sohnes in Erwägung zieht, erinnert sich der reife Mann Freud dankbar dessen einsichtsvoller Entschließung. »Obwohl wir in sehr beengten Verhältnissen lebten, verlangte mein Vater, daß ich in der Berufswahl nur meinen Neigungen folgen sollte.« (»Selbstdarstellung«)[40]

In der großen Sperlgasse lag das Gymnasium, welches der junge Sigmund besuchte.[41] Es erfreute sich des Rufes, eine Anzahl bedeutender Männer hervorgebracht zu haben, wie Prof. Bárány,[42] den Entdecker der Drüse im Ohr, welche, durch Wasser gestört, die Gleichgewichtsschwankungen verursacht und so den Ertrinkungstod herbeiführt.

Domestica

Onkel Sigis Gattin Martha, mit ihrem Mädchenname Bernays, wurde in Norddeutschland in der einst so blühenden Hafenstadt Hamburg-Wandsbek geboren. Diese lebensvolle und beglückende Stadt mit ihrem bunten, großangelegten Hafen erstreckte sich breit und harmonisch an dem Elbufer hin, während das Stadtinnere mit den behaglichen Wohnvierteln von den Alsterkanälen durchzogen war. Unvergeßlicher Zauber der grünen Alster, ihrer Ufer und Teiche der Innen- und Außenalster, um die sich die Villenviertel malerisch gruppierten. Und im Mittelpunkt der erquickenden Frische und Herrlichkeit des Wassers das Harvestehuder Fährhaus. Wallfahrtsort der Bewohner, unter buntbewimpelten Bäumen beim Klang der Kapelle an Tischen ihre Erfrischungen genießend. Leuchtendes, glückliches Bild! Der Blick erfreut sich an den Kanus und Booten, die, in mannigfaltigen Farben und in unzähligen Formen, bevölkert über die Teiche und durch die Kanäle gleiten. Manche berühmte Künstlerhand hat diese Stadtlandschaft im Bilde festgehalten, wie die Josef Oppenheimers, der anläßlich seines 70. Geburtstages in London eine große Ausstellung hatte, und Max Liebermanns, des Altmeisters des deutschen Impressionismus, dem das nun zertrümmerte Regime das Malen verboten hatte, weil er Jude war. Er hat zuletzt hinter verhangenen Fenstern traurig und weltabgewandt gelebt, und seine Gattin hat sich, von der Gestapo bedroht, im hohen Alter das Leben genommen.

Im sommerlichen rosen- und bäumedurchleuchteten hügeligen Blankenese zu stehen und, den Blick über den Strand gerichtet, auf dem glitzernden Fluß die Ein- und

Ausfahrt der Dampfer zu beobachten, im strahlenden Lichte am Tage und am Abend die langsame Fahrt buntfarbig beleuchteter Schiffe dahingleiten zu sehen war ein unvergeßliches Bild. Und die erfrischende Luft der Freiheit des damaligen Lebens!

In Wandsbek, der Schwesterstadt Hamburgs, wo Martha das Licht der Welt erblickt hatte, verlebte sie ihre frühe Kindheit. In ihrem achten Lebensjahre ging sie mit ihren Eltern und Geschwistern nach Wien.

Martha[43] stammt aus einer Familie, die väterlicher- und mütterlicherseits einen viele hundert Jahre alten weitverzweigten Stammbaum hat. Die Familien, kinder- und beziehungsreich, finden wir in den Ästen des Stammbaumes in Italien, Frankreich, Österreich, Deutschland und Schweden wieder, und namentlich in der freien Hansestadt des nördlichen Küstenstrichs Deutschlands, in Hamburg, siedelte sich ein großer Teil der verwandten Familien der Vorfahren Marthas an. Um die unmittelbare Erde zu beschreiben, aus welcher die Wurzeln von Marthas so reicher und kultivierter Natur ihre formenden Kräfte sogen, möchte ich von ihren Eltern und Großeltern erzählen.

Mütterlicherseits stammt Marthas Familie unmittelbar aus Schweden, wo ihr Großvater Fabian Philipp mit den Seinen in Karlskrona lebte. Ihre Mutter, mit dem Vornamen Emmeline, wird von ihrem engsten Familienkreis Line und ganz intim von Verwandten und Freunden Tante Line gerufen. Heute noch leben Verwandte von ihr in Stockholm, der heiteren Hauptstadt Schwedens.

Frau Emmeline selbst, das jüngste der Kinder, lebt mit ihren Eltern und Geschwistern in Hamburg, wo sich die Familie später niederläßt. Hier erblickt die kleine Line 1830 das Licht der Welt. Oft erzählt sie, nach Jahren selbst Mutter von »sieben«, ihren kleinen Knaben und Mädchen unvergessene Geschichten aus ihrer eigenen Kindheit. Wie sie gar oft alle ängstlich zusammengedrängt um die besorgte

Martha Bernays, Freuds Verlobte und spätere Frau, 1885

Mutter (Minna, geborene Ruben) in bangen Nächten und Tagen auf die Rückkehr ihres Vaters warteten, wenn die Segelschiffe, von Schweden kommend, durch die Stürme im Sund sich verspäteten. Eines von ihnen trug den ersehnten Passagier, ihren Vater Fabian Philipp. Sie zitterten um ihn, wenn warnende Lichter gefahrdrohend auf den Leuchttürmen im Hafen aufblinkten, die Winde heulten und die Sturmglocken geläutet wurden. Man lebte damals in den kinderreichen Familien einfach und bescheiden, und wie es in den Häusern der Großeltern zuging, väter- und mütterlicherseits, so wurde es auch im eigenen Elternhause gehalten. »Ja, einfach, eigen und ökonomisch lebten auch wir später, und mein Elternhaus in Wandsbek«, erzählt Martha, »bestand aus einer Vierzimmerwohnung mit dem üblichen Zubehör – Küche, Keller und Nebenraum. Zwei Zimmer gingen nach Norden hinaus, die waren im Winter oft recht kalt, so daß das Wasser des öfteren in den Waschkrügen zu Eis fror und die Waschlappen nahmen Gestalt an. Aber zwei Zimmer gingen nach dem Süden. Die waren wundervoll warm und lagen im Sommer in der Sonne! Und Feuerung gab es das ganze Jahr, Licht und Kohle. Ja, es war gemütlich. Es geht doch nichts über einen Kachelofen!« So ein weißer, grüner oder brauner spendete seine gleichmäßige Wärme, und wie brutzelten die Bratäpfel auf den heißen Kacheln. Dazu spendete die Petroleumlampe ihr freundlich beschirmtes Licht, und ihr Schein schimmerte auf die über Bücher, Schreibhefte und Handarbeiten geneigten Kinderköpfe und -zöpfe und erglänzte auf den Strick-, Häkel- oder Stopfnadeln der regen Mutterhände.

Marthas Vater hieß Berman Bernays. Er war einer von vier Söhnen von Isaac Bernays und dessen Gattin Sara, Tochter des Hoffaktors Michael Berend aus Hannover, welche ihm auch drei Töchter schenkte. Marthas Großvater, Isaac Bernays, war im Jahre 1821 als Oberrabbiner nach Hamburg berufen worden und wurde wegen seines überragenden Wissens »Chacham« – der Weise – genannt, was auch der Titel seines Amtes war. Zwei seiner Söhne, Jacob und Michael, haben den Namen Bernays in der deutschen Wissenschaft zu hohen Ehren gebracht, aber auch die Geschichte des Judentums wird diese Namen verzeichnen müssen als Symbol der Spannung, welche das innere Schicksal der deutschen Juden im 19. Jahrhundert kennzeichnet. Denn während Jacob, auf dem Gebiete der klassischen Philologie, treu zum orthodoxen Judentum hielt, bekannte sich Michael, bedeutend als Germanist, zum Christentum.

Oft erzählt Tante Martha von ihrem Großelternhause. Wie das Geld für das Universitätsstudium nicht für alle Söhne reichte und so nur zwei die Professur erlangten. Ihr guter Vater wurde ein Kaufmann. Und daß sehr gespart werden mußte, um allen notwendigen materiellen und geistigen Bedürfnissen der großen Familie nachzukommen. Als ein wichtiges Buch zum Studium eines der Söhne nicht gekauft werden konnte, da schrieb er eine ganze lange Nacht die »Grammatik« ab, um so in seinen Besitz zu gelangen. Harmonisch war die Beziehung zu ihrem Onkel Jacob, der, in Breslau und Bonn Professor der Alten Geschichte, als Historiker wirkte und, seinem Glauben treu, großen Berufungen entsagte. Aber unvergeßlich blieb Martha die Taufe ihres Onkels Michael aus der Erzählung der Großeltern. Die Familie saß »Schiwoh«,[44] betrauerte Michael als Toten. Freundlicher ist die Erinnerung der völligen Versöhnung Michaels mit seinem Elternhause in späteren Jahren, und als er nach drei mit großem Beifall aufgenommenen Vorträgen in der Goethe-Gesellschaft in Wien Vorleser des Königs von Bayern wurde, bejahte gern die Mitwelt die wohlverdiente Berufung. Mommsen,[45] von Bunsen,[46] Fürstin zu Wied,[47] hervorragende Zeitgenossen nennen sich Freunde der Brüder. Ihr Vater Isaac stand ebenfalls im Echo eines überragenden Gelehrtenrufes.

Nicht nur Gestalten wie Heinrich Heine und Karl Marx erwähnen ihn rühmlich, Professor von Kalb, ein christlicher Theologe, schreibt in einem Brief an Lazar Riesser[48], den israelitischen Gemeindevorstand in Hamburg, über ihn: »... als Gelehrter war er nicht allein, was man mir sagte, bloß Gesetzeslehrer und Talmudist ohnegleichen, sondern er kennt überhaupt die ganze jüdische Literatur in einer solchen Tiefe und Umfang, als wäre er Vater derselben. Zwar bin ich christlicher Theologe nur, indessen, wer mich kennt, weiß auch, daß [ich] desfalls auch über die Theologie der Juden zu urteilen weiß. Nicht genug aber mit dieser seiner jüdischen Gelehrsamkeit, sondern er verbindet damit auch eine tiefe Kenntnis in der Welt- und Menschengeschichte und Politik überhaupt in einem solchen Grade, wie ich ihn selten bei christlichen Gelehrten – nie aber bei einem Juden – angetroffen habe. Ich möchte daher mit einer Behauptung nicht irren, daß vielleicht das Judentum – wenigstens meines Wissens – nie einen Mann hatte, der die Zeitverhältnisse unter allen und jeden Umständen zu erforschen und zu erkennen, das Judentum selbst durch alle Ereignisse vollkommen durchzuführen imstande wäre, ohne irgend an Verfassung und lokale Institutionen zu verstoßen, als dies Bernays zu bewirken vermögend wäre ...«

Isaac Bernays war ein Anhänger Schellings, des Naturphilosophen, und – der jüdischen Orthodoxie. Mit der ganzen Kraft seiner Persönlichkeit und als Oberrabbiner der israelitischen Kultusgemeinde in Hamburg widersetzte er sich der Errichtung eines neuen »Tempels« an Stelle einer Synagoge und dem Neudruck des deutsch-hebräischen Gebetbuchs. Es war dies der berühmte Hamburger Tempelstreit, welcher bis vor den Hamburger Senat kam.

Berman, einer der Söhne Isaacs und Marthas Vater, sowie dessen Mutter erfüllten die ethischen Forderungen des orthodoxen jüdischen Lebens in ihren Erdentagen. »Er war wirklich fromm«, erzählt Tante Martha, »in der Bibel steht,

Emmeline Bernays, Freuds Schwiegermutter, um 1900

du sollst den Zehnten deiner Einkünfte den Armen geben. Meine Eltern führten hierüber ein Buch«, fügt sie schlicht hinzu. »Sieben Kinder sind wir eigentlich gewesen, drei von uns starben ganz klein schon im Nest. Ja, und auch meine Eltern waren zu sieben und verloren Geschwister als Kinder. Die Kindersterblichkeit zu Großelterns Zeiten und in der unseren war damals noch sehr, sehr groß, die Familien waren sehr kinderreich, und ob es an der noch nicht sehr fortschrittlichen Hygiene lag oder an mangelnder ärztlicher Kenntnis, verschiedene Krankheiten noch nicht diagnostizieren zu können, es war, wie gesagt, vielen Familien häufig nicht vergönnt, alle ihre Nachkommen aufzuziehen. Ja, auch solche, welche in der wirtschaftlichen Lage gewesen wären, sich alle Erleichterungen der Hygiene anzuschaffen, wie bei den großen Gelehrtenfamilien, den von Bülows und von Humboldts, auch bei ihnen war die Sterblichkeit der Kinder groß. So wuchsen von sieben nur mein Bruder Eli[49] und meine Schwester Minna[50] mit mir heran.«

Ihrer Mutter Emmeline, später in der Familie die »kleine Mama« genannt, erinnere ich mich noch genau aus meiner Kindheit. Ich habe sie gesehen, als sie einmal zu Besuch ihrer Kinder und Enkel in Wien in der Berggasse 19 weilte. Sie wurde geführt, ich ging mit den Meinen, sie begleitend, hinter ihr auf der Straße. Ich sehe sie noch in ihrer großen, schweren, ausladenden schwarzseidenen Mantille, welche bis zur Erde reichte, sehe das seidene Kapottehütchen mit den zu großer Schleife gebundenen Seidenbändern und höre den schweren Seidenrock bei jedem ihrer raschen, kleinen, trippelnden Schritte auf dem Trottoir aufschlagen. In der Familie rühmte man ihren scharfen Geist, ihre große Adrettheit und ihren starken Charakter. So pflegte sie mit großer Willensstärke ihre Ergriffenheit zu verbergen. Man erzählte von ihr, daß sie eines Tages, am Fenster stehend, den Rücken nicht wandte, als man ihr die traurige Botschaft vom Tode ihres Gatten überbrachte. Sie habe unverwandt dagestanden, ohne daß ihre Gestalt sich bewegte. Und das Ventil ihrer Erschütterung drückte sich nur darin aus, daß sie mit den Fingern leise auf die Fensterscheibe trommelte und eine kleine ungereimte Melodie summte. Eine große Photographie von ihr, eingerahmt auf der Landing der Londoner Wohnung, zeigt sie, an ihrem Schreibtisch sitzend, wie sie mit klugen und kritischen Augen und scharfem Blick den Beschauer betrachtet. In kleinerem Rahmen auf dem jetzigen Schreibtisch der Tante erscheint sie sympathieheischend mit sanft harmonischem und mildem Gesicht. Eine Frau und Mutter mit aller Vielfalt des Geistes – sie sprach englisch und französisch –, des reichen Wesens und klaren Charakters.

Unter ihrer Obhut wachsen die Kinder, reift Martha heran. Von ihr lernt sie das Meistern der Stunde, die Führung des Haushalts, die Ordnung im Geist und in den Dingen. Auch die Kunst des Kochens, die schmackhafte und sorgfältige Zubereitung des Essens, spielte eine große Rolle, und die sorgende Mutter sagte gar oft: »So, nun laßt uns aus der Küche herausgehen, sie ist wie ein Vampir. Wenn man sie nicht energisch verläßt, hält sie einen fest.« »Ja, sie hält einen fest«, bestätigt Tante Martha, »wie hatte meine Mutter recht, als ahnte sie meine zahlreiche Kinderschar, meinen großen Haushalt, uns zur Häuslichkeit, zur Mütterlichkeit zu erziehen. Ich war noch so klein, daß ich auf einen Schemel steigen mußte, um an unseren Kochherd zu reichen. Meine Mutter war damals kränklich, und ich mußte auf ihren Wunsch eine Eierspeise zubereiten. Sie war für meinen siebzehnjährigen Bruder Isaac bestimmt. Er war schwer leidend und starb noch in seiner Jugend. Ich freue mich noch heute, daß jene Eierspeise gelang. Unsere Küche glich einem Empfangsraum, immer wurde alles verwendete Geschirr gleich abgespült, getrocknet und eingeordnet. Da gab es kein Schlachtfeld an offenen Türen und herumstehenden Kochtöpfen. Ach, ich hasse Gewirr!« »Es gibt keine schmutzige Arbeit«, pflegte die »kleine Mama« zu sagen, »man kann sich nach jeder Arbeit die Hände waschen.« Für wie vernünftig hielt sie die Art, wie ihre Mutter die Kleinen zu innerer Disziplin erzog. »Schweigen und stille sitzen lehrte ich sie; laufen, springen und schwätzen lehrt sie schon die Natur.«

In der wohligen und geistigen Atmosphäre des Heimes und der kultivierten Stadt wächst Martha heran. Später – 1869, in ihrem achten Lebensjahre – übersiedelte die Familie nach Wien und lebt in der alten, gemütlichen Kaiserstadt. Martha wächst zu einem zarten, intelligenten jungen Mädchen heran. Martha Bernays, die Hamburgerin, die nun in Wien zu einer jungen Dame herangereift ist, lernt die ebenfalls jungen Schwestern Freuds kennen. Und all diese Jugend vergnügte sich nun in Praterspaziergängen, die Freud-Schwestern begleitet von ihrem Bruder Sigi und Martha von ihrem Bruder Eli. Theaterbesuche, Natur, Frühling und der damals zauberhafte Prater brachten die jungen Leute einander näher. Eli Bernays verliebte sich in Freuds älteste Schwester Anna, was ihn an Wien fesselte, und zwischen dem jungen Doktor Sigi und Martha knüpften sich Bande zartester Annäherung. So ist es kein Wunder, daß es zu einer Doppelverlobung kam. Martha und Sigmund verloben sich am 17. Juni 1882 in Wien. Am 19. Juni geht sie mit ihren Eltern zurück nach Wandsbek und lebt auf Einladung ihres Onkels in dessen Hause, wo sie länger als vier Jahre auf Sigmund wartet. Ja, ja, die »kleine Mama« verstand es, ihre Kinder zu innerer Disziplin zu erziehen! Ihre Eltern fanden es so vernünftig, und es war die übliche Wartezeit der damaligen Generation. Ein junger Mann heiratete erst das Mädchen seiner Wahl und Neigung, wenn er einen festen Beruf hatte und eine Frau, ja eine kleine Familie ernähren konnte. Es gab kaum Heiraten ohne Ausstattungen, ohne Sicherheiten, ohne das Fundament der wirtschaftlichen Notwendigkeiten, Beruf und Wohnung. Und wenn auch keine großen Geldmittel vorhanden waren, so war man doch durch die ernste Basis, das Fundament an Haushalt und beruflichen Fähigkeiten, gewappnet, zuversichtlich und sicher in die Zukunft zu sehen.

Sigmund erhält einen Antrag als Assistent des großen Physiologen Professor Hering nach Prag, was er aber dankbar ablehnte, da er es vorzog, seiner Braut zuliebe in Wien zu leben. So machte er hier schon als junger Doktor – er wurde im Jahre 1881 zum Doktor der gesamten Heilkunde promoviert und diente ein halbes Jahr als Arzt beim Militär[51] – die Spitalskarriere durch, und als er nach viereinviertel Jahren Martha heimführte, blickten die beiden jungen Menschen vertrauensvoll in die Zukunft. Freud in seiner

Selbstbiographie: »Ich kann hier rückgreifend erzählen, daß es die Schuld meiner Braut war, wenn ich nicht schon in jenen jungen Jahren berühmt geworden bin. Ein abseitiges, aber tiefgehendes Interesse hatte mich 1884 veranlaßt, mir das damals wenig bekannte Alkaloid Kokain von Merck kommen zu lassen und dessen physiologische Wirkungen zu studieren. Mitten in dieser Arbeit eröffnete sich mir die Aussicht einer Reise, um meine Verlobte wiederzusehen, von der ich zwei Jahre getrennt gewesen war. Ich schloß die Untersuchung über das Kokain rasch ab und nahm in meine Publikation die Vorhersage auf, daß sich bald weitere Verwendungen des Mittels ergeben würden. Meinem Freunde, dem Augenarzt L. Königstein, legte ich aber nahe, zu prüfen, inwieweit sich die anästhesierenden Eigenschaften des Kokains am kranken Auge verwerten ließen. Als ich vom Urlaub zurückkam, fand ich, daß nicht er, sondern ein anderer Freund, Carl Koller (jetzt in New York), dem ich auch vom Kokain erzählt, die entscheidenden Versuche am Tierauge angestellt und sie auf dem Ophthalmologenkongreß zu Heidelberg demonstriert hatte. Koller gilt darum mit Recht als der Entdecker der Lokalanästhesie durch Kokain ...; ich aber habe mein damaliges Versäumnis meiner Braut nicht nachgetragen.«[52]

Später, als reifer Mann, schreibt er an Theodor Reik: »Es ist ganz unmöglich für mich, Ihre Bitte zu erfüllen. Wirklich, Sie verlangen zuviel. Ich habe bis heute noch nicht den Mut gefunden, irgendwelche weitgehende Feststellung über die Essenz der Liebe zu machen, und ich denke, daß unser Wissen nicht genügend ist.« Und Martha? »Ja, die vier Jahre und länger, die ich auf Sigi gewartet habe, vergingen in Wandsbek. Schrecklich war nur eins, wenn die Leute immer fragten: ›Nun, und wann wird geheiratet?‹« Am 14. September 1886[53] heiratete der 30jährige Sigmund die 25jährige Martha, und die Nähe Hamburgs, wo die Hochzeit stattfand, führte das junge Paar auf eine Hochzeitsreise nach dem Seebad Travemünde. Im Hotel schrieb sich Freud ins Buch ein als Dr. Freud, Wien. Aber das W von Wien war so eigenartig verschnörkelt, daß man es im Hotel nicht als Wien, sondern als Asien las. Dies verursachte damals im Hotel eine Sensation, denn einen Inder zu sehen gehörte nicht zu den Alltäglichkeiten am norddeutschen Küstenstrich. Und Freud mit seinem dunklen Vollbart und den regelmäßig schönen Gesichtszügen konnte leicht als Inder gelten.

Und das junge glückliche Paar entschloß sich nach einem kurzen Übergang im Hotel, da die Wohnung noch nicht empfangsbereit war, in das Sühnhaus[54] einzuziehen. In das Haus, welches die ganze Stadt scheute. Es hat diese Geschichte: Das Sühnhaus wurde zum Gedächtnis an der Stelle aufgebaut, wo einst das Ringtheater stand, eine der bedeutendsten dramatischen Bühnen des damaligen Österreich. Der Ringtheaterbrand am 8. Dezember 1881, das entsetzliche Unglück, in welchem viele Zuschauer den Flammen zum Opfer fielen, strahlte sein tragisches Geschehnis in die ganze mitfühlende Welt. Kaiser Franz Joseph ließ das Sühnhaus aus den Mitteln seiner Privatschatulle aufbauen, und zum Architekten des Hauses wurde Schmidt[55] erwählt, derselbe, der das Wiener Rathaus in der Gotik des 19. Jahrhunderts erbaut hatte. So tief ging das schreckliche Erlebnis des Theaterbrandes in das Bewußtsein der Öffentlichkeit, daß der Kaiser glaubte, sein Interesse in der Errichtung des Sühnhauses zu bekunden. Ja, ja, die Menschheit war damals noch nicht durch die Folgen totaler Kriege und der Existenz der Atombombe abgehärtet. Es wurde damals sogar behauptet, es gingen Geister im Sühnhaus

Das »Sühnhaus«

um, aber da Freud immer ein unverbesserlicher Realist war, hatte er keine Angst vor Geistern, und man begann ihn in Wien den Freud vom Sühnhaus zu nennen. Daß so wenig Menschen bei diesem Brande gerettet wurden, hatte seine Ursache in einem Mißverständnis. Stimmen wurden nämlich auf der Straße vor dem Gebäude laut, »alles ist gerettet, alles ist gerettet!«, während drinnen im Theater Hunderte ohne rechtzeitige Hilfe in den Flammen umkamen. Ich erinnere die häufigen Erzählungen meiner Eltern. Mein Vater, damals meiner Mutter verlobt, hatte, um ihr eine Freude zu bereiten, für die Abendvorstellung Karten gekauft zu Offenbachs »Hoffmanns Erzählungen«. Jedoch der Vater meiner Mutter untersagte dem Brautpaar den Theaterbesuch.[56] Meine Mutter habe sich über die scheinbare Härte ihres Vaters in den Schlaf geweint. Mein Vater selbst irrte noch des Nachts um die Unglücksstätte, dankbar der Fügung gedenkend, die den Schwiegervater das Verbot aussprechen ließ. Es hat sichtbar dem jungen Paar, meinen Eltern, das Leben gerettet. Auch die Oper »Hoffmanns Erzählungen« verschwand für lange Zeit vom Spielplan.

Begreiflich war das Vorurteil, in das Sühnhaus zu ziehen. Und als das Erstgeborene, ein kleines Mädchen, Mathilde,[57] an einem 16. Oktober das Licht der Welt erblickte, erhielten die jungen Eltern ein Glückwunschschreiben Kaiser Franz Josephs mit besonderer Anerkennung ihres Entschlusses, im gefürchteten Sühnhaus zu wohnen. »Meine erste Geburt war sehr schwer, wir hatten damals gar keinen Komfort, es gab über meinem Bett nur eine kleine Petroleumampel, und der Arzt mußte einen Eingriff machen. Der gute Onkel leuchtete mit einer Kerze, und ich wurde genäht. Und doch gab es keine Sepsis. Wenn man denkt, wie verwöhnt man heute ist!« Das junge Paar hatte gleich mit großer Verantwortung für die kleine Wirtschaft begonnen, da eine Miete von 750 Gulden für die Wohnung jährlich zu bezahlen war. Man bedenke, wieviel damals

750 Gulden bedeuteten![58] Aber sie sahen voll Vertrauen in die Zukunft, und der junge Doktor eröffnete seine erste Sprechstunde als helfendes Mitglied der Menschheit[59] in der Rathausstraße 7, wo er aber nicht wohnte.[60] Reizend ist die kleine Episode, wie sich die ersten Ordinationsbesuche abspielten, um dem zu erscheinenden Patienten Sympathie und Wohlwollen einzuflößen. »Siehst du«, sagte Tante Martha, indem sie auf den feingeknüpften orientalischen Teppich in der Halle wies, »dieser Teppich ist über sechzig Jahre alt und ein Geschenk deines Vaters. Als dein guter Onkel Sigi als junger Doktor in Wien das erstemal Patienten empfing, lag dieser Teppich im Empfangsraum des Arztes unter den zehn Füßen der harrenden Schwestern Freuds – fünf an der Zahl: Anna, Rosa, Mitzi, Pauli und Dolfi. Trat eine fremde, neue Gestalt in den Raum, so ließ sie sich angesichts der stattlichen Anzahl der bereits anwesenden Damen, welche Patienten darstellten, vertrauensvoll auf einem der Plüschsessel nieder.« Und stolz fügte sie hinzu, daß das Gewebe dieses Teppichs von Fachleuten als das wertvollste Gewebe aller vorhandenen Teppiche im Hause begutachtet wurde.[61]

Fünf volle Jahre lebten sie im Sühnhaus, und drei Kinder wurden ihnen dort geboren. Dann siedelten sie in den neunten Bezirk Alsergrund in Wien, Berggasse 19, wo sie lebten, bis nach 47 Jahren, im Jahre 1938, Freud mit seiner Familie als Emigrant nach England kam. Nie hatte Freud die Berggasse verlassen, er liebte die Wohnung, er ging nur, weil sie mußten. Ja, die heimische vertraute Berggasse! Eine lange, breite, bergig aufsteigende Straße, die keinen Baum aufweist. Nur Wohnhäuser und Kaufläden. Da die Wohnung mit den Jahren für die Familie und die Ordination des Arztes zu klein wurde, mietete man noch eine Wohnung im gleichen Hause auf derselben Etage hinzu, so daß es neunzehn Zimmer und das ganze reiche Nebengelaß zu erhalten und zu pflegen hieß. Doch erleichterte wiederum das reiche Nebengelaß das Leben in der alten, noch nicht mit den allermodernsten hauswirtschaftlichen Einrichtungen versehenen Wohnung. Hier in der Berggasse wuchsen nun dem Ehepaar sechs Kinder heran, drei Knaben und drei Mädchen. »Da sind sechs in demselben Nest«, sagt Tante, »und ein jedes von ihnen entwickelt sich anders. Nichts kann man dazu tun, fast nichts!« Und hier gedachte sie ihrer Schwester Minna, die, jung ihren Verlobten verloren,[62] im Hause ihrer Schwester eine zweite Heimat fand. Tante Minna war berühmt durch ihren scharfen, sarkastischen, kritischen Verstand. Während sie dem Hause und der Erziehung der Kinder ihrer Schwester helfend zur Seite stand, pflegte sie in ihren Mußestunden kunstvolle Handarbeiten zu fertigen. »Ich vermisse sie sehr«, bekennt Tante, »ich konnte ihr so schön alles anvertrauen, alles in sie hineinschütten.«

Sechs Kinder im Nest, drei Knaben und drei Mädchen, in weniger als zehn Jahren geboren. Da gibt der Vater seine aufblühende gutgehende Praxis als Arzt auf,[63] seine bisher einzige Einnahmequelle, und läßt sich am Schreibtisch nieder. Gezwungen von innerster Überzeugung und Kraft. Das Studium und der Bau seiner neuen Lehre und Wissenschaft fordern das volle Opfer seiner Konzentration. Martha nimmt in tiefem unerschütterlichem Glauben an seine

Berggasse 19

großen seltenen Fähigkeiten die wirtschaftlich bedrohliche Verengung ihrer Verhältnisse auf sich. Voller Hingabe und Vertrauen. Mit ihren mütterlichen Gaben und hausfraulichem Geschick lenkt sie das bevölkerte und so kinderreiche Schiffchen durch die Wogen des nun wirtschaftlich für eine Weile beengten und bedrängten Flußbettes.

Und während sie von all den Sorgen um die heranwachsende große Familie spricht, gedenkt sie ihres treuen Hauspersonals. Da war die Köchin Anna,[64] die ich noch genau aus meiner Kindheit erinnere. Dreiunddreißig Jahre diente sie dem Hause und der Familie. Ich sehe sie, eigen und schon den Rücken gebeugt, mit klugen dunklen Augen und mit blauem leinenem Kleid und weißer gestärkter Achselschürze vor mir. Ihr braunes dünnes, fein zurückgekämmtes Haar ließ ihre Stirne frei, und die gewissenhaften Linien ihres kleinen Gesichts ließen mich ihre treue und langjährige Anhänglichkeit so begreifen. Ein anderer Hausgeist war über sechsundzwanzig Jahre im Hause der Familie, und hier gebührt dankbar ein kleines Lob der klug lenkenden Hausfrau, die mit Geschick und nicht ohne Diplomatie das Szepter in der Berggasse führte. »Ach, Lilly, weißt du, wir waren täglich eine Ministertafel, nie unter neun Personen allein am Eßtisch zu den Mahlzeiten und meistens drei Esser in der Küche, da kannst du dir denken, daß ich mich gegen allzu vielen Fremdenbesuch wehrte.« Aber das Haus war immer treuen Freunden geöffnet. Nie hatte der Tisch seine normale Größe, immer war er ausgezogen. Professor Königstein,[65] Dr. Oskar Rie,[66] der bekannte und beliebte Wiener Kinderarzt Dr. Rosanes[67] gehörten zu der wöchentlichen Tarockpartie des Onkels und den ärztlichen Beratern der Familie. »Ja«, meinte Tante Martha, »wir haben das alte Haus und Heim sehr, sehr gern gehabt. Die meisten Zimmer waren geräumig und hoch, sie atmeten eine sehr wohnliche Atmosphäre und strahlten ein Behagen aus, Behagen der guten, alten Gewohnheit.«

Hier arbeitete im Gleichmaß der Tage und Jahre der Arzt und Wissenschaftler fast ein halbes Jahrhundert. Längst war sein Ruf über die Grenzen Wiens, diejenigen Österreichs hinausgewachsen, und lächelnd erzählt sie mir, daß namentlich die Patienten, welche aus Amerika kamen, um den großen Doktor zu konsultieren, und ihn in der Stadtwohnung in einem bürgerlichen Mietshause vorfanden, schlicht und ohne Pomp wie einen bescheidenen Arbeiter des Geistes, erstaunt ausriefen: »Such lives Freud between greengrocer and butcher!«[68] »Oh«, sagte sie nickend, »sie konnten nicht aufhören, sich zu wundern.«

Wie populär Freuds Name und Lehre in Amerika ist, zeigt das Erlebnis eines Amerikaners, welcher ausschließlich nach Wien fuhr, um Freud aufzusuchen. Er kannte dessen Adresse nicht. Als er am Westbahnhof in Wien ankam, ging er auf den erstbesten »Polizeimann« zu und fragte ihn: »Wo wohnt Freud?« Tief erschüttert von der völligen Unkenntnis des Polizeimanns, verfehlte dies Erlebnis des Amerikaners nicht, als Überlieferung von Mund zu Mund zu gehen. Er glaubte, Wien sei Freuds Stadt und jedes Kind müsse wissen, wo er wohne. Er wußte nicht, daß Freud selbst einmal sagte, sein Ruhm beginne erst hinter den Grenzen Österreichs.*[69] Die Wiener Stadtwohnung lag nämlich nicht hell und luftig, aber »er hat jeden Sonnenstrahl eingefangen«. Häufig konnte

* Fürstenbegegnung von heute, Wien 1926. Ein erstes Wiener Blatt schreibt: Rabindranath Tagore und Sigmund Freud haben gestern eine persönliche Begegnung gehabt. Wenn man gerade will, bedeutet diese Mitteilung eine bloße Personalnachricht. Andere werden am Ende finden: eher eine Hofnachricht, eine Nachricht vom Hofe des Geistes nämlich. Und vielleicht darf man sogar voraussagen, daß diese Entrevue Wichtigeres und Bleibenderes zeitigen wird als manche Monarchenbegegnung vergangener Tage, über die viel Aufhebens gemacht wurde, bei der Nationalhymnen gespielt, Ehrenkompanien abgeschritten worden sind, Spalier gestanden und Hoch geschrien wurde. Es ist übrigens recht bemerkenswert, auf welchen Mann sich in Wien das Interesse des indischen Dichterphilosophen konzentrierte, wen er in unserer Stadt in erster Linie und vor allen anderen kennenzulernen bestrebt war. Es hat

man den Vater Jakob Freud beobachten, wie er, bevor er zu seinem Ältesten in der Berggasse ging, um nach den Großen und Kleinen zu sehen, das Schild an der Haustüre mit väterlicher Genugtuung betrachtete: Dr. Sigmund Freud.

Die Herbst- und Wintermonate vergingen in der Stadt in Erfüllung der täglichen Pflichten und Aufgaben des Haushaltes, des Berufes und aller weitgreifenden Interessen und wie es der natürliche Ablauf des Lebens hervorruft. Im rauhen winterlichen Klima oder im stürmischen Vorfrühlingswind der von Wäldern umgebenen Stadt wurde manche Stunde oder gar Tage mit der Pflege eines Erkrankten im Hause verbracht. Wenn aber die Frühlingsstürme in Wien sich beruhigten und die ersten Veilchen im Prater hervorlugten und das ganze Leben der Stadt wie der Vorbote der sonnigeren, heiteren Frühlings- und Sommerszeit sich erlöst und lebendig wandelte, da erfüllte sich auch die lange Voraussicht auf die herrlichen Sommerferien, auf die schön verbrachten Sommermonate in der Familie Freud.

»Wir haben unsere Sommermonate zumeist in den österreichischen Bergen oder im Bayerischen verbracht und an den schönsten Bergseen beider Länder. Kannst du dir denken, mein Kind, was das bedeutete, zu packen, und ich tat es allein, fast ganz ohne jegliche Hilfe; niemand, keiner verstand es so gut für den Mann und die Familie wie ich, und

überhaupt den Anschein, daß man jenseits unserer bekanntlich ziemlich eng gezogenen Grenzen nicht immer und nicht in allen Fällen mit jener Rangordnung übereinstimmt, auf die wir im österreichischen Inland eingeschworen sind. Wir lassen manchen Gelehrten nicht vom außerordentlichen Professor zum ordentlichen aufsteigen, und die große Welt draußen gibt uns insofern recht, als sie das »außerordentlich« ganz wörtlich nimmt und sagt: euer Außerordentlicher genügt uns. Wir sind auf die Ordentlichen, mit denen ihr euch brüstet, gar nicht neugierig, wenigstens nicht auf alle!

Wozu übrigens alte Wunden aufreißen? Aber manchmal überkommt einen ein ganz merkwürdiges Gefühl. Da stirbt ein berühmter Österreicher, und überall auf der ganzen Welt werden auf den Hochburgen der Wissenschaft die Fahnen auf halbmast gesenkt. Nur wir, die glück-

weißt du, wir wollten es doch so behaglich haben wie in der Stadt, und so nahm ich mit an Wäsche und Kücheneinrichtung und Vorräten und Kleidung und Dingen der Vertrautheit, und wohl an 3000 Kilo haben wir gepackt (drei Tonnen). Drei Möbelwagen fuhren dahin und jedes Jahr so. Onkel sollte eben in seinen schwerverdienten Ferien mit allem, was ihm lieb und gewohnt war, umgeben sein. Ach, und das Chaos der Dinge, bis alles am Platze. Aber die Schönheit der Natur, der Berge, der Seen, des Lebens! Und Ruhe, wirkliche Ruhe wollten wir haben! Ich erinnere einen unserer frühen Sommeraufenthalte in Reichenau in Österreich, wo wir in der Nähe eines Kuhstalls wohnten, menschenfern, und Onkel liebte es ganz besonders, mit den Kindern Schwämme suchen zu gehen.«

Und ich erinnere mich selbst an einen Sommertag, welcher sehr feucht und regnerisch war, mitgegangen zu sein, Bärenschwämme zu suchen, die Onkel besonders liebte. Es war in Alt-Aussee und auf der Obertressen.[70] Ich atme die

lichen Besitzer, reiben uns erstaunt die Augen. Wir müssen mit gelinder Beschämung eingestehen, daß wir, solange der berühmte Mann lebte, mit seinem Besitz gar nicht geprotzt haben. Wir haben es als Selbstverständlichkeit hingenommen, daß er so manche Kränkung, die ihm angetan worden ist, hinunterschluckte und unverdrossen weiterrobotete. Denn wir sind unbelehrbar. Wir haben nichts gelernt und nichts vergessen. Namentlich was die bekannte Wissenschaft von den Geburtsfehlern anbelangt, um die man sich anderswo längst nicht mehr kümmert. Wir stehen auf diesem wie auf anderem Gebiete noch immer auf dem exkaiserlich wilhelminischen Standpunkt: Die janze »Richtung paßt uns nicht«! Womit in erster Linie die Richtung von Nasen gemeint ist, denen unleugbar eine gewisse Biegung nachgesagt werden muß. Rabindranath Tagore freilich hat weiter keinen Anstoß daran genommen, daß das offizielle Österreich Professor Sigmund Freud einigermaßen fremd und abweisend gegenübersteht. Freud seinerseits kann sich darüber damit trösten, daß sein Name auch dort bekannt ist, wo man gelegentlich geneigt ist, Austria irrtümlich mit Australien zu übersetzen. Der Inder aber wird vielleicht dereinst nach der Rückkehr in seine Heimat davon erzählen, daß er den stärksten Eindruck auf seiner Europareise in »Vienna« davongetragen habe, der Vaterstadt des Schöpfers der Psychoanalyse.

herrliche Bergesluft in Rückerinnerung. Wir pflückten Alpenveilchen und -rosen, und ich habe selbst Edelweiß gebrochen am Abhang des Schlern[71]. »Aber, aber die Stiefel, wenn sie alle heimkamen«, und sie seufzte, »regendurchtränkt und lehmversunken. Ein ganzes zu bewältigendes Regiment. Ja, da gab es in primitiveren Sommeraufenthalten Plätze, wo es keine Matratzen und keine Wäsche gab und wo man bis auf das i-Tipfelchen alles mitbringen mußte.«

In einem Sommer, viele Jahre später, in welchem wir unsere Wiener Familie auf der Heimfahrt nach der nördlichen Stadt Hamburg auf dem Semmering besuchten – wir kamen damals aus dem südlichsten Italien –, Onkel saß in seinem Arbeitszimmer am Schreibtisch und arbeitete, freute sich über unseren Überfall, versuchte sich noch eine Weile auf seine Arbeit zu konzentrieren, sprang aber plötzlich auf und rief: »Ich bin immer noch untröstlich!« Er meinte, daß er uns keine Freude machen könnte, sondern zu arbeiten hätte. Aber dann bestellte er nach gemeinsam eingenommener Mittagsmahlzeit am großen Familientisch einen Fiaker, eigentlich war es ein Landauer, und wir fuhren durch die Berge zu Tante Anna. Sie ist die älteste Schwester Freuds, die mit einer ihrer Töchter und dem Söhnchen Edward Bernays aus New York zu Besuch gekommen war, ihren Aufenthalt in einem Gebirgshotel in der Nähe ihres Bruders zu verbringen.[72] »Warum hast du deinen Jungen denn so schön angezogen?« fragte mich Onkel, als unser Junge wild und ausgelassen mit den anderen Kindern herumtobte. Er lächelte, als ich ihm antwortete: »Ich dachte mir, vielleicht wird er schlimm sein, da ziehe ich ihn wenigstens schön an.«

»Die guten Stoffanzüge der drei Jungen, der Wildfänge«, meint Tante Martha, »haben wir schön in Wien, eingekampfert, zu Hause gelassen.« Das Einkampfern und Einmotten spielte in Wien eine große Rolle. Wie sorgfältig alles weggeräumt, fortgeschafft und eingemottet wurde, und der

Geruch von Naphthalin und Kampfer durchzieht unsere vorsommerlichen glücklichen Kindheitserinnerungen. »Zuletzt noch alle Teppiche in Zeitungspapier eingerollt, die Zimmer verdunkelt durch braunes Packpapier über die Fensterscheiben, noch ein Blick in die schwüle, verschlossene Dämmerung und die Kinder mit ihren reiseproviantgefüllten Frühstückstaschen eng um Mutters langen Rock geschart, die die Zimmertüren abschließt und abschiednehmend für Monate das Schloß vor die Eingangstüre der Wohnung hängt. Alle Geld- und Alltagssorgen werden abgeschüttelt, und Onkel bestimmt: ›Wenn ich auf dem Westbahnhof stehe, beschließe ich, reich zu sein.‹ So hatten unsere Jungen nur eine einzige, die Tiroler Lederhose mit dem Janker, graugrün, und den schönen braunen Lederknöpfen und den Jägerhüten mit den grün-roten Hahnenfedern. Aber wehe, wenn so ein Hosenboden riß und die Hose mußte zum Schneider und unser Oli, dem das Schicksal so übel mitspielte, mußte in aller Gesundheit ins Bett. Der Schneider in Alt-Aussee versprach die Ausbesserung zum nächsten Tag. Aber er hielt, wie üblich, nicht Wort, und unser armer Oli mußte sonnige Stunden ohne Hosenboden im Bett verbringen. Hat der aber geweint! Wir sind ja immer mit allen sechs Kindern gefahren, darum nahm ich nur das Wesentlichste zum Anziehen mit, denn wir hatten ja, weiß Gott, Gepäck genug. Und mit den sechs Kindern konnte man doch keine weiten Reisen unternehmen. So waren wir viele Jahre hintereinander in Alt-Aussee und auf der Obertressen. Aber das Wetter, das Wetter! Was haben wir da im Salzkammergut für schlechtes Wetter gehabt. Wie war uns kalt. Wir haben richtig gefroren, und einen Sommer – Annerl war damals noch keine zwei Jahre alt – hat das Kind sich so erkältet, daß es den Husten den ganzen Winter nicht losgeworden ist. Onkel sagte: ›Alt-Aussee ist der Ort für experimentelle Erwerbung von Ischias und Neuralgie.‹ Wie primitiv, wie einfach war so ein Bauernhäuschen doch eingerichtet! Zu aller Schlichtheit noch die kleine Petroleumlampe über dem braunhölzernen Eßtisch.«

Ich hatte den Eindruck, daß Tante, während sie sich aller Sommermühen rückerinnerte, noch ein wenig seufzte über die große Bürde des allzu vollen Nests. Sechs Kinder hat sie ihrem Mann geschenkt. Zwölf wollte er eigentlich haben, ein ganzes volles Dutzend. »Aber«, sagte Tante, indem sie ihren Kopf ein wenig trotzig in den Nacken hob, »nach sechsen habe ich gestreikt, ja, das hab ich. Und wenn ich wieder erwartungsvoll einem Kinde entgegensah und leise seufzte, da tröstete mich Onkel und sagte: ›Das ist der natürliche Zustand einer jungen Frau.‹« Sie lächelt und erfreut sich ihrer Rückerinnerung.

»Unser allerschönster Sommer war in Lavarone, 1000 Meter über dem Meeresspiegel gelegen, und der Blick ging hinunter auf den Caldonazzo-See, wo wir auch einen schönen Sommer in S. Cristoforo verlebten.[73] Und wunderschön war es in Lovrana bei Abbazzia[74] an der Adria! Warm, milde und die herrliche Vegetation der südlichen Zone. Und die Früchte, die süß duftenden Früchte! »Wir schwelgten platonisch im Genuß all der schmackhaften Gaben der reichen südlichen Natur. Wir schmeckten den großen, goldfarbenen, duftenden Pfirsich, die gelbe saftige Aprikose, die Muskateller Weintraube, die Mandeln und übergroßen, zuckersüßen Pflaumen.« Und ich träumte von den schweren, fruchttragenden, olivenfarbenen Sommern Frascatis in der Campagna, von unseren Fahrten in die südlichsten Gebiete Italiens, wie wir den Abhängen Taorminas junge Agaven entrissen, um Tante auf unserer Rückreise eine Freude zu bereiten. Dies scheint uns gelungen zu sein, denn sie schreibt mir an einem vierzehnten Oktober: »… und dann muß ich Dir noch herzlich danken für die Übersendung der zwei reizenden Ableger, sie sind schon beim Gärtner zum Eintopfen, und Eure kleine Agave lebt und läßt Euch grüßen.«

Lovrana! Ein Bild aus der Kindheit steigt auf. Verblichen

und traurig. Oft hält es das Kind vor das bangende Gesicht. Der Tod des Großvaters Jakob Freud. Gebeugt und ernst steht meine Großmutter mit ihren beiden Söhnen, Sigi und Alexander, mit ihren Töchtern Rosa, Mitzi, Pauli und Dolfi und den Familienangehörigen an dem frisch zugeschütteten Grab auf dem Zentralfriedhof in Wien. Anna, der Ältesten, geht die Trauerbotschaft über den Ozean nach New York zu. Und durch die Trauer der beiden Häuser in der Grünen Thorgasse und der Berggasse klingt eine zweite Trennung auf. Meine Mutter und mein Schwesterchen Gretl reisen nach Lovrana, die Erschütterung durch den Tod des Vaters und Großvaters in der Natur der südlichen Zone zu mildern. Und der Tag der Rückkehr der Meinen. Mutter, tief in Schwarz gekleidet, und mein Schwesterchen in Rosa. Zum erstenmal erlebte ich einen Trauerflor um den Arm eines hellgekleideten Kindes. Wie erinnere ich die rote Erde und die weißen Muscheln und die kleinen sandfarbigen getrockneten Seepferdchen, die meine Schwester Gretl für mich am Strande der Adria gesammelt hat. Wie liebt' ich die kleine fremdartige Pappschachtel, die alle die selbstgefundenen Schätze barg und so verwunschen nach Seetang roch.

Der dunkle Wald vor meinem Fenster
Ist ja nur ein einz'ger hoher Baum.
Der dunkle Wald vor meinem Fenster
Ist für mich der Erde Saum.
Der dunkle Wald vor meinem Fenster
Birgt einen tiefen See,
Der See vor meinem Fenster
Trinkt all mein Leid und Weh.
Der dunkle Wald vor meinem Fenster
Schirmt meinen fernen Traum,
Der dunkle Wald vor meinem Fenster
Ist ja nur ein einz'ger hoher Baum.

Selten sind die warmen sonnigen Tage in Londons Seeklima, und nicht jeder trübe Tag verlockt mich, mein Zimmer zu verlassen. Ein großer Baum vor meinem Fenster, ausladend in seinem dichten Blattwerk, ersetzt mir an Arbeitstagen den notwendigen Spaziergang, und ich fühle mich nicht einsam, wenn auch allein mit meiner Arbeit, wenn er draußen vor meinem Fenster sich leicht im Winde bewegt.

Meine tiefe Sympathie für meine nun bald vierundachtzigjährige Tante Martha läßt mein Gedächtnis alle Beeindruckung ihres Milieus, ihres Wesens und ihrer Erzählungen und unserer Gespräche festhalten, und der reife und weise Zauber, der diese einmalige Gestalt umwebt, soll in meiner Hingabe an diese zarte und willensstarke Frau ihr Bild der Mit- und Nachwelt festhalten.

Wir schreiben nun das Jahr 1945, im Junimonat, der sich in diesem Jahre kühl anläßt. Das breite, efeuumrankte Fenster, welches die seltenen Sonnenstrahlen von der Straßenseite auffängt und an regenrieselnden Tagen die hellen kleinen Wassertropfen geduldig an sich hinabgleiten läßt im gleichmäßigen Rhythmus des sich auflösenden Wolkengraus, schirmt in der Innenseite des Hauses Tante Marthas gewohnten Fensterplatz. Hier, auf dem Sims, von Pflanzen umgeben, beherbergen tiefliegende Bücherregale die reiche Auswahl von Schönliteratur, Lieblingsphotographien und eine Schreibmappe verlocken auf ihrem Schreibtisch zu Beschaulichkeit und stiller Konzentration. Jeder Brief wird geduldig mit dem Brieföffner geschlitzt, mit zarten, feinen Buchstaben jede Nachricht beantwortet. Eine kleine rubinrote Glasschale mit Deckel enthält Schokolade für den täglich gewohnten oder sie überraschenden Gast. Hier werden die Strümpfe gestopft, die Wäsche geflickt, müd gewordenes Leinen umfaßt und gestückelt, Knöpfe und Knopflöcher sauber angenäht und geschlungen, und ihr Blick regiert stillschweigend Straße und Haus. Nichts entgeht dem praktischen Sinn. Ordnend und beurteilend arbeitet rege und unermüdlich der lebhaft dirigierende Geist. Ein schneeweißes Kindermützchen, in weißes Leinen gewickelt, häkelt sie jetzt sorgsam in Siestastunden und plaudert mit mir von vergangenen Tagen.

So haben wir noch vor kurzem im erwärmten Speisezimmer unser Plauderstündchen verbracht. Aber an trüben Tagen sitzen wir am liebsten auf der »Landing« des großen Hauses. Von der Wand herab zur Rechten der Treppe, die von der Halle auf die »Landing« führt, schauen vier italienische Stiche herab, Allegorien aus dem 18. Jahrhundert, die vier Elemente darstellend: Feuer, Wasser, Luft und Erde. Daneben eine Zeichnung, gerahmt: Der Tod, die Erdkugel auf seinen Schultern tragend. An seiner Seite der Mensch. Mit ernst geneigtem Kopf lauscht forschend das nach Erkenntnis dürstende Geschöpf. Von der Wand herab zur Rechten der Treppe, die von der »Landing« hinauf in das erste Stockwerk führt, blicken die Ehrendiplome Freuds herab auf die Allegorien – Resultate der Forschung. Auf fällt die Ehrung Griechenlands, gezeichnet vom 15. Dezember 1924, Athen. Freud stand damals im 68. Lebensjahre.

So führt die Treppe durch das Freudsche Haus, dessen Wände, Räume und Dinge eine Atmosphäre ausströmen – eingefangen von dem inneren Reichtum eines unvergänglichen Lebens.

So sitze ich ihr gegenüber, und wir tauschen Fragen und Antworten. Sie ist so modern in ihrem Denken geworden, sie, die noch einer Generation des patriarchalischen Familienlebens entstammt. Natürlich nicht mit allem einverstanden, begreift sie die Situation, übt strenge Kritik, eigenwillig fast in ihren Erkenntnissen. »Man kann doch Situationen beurteilen«, meint sie mit scharf aufleuchtendem Blick. »Ich bin helle«, sagt sie launig einmal selbst von sich. Scharf und realistisch in Auffassung und Beurteilung, unerbittlich

Martha Freud vor dem Haus in Maresfield Gardens, 1948

oft in Kritik und Ablehnung. Und als wir rückblickend heute über unsere Erlebnisse mit den Nazis sprechen, erzählt sie mir, wie junge Nazis das erstemal in die Wohnung in der Wiener Berggasse kamen und das ganze Geld forderten, welches im Hause war. Mit welcher Ruhe sie den Fordernden die Summe überreichte und dann fragte: »Darf ich fragen, meine Herren, wozu Sie diese Summe benötigen?« Worauf einer von ihnen mit herausfordernder Betonung erwiderte: »Zum Aufbau!«

Wir sitzen im Schatten der Veranda und sprechen in der Zeit der großen Trennungen, der noch nie dagewesenen ungeheuren Völkerwanderung über Briefeschreiben. Onkel Sigmund beantwortete selbst jede Zeile handschriftlich, und Tante erzählt mir die kleine hübsche Geschichte von einem

»Landing« in Maresfield Gardens

»bellhopper«, einem Liftboy aus den Vereinigten Staaten. Er schrieb an Onkel nach Wien, daß er sich so sehr für Bücher interessiere, sich keine anschaffen könne und sich welche von ihm wünsche. Freud hatte ebenso Verständnis wie Zeit hierfür und erfüllte diesem kleinen unbekannten Jungen seinen Wunsch, indem er ihm ein Bücherpaket sandte.

Zehn Tage Urlaub vom Militärdienst sind rasch verflossen. Unser Junge muß morgen schon wieder fort. Eine Reise von drei bis vier Tagen zurück in die Tschechoslowakei. Unsere Kinder kommen sich verabschieden, und ich denke, immer noch keinen festen Boden unter den Füßen. Es wird wohl noch dauern, die Konsolidierung. Heimatgefühl wieder haben können! Ich will nie wieder eine Scholle ganz mein eigen nennen, ich will nicht noch einmal solch einen Abschied erleiden müssen. Diese Reflexion erinnert mich an die kleine, feine Geschichte des Hundebesitzers Rainer Maria Rilke. Er liebte seinen einzigen nahen, guten Freund. Immer ging er mit ihm und horchte mit ihm auf die Sprache der Menschen, auf die Geräusche der Natur und die Stimmen der Tiere im Schweigen der Nacht. Aber eines Tages erlitt er den Verlust des Freundes, und er litt unter dem Schmerz der Einsamkeit so sehr, so erzählte Rilke Onkel Sigi bei einem Besuche in Wien, daß er nie wieder einen Hund sein eigen nennen wollte. Er wollte die Trennung nicht noch einmal durchmachen. Onkel Sigi war von dieser Erzählung Rilkes so tief beeindruckt, daß er immer wieder davon erzählte.

»Ja«, setzt sie fort, »wir Juden, wir Juden, wir sollen keinen Besitz haben! Onkel Sigi wollte sich deshalb nie in seiner Heimat einen Landbesitz kaufen, obgleich man es ihm sehr anriet. Er lehnte mit den Worten ab: ›Ein Jude hat keinen Besitz, ein Jude soll immer mit gepacktem Koffer dastehen.‹« Wie recht gibt ihm die Zeitgeschichte! Während der großen Gefahr durch die Bombardierung Londons – durch Flugzeuge, fliegende und Raketen-Bomben – hat sie niemals Zuflucht außerhalb der Stadt gesucht mit der Begründung: »Mein Haus, mein Heim, mein Eigen, mein Milieu sind mir mehr wert als mein Leben und meine persönliche Sicherheit«, und deshalb verließen sie und Anna nicht das Heim.

Wie alle bangte sie um nächste Verwandte und Freunde auf dem Kontinent, und wir, die im deutschen Sprachgebiet aufgewachsen und erzogen worden sind, schämen uns für die entsetzliche, unfaßbare Wandlung eines einst zur Kultur der Menschheit so reich beitragenden Volkes.

Am Tage unendlich fürsorglich und fleißig im Hause und Haushalt beschäftigt, freut sie sich schon auf den Abend, auf das Stündchen im Bett, wo sie ein Buch zur Hand nimmt und liest. Auch die Tagesblätter liest sie erst am

Abend. So eingestellt nach der Uhr sind ihre Pflichten und Forderungen der großen Wirtschaft. Sie stopft und repariert fürsorglich jeden winzigen Riß. Es sind die kleinen notwendigen, unaufdringlichen Dinge des alltäglichen Lebens, die kleinen schlichten Dienste des Alltags, die gleichmäßig sich wiederholenden Pflichten, die durch Erfüllung beweisen, daß du liebst. So lief immer mit dem Glockenschlag das Tagwerk ab im Hause Freud. »Solange Onkel gesund war und ungehindert seiner beruflichen Tätigkeit nachkommen konnte, ließ ich mich«, erzählt sie, »um 7 Uhr früh wecken mit einem leichten Imbiß, damit ich zur rechten Stunde Onkel aufwecken konnte, der so gerne und tief schlief. Er hatte den gesunden, tiefen Freudschen Schlaf.« Aber einmal wach, machte er sich rasch für sein Tagewerk fertig. Dann wurde gefrühstückt, die Post gesichtet und gelesen, und dann begann der Arbeitstag des Arztes. Bis zu elf Analysen nahm er in gesunden Tagen vor. Später wurden auch Lehranalysen gemacht, und reichte der Tag nicht zur Erfüllung aller Arbeit aus, nahm er, namentlich zu seiner schriftstellerischen Tätigkeit, die Nächte hinzu. Da gab es in seinem wachen Tag keine ungeistig verbrachte Stunde. Briefe wurden immer persönlich und nur handschriftlich beantwortet. Sie waren häufig eineinhalb Seiten lang, selten mehr. Seine großen, steilen, weit ausholenden Lettern waren leicht zu lesen. Es muß auch seines ungewöhnlichen Gedächtnisses gedacht werden. Nie notierte er während einer analytischen Behandlung die Aussagen des Patienten, sondern knüpfte das nächstemal dort an, wo die Krankheitsgeschichte unterbrochen worden ist.

Zu allen Mahlzeiten erschien er pünktlich, und Anna nannte ihn das »Uhrenmännchen«, weil er, wie die Apostel an der Rathausuhr zu Prag, auf den Glockenschlag in der Türe erschien. Leichtfüßig ging er durch die Zimmer, seine Familie zu sehen, über die Köpfe der Enkel zu streichen. Gegrüßt hat er meistens, indem er mit dem leichten Erheben der Rechten die Finger in der Luft spielen ließ. Sein Gruß war mehr ein Winken, und sein Auge faßte und durchbohrte mit ernstem und freundlichem Pfeil die ganze Gestalt. »Sieh Menschen und Dinge so lange an, bis sie ihr ganzes Geheimnis aussprechen«, pflegte er zu sagen. Interviews gab er nicht gerne. Er liebte das Wort in seiner ganzen ernsten, zuversichtlichen Kraft und scheute die rasche Publizität des berühmten Mannes. »Ich habe ihnen nichts zu sagen«, meinte er. Seine Bescheidenheit für seine eigene Person erinnert mich sehr an die persönliche Bedürfnislosigkeit Tomáš Garrigue Masaryks, die sich in folgendem rührend dokumentierte: »What he likes most about his position of President of the Republic was that he did not have any money with him. He had nothing in his pocket but a pencil to carry.« (In seiner Stellung als Präsident der Republik hatte er es am liebsten, kein Geld bei sich zu haben. Er trug nichts als einen Bleistift in der Tasche.) »Es war immer ein eindringliches Gespräch, und es kostete unendliches Zureden, bis Papa sich entschloß, einen Anzug machen zu lassen.« Als Schmuck trug er nur einen schlichten Siegelring mit antiker Gemme und an der Weste eine einfache Goldkette, die eine große goldene Uhr hielt und ein kleines farbiges Medaillon mit dem schönen Kopf seiner allzujung verstorbenen Sophie, die er sehr innig geliebt und häufig in Hamburg, wo sie lebte, besucht hat. Es war ein unüberwindbarer Schicksalsschlag – der Verlust dieses geliebten Kindes. Hier sei auch Sophies verstorbenen Gatten gedacht, Max Halberstadts,[75] welcher einer der ersten Kunstphotographen Hamburgs war. Die junge Frau ließ zwei Knaben ihrem Gatten zurück – Ernst[76] und Heinz[77]. Beide kamen nach Wien zur Familie. Mathilde Hollitscher und ihr Mann[78] nahmen den kleinen Heinz zu sich, aber das Schicksal gönnte ihnen nicht, das Kind aufzuziehen. Der kleine Heinz starb und vergrößerte die Lücke, die Sophie schmerzhaft hinterließ. Aber der ältere Sohn Ernst wuchs heran und erinnert in Aussehen und Wesen an das unvergessene Ehepaar Max Halberstadt. Die tiefe Verbundenheit zu seiner verstorbenen Tochter Sophie erweist sich in Freuds Testament, worin er ihren überlebenden einzigen Sohn Ernst seinen eigenen Kindern gegenüber in gleicher Weise erbberechtigt. Ernst ist im Letzten Willen nicht als Enkel bedacht, sondern zu gleichem Teil mit Freuds eigenen Kindern.

So ernst und tief die Schatten der Trauer auf die Familie fielen, viel Freude, Sonne und Ehre erleuchteten das Freudsche Haus, das Freudsche Familienleben. Im Laufe der Jahrzehnte und mit dem sich festigenden Weltruhm Freuds und der Bejahung der neuen Lehre des Arztes erweitert sich das Haus zum Sammelpunkt nächster Freunde, alter lieber Bekannter und bedeutender Persönlichkeiten aus der internationalen Geisteswelt. Freud wird gezeichnet, gemalt, modelliert, nur der Karikaturist findet keinen Zug, keine Linie, die er aus diesem Antlitz entwürdigen oder die ihn belustigen könnte.[79] Das fein geformte Gesicht, das ebenmäßige Oval hat nur den leicht verschlossenen, ernsten Mund und das dunkle, forschende, pfeilschnell erfassende Auge, das zu einem Lächeln aufleuchten kann. Er hat viel Sinn für Humor, und eine schlagfertige Antwort, eine impulsive Erwiderung freut den alten Meister der Erkenntnis. So schreibt mir mein Neffe aus Stockholm, Michael,[80] der einzige Sohn meiner Schwester: »Ich pflegte Onkel Sigi jeden Sonntag in Wien zu besuchen und erhielt jedesmal 10 Schillinge Taschengeld von ihm. Verhindert, für längere Zeit ihn wiederzusehen, kam er auf mich zu und fragte, ob ich einen Mäzen gefunden hätte, der mir mehr gäbe als er, so daß ich ihn nicht mehr nötig hätte. Ich wußte nicht, was ein Mäzen sei. Nachdem er mich aufgeklärt hatte, sagte ich: ›O nein, da würde ich euch beide besucht haben.‹ Von nun, nach meiner Antwort, gab er mir so reichliches Taschengeld wie von zwei Mäzenen, viel mehr!« Der kleine Micha gewann die Belohnung Onkels nur durch seine charmante, schlagfertige Antwort.

Onkel gab vielen viel und gerne, und er fand immer eine rührende Entschuldigung, zu geben. Ja, Onkel hat, ehe er Geld verdiente, sich schon Geld geliehen, um anderen zu helfen. Er hatte eine Zartheit des Gebens und des Nehmens, daß es eine Freude war, der Beobachter zu sein als Gebender und als Nehmender, als Schenkender und Beschenkter. Er wußte, daß Geld zumindest die erste Hilfe bedeutete. »Leider kann ich hier nur mit Geld helfen«, schreibt er einmal über einen ernsten Krankheitsfall.[81] Kein Bittender klopfte vergebens an Freuds Türe, und an der Wiener Wohnung in der Berggasse pflegten die so generös Beschenkten noch bis in den tiefen Abend zu läuten, um sich ihr kleines Couvert gefüllt abzuholen. Schweigend und gütig wird geholfen, wie und wo es not tut, in großem und kleinem Stil. Nicht ohne Humor ist die Erwiderung Freuds auf die Ehrung der Stadt Wien, die Berggasse »Sigmund-Freud-Gasse« zu nennen. Er erwidert, daß er auf diese Ehrung verzichten müßte, da er sich nicht vorstellen könne, einem Taxi zu sagen: »Fahren Sie mich bitte in die ›Sigmund-Freud-Gasse‹.« Aber ein hohes Bürgerhaus, gegenüber seiner Wohnung in der Berggasse, akzeptierte er dankbar von der Stadt. Es diente für die Beherbergung des Psychoanalytischen Verlages. Bei unserem ersten Besuch im Sommerhaus in Pötzleinsdorf bei Wien, wo wir Arm in Arm durch den Garten spazierten, drückte er plötzlich mein Gesicht in einen blühenden Rosenstrauch, während er mir einige Geldscheine in die Hand preßte und flüsterte: »Kaufe dem Kind oder dir etwas dafür«, oder ein andermal: »Da hast du, mache eine kleine Sommerreise« oder … oder … oder.

Er gab und erfand die zärtlichen Motive des Schenkens immer erfinderisch, nie hilflos; o doch, in einer Lebenssituation fand ich ihn hilflos, aber das war wohl nur so, um die Zärtlichkeit zarter Frauenhände und Gesten hervorzuzaubern: Nie frisierte er sich allein, sein feines, glattes Haar, und oft war ich Zeuge dieser kleinen Liebesszene, die das Ehepaar, stillschweigend und einander innig zugetan, genoß, wie er seinen Kopf leicht zur Tante herabneigte und sie ihm mit Kamm und Bürste vorsichtig den Seitenscheitel zog und dann sorgfältig das Haar bürstete. »Überhaupt, sagte Onkel, er hätte keine passendere Frau finden können als mich«, sagte sie, in Rückerinnerung versunken. Tante hat nie ein Instrument gespielt, aber ihre Hände und die feingliederige Form ihrer Finger deuten auf musikalisches Empfinden und Verständnis, und es ist mir unvergeßlich, wenn sie das kleine Lied an ihren Gatten Sigmund singt: »Daß ich dich gefunden, das freut mich alle Tage, die wir beisammen sind.«[82] Leise tremoliert ihre feine, zarte innige Stimme, und ihre graziös austeilenden Hände mit dem gewölbten Handrücken, bei allen Gelegenheiten der täglichen Mahlzeiten und kleinen Gastlichkeiten zum Naschen oder zum Kosten etwas Delikates gereicht, so oft, ja so oft am Tage, sind bleibender Besitz der aufspeichernden Erinnerung. Ihre Handschrift der Ausdruck ihrer zarten, starken und alle guten Adjektive verdienenden Natur.

Es ist der 21. Juli, ein warmer Sommertag, blauer, später Abendhimmel, leichte Winde vertreiben Gewitterwolken, und eine tiefe, dankbare Freude gibt mir keine Ruhe. Rasch, obgleich gegen 10 Uhr abends, eile ich noch zu Tante Martha in die Londoner Berggasse. Schon steht sie vor dem Lift, der sie ins Schlafzimmer führt, ein schönes großes Zimmer, das den Eindruck »weiß und luftig« ergibt. Aber sie begreift gleich meine späte Störung, indem sie meinen Worten lauscht. »Ich mußte kommen, dir zu sagen, wie glücklich wir sind, daß wir unseren Jungen wiederhaben!« Wir gehen ins Speisezimmer, und während sie sich auf das Sofa niederläßt, erzählen wir uns die guten Erlebnisse des Tages, und dann erzähle ich ihr von den Erlebnissen und Erfahrungen unseres Sohnes Omri, der auf kurzen Militärurlaub gerade heute gekommen war, und so sprechen wir von den tragischen Schicksalen unserer Verwandten und Freunde auf dem Kontinent, und wir denken aller nahen und fernen Leidtragenden, und wie gut es ist, Freunde zu haben, die zu einem halten, empfinden wir beide, die kaum fassen können, daß sich die Reihen unserer Familien so gelichtet haben, die Familien auf dem Kontinent, die der Vernichtung zum Opfer fielen. Wir wissen und gedenken all derer, die im Völkerkampf auf dem Felde und im Hinterlande, das nicht weniger das Feld war, gefallen sind. Opfer der Zeit, des bisher grausamsten aller Kriege. Und wie wichtig es sei, die aufzuzählen, die uns noch geblieben sind, und zu denen zu halten und ihnen zu helfen.

»Ja«, sagt sie, »eines hinterlasse ich meinen Kindern, ich sage ihnen, haltet zusammen, denn wenn die Familie nicht zusammenhält, wie kann man es dann von Freunden und Bekannten verlangen.« Und dann neigt sie den feinen grauen Kopf herab auf die Brust, und indem sie ihre großen graublauen Augen zu mir erhebt, erzählt sie aus ihrer Rückerinnerung: »Mein Vater, der den Talmud, das Werk, die Auslegung der Bibel, so tief beherrschte, pflegte zu sagen: Es steht geschrieben: ›Es wäre schön, wenn Brüder in Eintracht miteinander weilen könnten.‹ Und er fügte erklärend hinzu: ›Wenn es in der Schrift betont wird, muß es den Menschen nicht natürlich sein.‹ Ja«, meinte sie, indem sie sich erhob und mich zur Eingangstüre geleitete, »mein Vater hatte recht. Es ist den Menschen nicht natürlich, einig zu sein und Eintracht zu halten!« Und ich trete, während ich ihre Hand liebkose, mit ihr in die nächtliche Stimmung in den Vorgarten des Hauses, und sie deutet auf die Straßenbeleuchtung, die hell und wegweisend wieder wie in alten Friedenszeiten dem Fußgänger und den Fahrzeugen die Nacht erhellt. Wir winken einander zu, einander eine gute Nacht wünschend; ich gehe nachdenklich die bergige Straße Maresfield Gardens vom Heime der Familie Martha und Sigmund Freud hinab, und eine Stimme spricht leise in mir: »Licht in der Nacht wieder auf den Straßen und Plätzen und Gärten der Städte. Licht, Beleuchtung, Kriegsende, Waffenstillstand und ganz ferne Sterne auf nachtblauem Himmel, glitzernd im fernen All.« Erleuchtung? Frieden auf Erden? Leise höre ich die zarte, aber bestimmte Stimme Tante Marthas: »Mein Vater sagt, wenn die Bibel es so betont, muß es den Menschen doch nicht natürlich sein.« Es wäre so schön, wenn Brüder in Eintracht beisammen weilten!

Ein schöner, erfrischender Julitag; ich sitze an meinem Schreibtisch bei offenem Fenster und geöffneter Türe, und der Wind draußen weht meinen Baum scherzend und biegend nach allen Seiten, und der Luftzug durch mein Heim macht meine junge Zimmerlinde beben und trägt mir den Duft meiner blühenden Blumenernte auf meinem Fenstersims ins Gesicht. Meine Sehnsucht, zu reisen, alle Städte, Orte und Plätze wiederzusehen, Landschaften mit dem Reichtum aller ihrer Erträgnisse an Fauna und Flora, wird so stark, daß ich am liebsten meine Arbeit im Stiche lassen möchte und forteilen hinaus über die Heath und ins Grüne. Lange habe ich nicht nahe an der Erde gelegen und sie an mich gedrückt und ihren Duft eingesogen. Aber lange hält mich die Stube nicht mehr, und ich enteile. Aber es war nicht die Heath, zu der ich enteilte. Wieder einmal war es meine kleine, kluge, interessante Tante Martha.

Der Blick von der Gartenterrasse wird immer üppiger verwöhnt. Obgleich der große Rosenstrauch schon die dichtbewachsenen Blütenbüschel abwärts senkt, welken schon die Junirosen. Die Tomaten gedeihen, die Sträucher mit den bunten Gartenblumen stehen dicht, und wie in den Lianenschaukeln der Südsee sich bunte Papageien, Paradiesvögel und Affen schaukeln, heimisch in tropischer Luft, so schwingen hier in der Blätterschaukel des wilden Weins, der das ganze schöne Haus einhüllt und von der

Terrasse in dichten Streifen herunterhängt, kleine nordische Vögel in dem feuchtsonnigen Äther des erfrischenden Gartens: Spatzen, Stare und die gelbschnäbelige Amsel, den sich windenden Regenwurm auf der winzigen Zunge.

Versunken in dieses lebendige Bild der Natur, kommen wir auf die Künstler der Familie zu sprechen, und es lag nahe, eines Malers zu gedenken. John Philipp,[83] der mit seiner Frau, einer ausgezeichneten Radiererin, eine Zeitlang in Hamburg lebte. Ich habe ihm zu einem Porträt gesessen. Einige Zeit nachher veranstaltete er eine Ausstellung mit vielen der von ihm gemalten internationalen Persönlichkeiten. Am Eröffnungstage – ich selbst war verhindert zu gehen – hat sich die kleine Episode zugetragen: Ein Herr ist impulsiv auf mein Bild zugegangen und hat es mitten auf den Mund geküßt. John Philipp wollte mir nicht verraten, wer der edle Spender gewesen sei. Er muß eine Hemmung gehabt haben. »Übrigens weißt du, Tante«, frage ich scherzend, »weißt du, was eine Hemmung ist?« Da wirft sich ihre zarte, graziöse Gestalt im Korbsessel hoch, und mit sehr wissendem und doch verborgenem, schelmischem Ausdruck ruft sie: »Hemmung? Das Wort kenne ich nur vom Hörensagen.« Lebenserfahrung und Erkenntnis brechen sich eine Welle in ihrem Blute und schleudern ihre Arme und sensitiven Finger hoch in die Luft.

8. Oktober 1945

Es ist halb fünf Uhr nachmittags. Die Wäsche ist gerade angekommen. Draußen vor der Türe steht der Wagen, und Tante bittet mich, einen Augenblick, das heißt fast ein kleines Viertelstündchen, in die Wohnstube hinunterzugehen und auf sie zu warten, bis die gebrauchte Wäsche gar sorgfältig gezählt ist, denn die Männer warten, sie mitzunehmen. »Ach Paula, Paula,[84] wenn ich gewußt hätte, daß die Wäsche heute gebracht und geholt würde, ich wäre bestimmt nicht am Vormittag ausgegangen.« So hart fühlt sie sich immer wieder an ihre Hausfrauenpflichten gebunden. Ich gehe langsam hinunter, und ehe ich ins Speisezimmer trete, bleibe ich eine kleine Weile vor der Wandbibliothek in der Halle stehen. Liebe, alte, vertraute Bücher in mehreren Sprachen, vor allem aber in unserer Muttersprache. Ich nehme einen Stefan Zweig zur Hand und schlage das Buch auf und lese seine handschriftliche Widmung an Freud: »In unveränderlicher Liebe für Sigmund Freud – Ihr Stefan Zweig.«[85] Und der Titel seines Buches: Drei Dichter ihres Lebens – Casanova, Stendhal, Tolstoi. Daß er gerade dieses Buch wählte, Onkel zu schenken, denke ich, Zweig wußte, daß Freud, auch er, ein Dichter war, nicht nur ein Schriftsteller, nein, ein Dichter, ein großer Entdecker und Freund und Erfinder des Wortes, ganz neuer Begriffe und ein lebensbejahender Gestalter seines alltäglichen, seines geistig erhöhten Lebens, seines Berufes und seiner harten, werktätigen Arbeit.[86]

Und ein anderes Buch nehme ich zur Hand, auch einen Zweig, aber diesmal ist es ein Arnold Zweig, auch mit einer freundschaftlichen Widmung an Onkel, »Der Streit um den Sergeanten Grischa«, und ich entsinne mich, daß dieses meisterliche Buch das erschütterndste und beste Buch war, welches über den Krieg 1914–18 geschrieben worden ist.[87]

Nun den Blick durch die Glastüre hinaus in den Garten gerichtet. »Es ist traurig, der Herbst ist da«, höre ich Tantes Stimme hinter mir sagen, und wir treten auf den Rasen, der mit gelben, braunen und roten Blättern übersät ist. »Ja, da nützt keine Sorgfalt mehr. Die Hand und der Kehrbesen kommen nicht mehr an gegen die befehlende Natur.« »Weg, weg«, rauscht's hernieder von den Bäumen. »Weg, weg, weg«, wir haben geblüht, wir haben gelebt und geliebt die Sonne, den Regen, den Wind, die Biene und den saugenden bunten Schmetterling. »Weg, weg, weg«, haltet uns nicht auf, uns Blätter und letzte Blüten am Zweig. Nur die Früchte in farbiger Pracht und hier und dort noch eine verspätete Rose und kleine blaue Astern und ein paar bunte Georginen[88] und in abgezählten und gebundenen Linien ein paar verspätete errötende Tomaten. Sie haben nicht genügend Sonne, zu reifen, und darum hängen viele noch grün mit nur leichtem rotem Streifen herab vom starkstengeligen Ast. »Weg weg, weg«, bellt der kleine Pekinese Jumbo[89] mir zu. »Laß mich und mein und unser schönes Haus in Ruh. Weg, weg, weg, belle ich keck jeden zum Haus hinaus und zur Türe hinein. Aber du scheinst ja heute ein willkommener Gast zu sein, denn Tante macht das elektrische Feuer an.«

Wir sitzen dann am Kamin, und Tante atmet von ihrer Arbeit auf: »Eine gute Nachricht habe ich bekommen. Sophie, die Tochter von Martin (ihrem ältesten Sohn und dessen Frau Esti), hat sich verheiratet und ist glücklich. Sie hat mir selbst geschrieben, so jung und zukunftsfroh und glücklich.«

So ist das rätselvolle Leben, das unaufgeklärte Rätsel der Sphinx. Die junge Sophie ist in Washington, und beide – er ist Ingenieur – arbeiten im Kriegseinsatz. Und Evchen, die einzige Tochter des zweiten Sohnes Oliver und dessen Frau Henny, ist fast gleichaltrig mit Sophie gewesen und war auch verlobt und glücklich. Aber ein Hirntumor – und eine schwere Operation, die sie retten sollte, konnte ihren frühen Tod nicht aufhalten, und sie starb noch zur Zeit der Nazibesetzung in Südfrankreich. Statt des Ringes, den ihr der junge Verlobte zur Hochzeit hatte schenken wollen, hat er seiner jungen Braut einen Sarg und ein Grab kaufen müssen.[90] Tante und ich schweigen. Durch die schmerzende Stille tönt Tantes klagende, leise Stimme: »Statt eines Ringes – ein Grab.« Ich habe beide junge Mädchen gekannt. Beide liebe, gute, hoffnungsfrohe Kinder. Während wir beide trauernd schweigen, fällt mir des großen Märchendichters Hans Christian Andersen tiefsinniges Märchen »Die Geschichte einer Mutter« ein. Wie die Mutter tief in den Brunnen hinabschauen darf, nachdem ihr der Tod ihre beiden leuchtenden Augen zurückgegeben hat, die sie in den See ausgeweint hatte, dem See zum Lohn, damit er sie an das jenseitige Ufer hinübertrüge in den Garten des Paradieses, wo der Tod wohnt und Blumen und Bäume pflegt. Jeder Baum, jede Blume ist ein Menschenleben. Sie schaute tief in den Brunnen hinab und konnte zwei Menschenleben erblicken. Das Leben des einen war strahlend, sonnig-hell, ein Glück und ein Jubel für sich und die Menschheit. Das Leben des anderen Kindes war Elend und Not, Jammer und Unglück. Da schreit die Mutter erschrocken auf: »Welches von ihnen ist mein Kind? Sage mir das, welches Schicksal ist das meines Kindes?« »Das darf ich dir nicht sagen«, erwiderte der Tod. »Aber eines will ich dir anvertrauen, daß das eine Leben das Menschenleben deines Kindes ist.« Da ringt die Mutter ihre Hände, fällt auf ihre Knie und betet zum lieben Gott: »Befreie mein Kind von all dem Unglück, erlöse es, trage es lieber fort, trage es in Gottes Reich, nimm es, tue mit ihm, was du willst, dein Wille geschehe«, und weinend sinkt ihr Haupt auf die Brust herab.

31. Oktober 1945

Herbst in Nebeln und früher Dunkelheit. Obgleich noch nicht fünf, erhellt die Straßenbeleuchtung den Weg zu Tante Martha. Es ist feucht-kalt und unbehaglich. Ich finde Tante im dunklen, wärmenden Stoffkleid, und eine kleine, feine Barockperlenkette und ein lilafarbenes Tüchlein um den Hals heben ihre zarten Züge und erhellen ihr graues, gewelltes Haar. Sie freut sich sehr mit dem Veilchensträußchen, das ich ihr bringe. Graziös beschneidet sie die Stengel und wählt eine kleine gewölbte Glasvase als Herberge für den Strauß. Freude an den kleinen Wundern der großen Natur ist ihr gegeben. Ein Mädchen von mir in Wien hat einmal gesagt: »Wenn die Frau Professor ein sauberes Tischtuch hat, in der Mitte ein paar frische Blumen und einen warmen Teller, ist sie zufrieden.« »Ja, weißt du, Lilly, nur kein kaltes

Essen. Heiß muß es sein, das verlange ich.« Dann drängt sie mich, etwas Linzer Gebäck zu essen, reicht mir einen schönen Apfel für meinen Mann zum Gruß und erzählt dann von ihrem Gast, der Prinzessin, die gestern abend ihre eigenen Aufnahmen aus Afrika vorgeführt hat, einen Farbfilm afrikanischer Flora und Fauna. Tante erzählt bestürzt von ihrem Eindruck einer Szene im Film im Zoologischen Garten. Zur Zeit der Fütterung stürzt sich eine ganze Löwenfamilie auf ein Reh und zerreißt es gierig. Nahrung für das Tier. Natürliche Bestimmung für die Erhaltung der Art. So ist es vorbestimmt, daß ein Lebendiges zur Erhaltung einer Art sein Leben hergeben muß. Grausam schmerzvoller Augenblick der Kreatur. Aber hier spricht nur der von der Natur eingeborene Instinkt, kein Gedanke lenkt das Tier. Dies ist der Unterschied zwischen den Geschöpfen Mensch und Tier. Der Mensch hat die Freiheit des Entschlusses, die Wahl zwischen Ja und Nein, zwischen Gut und Böse. Das Geschenk des feinen Instrumentes, seines Gehirns, macht den Menschen zu einem höheren Wesen, der Gedanke ist ihm gegeben, über die wilden Triebe seiner Natur zu wachen und sie zu beherrschen und sie zu edleren Bestimmungen zu lenken. Und dies ist das Debakel dieser Zeit. Der Mensch, nicht mehr gelenkt durch die Gnade des regulierenden, veredelnden Gedankens, hat sie in ein tiefes Unglück gestürzt. Die menschlichsten Gesetze sind zerrissen und zerstört. Die Welt steht an einer Zeitwende: Aufbau oder Zerstörung, Technik für oder gegen die Menschheit. Die Menschheit hat sich zu entscheiden.

Es war spät geworden, und dichter Nebel lag über der Stadt, als die Prinzessin die Vorführung ihres Films beendet hatte. »So übernachtete unsere Freundin bei uns, sie ist bescheiden, aber unser Aufwand gilt natürlich unserem verwöhnten Gast. Gestern nachmittag war sie bei dem König und der Königin[91] zu Gast im Buckingham Palace zum tea. Denk dir, sie hat so gefroren, daß sie sich den Pelzmantel umnehmen mußte. Sie heizen nur drei Zimmer. Sie hat einen guten Schokoladenkuchen bekommen, der aber nicht besser war als von unserer Paula. Im Laufe der Unterhaltung äußerte sie dem König gegenüber, daß sie es für Unrecht ansehe, daß die Soldaten, die Ausländer sind, wieder Alien[92] werden sollten nach ihrer Demobilisierung. Sie hätten doch jahrelang gedient, und es müßte doch etwas dagegen geschehen.

Da die Königin von der freundschaftlichen Beziehung zum Hause Freud wußte, erinnerte sie sich, Anna anläßlich einer Ausstellung, das Kind betreffend, kennengelernt zu haben.

6. November 1945

Tante und ich sitzen vor warmem Kohlenfeuer oben im Zimmer. Unser Gespräch gilt der schwierigen Mädchenfrage. Der sozialen Frage von einst und jetzt. Wie schwer Hilfskräfte trotz aller Versprechungen zu gewinnen sind, und wie leicht es in alten Zeiten war und noch bis zum Kriege in Europa. Tante erzählt von ihrem Elternhause, wo es nicht einmal Mädchenzimmer gab. Die Mädchen schliefen auf Hängeböden oder hinter Wandschirmen in Korridoren oder in der Küche, wo die schweren braunen Betten holzgedeckt waren. Und sie arbeiteten den ganzen Tag. Sie erinnert sich, daß ein Mädchen zum Einkauf keinen Hut tragen durfte. Mit dem Hut, versteckt unter dem Mantel, fortging und an der Straßenbiegung erst wagte, den Hut aufzusetzen. Die Mädchenzimmer waren auch später in modernen Häusern meist nur sehr schmal und klein. Die sozialen Verhältnisse haben sich hoffentlich zu ihrem Vorteil endgültig gewandelt.

Das Speisezimmer des Wohnhauses

Von der Halle eintretend, fängt mein Blick das Bild des wohnlichen Raumes. Beherrschend wirken die großen, durchdringenden Augen Onkel Sigis auf einer ungewöhnlich gut gelungenen Radierung Ferdinand Schmutzers (1926), die den ganzen behaglichen Raum überschauen.

In der Mitte des Zimmers ein langer, ausziehbarer Tisch, um den der Gong in der Halle die Familie zu den Mahlzeiten ruft. Zwei Sofas, mit Teppichen und Kissen belegt, erwärmen zwei gemütliche Winkel. Zwei Buffets von ungleicher Größe an den Wänden beinhalten Porzellan und Glas, und ein Anrichtetisch mit Laden beherbergt das Tischsilber. Über ihm schlägt eine alte Pendeluhr den Ablauf der Stunden. Eine trauliche Lampe an der Zimmerdecke verbreitet ein mildes Licht. Durch zwei Fenster und eine Glastüre blickt man auf die Terrasse im Garten. Vor einem der Fenster steht ein runder Tisch mit cremefarbener gehäkelter Decke. Ein Tischchen für das Telefon und ein kleiner Sekretär vor je einem Fensterpfeiler. An den Wänden einige Erinnerungsbilder aus dem Leben der Familie. Das Geburtshaus Onkel Sigis in Freiberg in Mähren, auf eine Metallplatte graviert, darüber ein Farbendruck des Fudschijama, des so oft besungenen Berges Japans, ein Dankgeschenk eines japanischen Patienten.[93] Einstein, der zu Freud in persönlicher Beziehung stand, ist hier gleichfalls in einer Radierung F. Schmutzers festgehalten. Und im selben Raume hängt eine dritte Radierung Schmutzers, welche Emanuel Löwy darstellt. Er war ein Studienkollege Freuds, wurde später Archäologe, was zweifellos die Freundschaft der beiden vertiefte. Häufig bat der Psychoanalytiker den Archäologen in später Abendstunde zu sich, und bis tief in die Nacht blieben die beiden Freunde im Gespräch. Löwy wurde später nach Rom berufen, wo er auch die Königin Helene von Italien lehrte. In altmodischen Goldrahmen eine Serie von kleinen farbigen

Bildern von dem wunderschönen Gastein im Salzkammergut. Ich höre den gewaltigen Wasserfall rauschen und sehe die Regennässe im nebligen Aufstieg der Feuchte. Mit zur Erläuterung erhobener Hand ein Schwarzweißbild von Isaac Bernays, Tantes Großvater väterlicherseits. Ein Lichtpunkt im dämmerigen Raum die blankgeputzten Silbergeräte auf den Buffets, und oben auf ihnen eine Garnitur filigran gearbeiteter persischer Urnen hebt sich geschmackvoll ab von den hellgetönten Zimmerwänden. Entsprechend der Jahreszeit schmücken Blumen und Pflanzen Tischchen und Tafel, an deren Kopf Onkel Sigis Armstuhl, der nun leer steht. Von hier aus fiel sein Blick auf die große Radierung über dem Kamin ihm gegenüber, Athens Akropolis darstellend, die er so liebte.

Heute, an einem trüben Tage, kreisen unsere Gedanken und Gespräche um die traurigen Erlebnisse unserer großen Familie. In jeder Familie sind unersetzliche Verluste zu verzeichnen. Jede Familie betrauert allzufrüh Verstorbene, die nicht die volle Liebe eines ganzen erfüllten Lebens genossen haben. Und sie betrauert auch die Altgewordenen, die wieder so tief ins Leben hineingegangen, es mit so viel guter Erfahrung erfüllt haben, und ihr Alter hat die jüngeren Menschen um sich gesammelt, und ihr Dasein allein gibt so viel Zuversicht, daß das Leben nicht nur bang, aber auch lang sein kann. Unsere Erinnerung wandert zurück in den ersten Krieg 1914–18, wo unsere Erfahrung uns etwas ganz Seltsames lehrte. Familien, welche das Glück hatten, alle ihre Kinder, ihre Söhne durch einen ganzen Krieg erhalten zu wissen, haben doch zu guter Letzt ihren Tribut an den Tod zahlen müssen. So ging es auch in der Familie Freud. Eine Tante von mir sagte damals, als die drei Söhne Freuds nach vier und einer, Martin, aus italienischer Gefangenschaft sogar nach fünf Jahren heimgekehrt waren: »Freuds, die haben Glück, da verschiebt sich nicht mal ein Deckerl.« Ich erschrak und erwiderte: »Berufe es nicht!« Und die

Radierung von Ferdinand Schmutzer, 1926

Familie erlitt den Tod ihrer zweiten Tochter Sophie. Auch mein Vater sagte immer, wenn man ihn fragte, wie es ihm ginge, er sei nun glücklich, daß er drei Töchter habe und daß der Sohn, der Jüngste, noch zu jung für die Einberufung zum Kriegsdienst sei. Das Glück währte nicht lange; mein einziger Bruder Thedy ertrank mit achtzehn Jahren und hinterließ eine nicht auszufüllende Lücke. Gleiche schwere Schicksalsschläge trafen Familien von Freunden und Bekannten.

Lassen wir alles unwiderruflich Verlorene. Wir können unsere Toten nur ehren, indem wir sie nicht vergessen, solange wir selbst atmen!

Tante erhebt sich, holt die Gartenschere und knipst mir zwei Stämmchen mit Rosen und bemüht sich, die Dornen abzuzwicken, »damit sie dich nicht stechen«. »Lasse sie bitte; die so wehe tun, gehören dazu«, und dann bekomme ich noch einen Lavendelzweig für mein Leinen. Wenn bei uns in Wien die Leut' vom Küniglberg[94] die Lavendelsträuße ausrufen:

> Kaufts an Lavendel, zwei Kreizer a Büschl,
> Kaufts an Lavendel, an Lavendel hätt' i,
> Wer kauft mir an o'?,

dann ist die Sommersaison für die Schneiderinnen Wiens vorbei. Wer viel zu tun hatte, darf fröhlich den Küniglberg heraufklettern; wer wenig zu tun hat, steigt ihn langsam, den Spätsommer genießend, herab.

Süß und verloren duftet das getrocknete Lavendelsträußel im Chiffonsäckchen ihres wohlgeordneten Wäscheschrankes, wo das weiße Leinen mit den rotfarbenen Kreuzelstichbändern umbunden ist, meiner Großmutter sorgfältige Handarbeit.

Wir unterhalten uns über die berufliche Tätigkeit von Mann und Frau, und klug aus alter Erfahrung sagt sie zu mir: »Siehst du, Onkel hatte doch nicht nur einen langen, so intensiven Arbeitstag, sondern mußte für sein Werk, seine schriftstellerische Tätigkeit sehr häufig die Nächte hinzunehmen. Trotz der sich selbst gestellten Aufgaben, trotz der reichen, nie enden wollenden Tätigkeit ist er nie so völlig in die Arbeit versunken, daß er in ihr untergegangen oder in ihr erstickt wäre. Er hat, solange er gesund war, nicht versäumt, seine tägliche Arbeitspause auszufüllen. In seinen gesunden Tagen mit Spaziergängen, später, in den Zeiten seines Leidens, mit Wagenausfahrten, und wie glücklich war er, als es in die Sommerferien ging! Leben und Arbeit walten bei ihm ineinander, da war keine Zollgrenze. Er sprang vom Schreibtisch auf, wenn der Tag ihn von der Arbeit abrief, einen Einsatz im Werktag zu tun oder irgendeine allgemeinmenschliche Frage durch Wort oder Tat zu beantworten.«

Ich selbst erlebte solch einen unvergeßlichen Moment an einem schönen Sommertage in Pötzleinsdorf bei Wien.[95] Die Familie hatte eine befreundete junge Mutter mit ihrem kleinen Mädchen, mit Namen Anna, zu Gast. Ich nahm das Kind auf den Arm und spielte im Garten mit ihm. Zwei kleine Täubchen stolzierten an uns vorbei, Krümel pickend im Grünen. Da ahmte ich dem grauen Paare nach und gurrte täuschend wie die Tauben. Klein Anna sprang glücklich auf meinem Arm. Da hörte ich plötzlich rasche Schritte durch den Garten kommen, und Onkel Sigmund stand lächelnd und erfreut vor uns. Die Brille auf der Nase und den Federhalter in der Hand. Nach einer Minute des kurzen, intensiven Aufnehmens des Bildes – das Kind, ich, die Tauben, das Gegurre, das Glücklichsein – verschwand er wieder rasch an seinen Schreibtisch. Er genoß die Harmonie des Augenblickes.

»Aber ganz anders«, meint Tante Martha, »sind Frauen. Sie fesseln sich so häufig an die Arbeit, versinken in ihr und mißgönnen sich so oft die schönen Stunden des Ausruhens. Auch Anna habe ich Vorwürfe gemacht, daß sie zu schwer arbeitet und nicht genug Freiheit von ihrem Leben hat. Sie scheint es sich zu Herzen genommen zu haben, denn gestern plötzlich eilte sie allein über die sommerliche Heath.«[96]

Dann unterhielten wir uns über Ferienreisen und wie gerne sie einmal mit ihrem Mann eine Reise unternommen hätte in ein fernes Land. Da versprach er ihr Rom und Paris. Die eine Stadt für die Feier der silbernen und die andere zur Feier der goldenen Hochzeit.* »Aber, aber«, setzte sie leise bedauernd und doch verständnisvoll lächelnd hinzu, »es wurde dann doch nur wieder der eine und der andere nahe Ort im schönen österreichischen Gebirge oder im Bayerischen daraus. Und das Wetter, ja das Wetter! Am frühen Morgen schon nach dem Wetter zu schauen, es zu begutachten und, wenn nur ein Schimmer eines Sonnenstrahles sich zeigte, genießen; genießen, wie es die Natur gab. Unter diesem Zeichen stand sein Tag.«

17. Februar 1946

Sonnabend. Feuchte Vorfrühlingslüfte. Er wagt sich noch nicht so recht hervor, der Frühling, der noch halb gefesselt vom Winterschlaf. Aber seine kleinen Kinder, ja, die allerkleinsten lugen neugierig in die Welt, hier Veilchen, dort Schneeglöckchen und Krokus. Wie seidene Kelche stehen die Blütenkronen des Krokus mit ihren gelben Staubgefäßen im zarten Grün. Die lanzettlichen Blätter versprechen schon die gelben und weißen Narzissen, und mein Baum

* Die Silberhochzeit im Jahre 1911 verbrachte das Paar in Klobenstein am Ritten, oberhalb Bozens. Zur Zeit ihrer goldenen Hochzeit im Jahre 1936 war Onkel Sigi schon sehr leidend, und sie feierten diesen Tag in der Grinzinger Villa, wo sie so manchen Sommer verlebten. Denn Onkel Sigi konnte seiner Krankheit wegen nicht mehr reisen. Anna hatte in Hochrotherd ein kleines Bauernhaus. Das Töchterchen ihrer Hausverwalter kam nach Grinzing und überreichte dem Jubelpaar eine Garbe vergoldeter Ähren.

setzt schon die Knospen zu seinem Blätterschmuck an, sich bald zu entfalten. Noch stehen seine Äste da wie nackte Sträucher, kahl und hart, aber er kommt, der Frühling, und die Sonne, und sie kosen sie wach, die erwartende schwangere Natur. Im nebligen Dunst dieses Februarabends bin ich bei Tante Martha. Gottlob, Anna ist über den Berg. Seit vier vollen Wochen liegt sie, und noch ist sie fast unbeweglich. Es war schwer, sehr schwer, und es wird auch noch bis zur vollen Genesung Wochen dauern. Hoffentlich werden die Ärzte einen Erholungsurlaub fordern und Anna sich nicht so bald ihren beruflichen Pflichten zurückgeben.

Dann bringt Paula die Abendpost, und ein Brief ist dabei von ihrem Vater aus Salzburg. Er schreibt, sagt Tante, Paula möchte bei mir bleiben bis zu meinem Tode. »Nein, so lange braucht sie nicht zu warten, ich habe ihr versprochen, daß sie Urlaub haben soll, so bald als möglich. Neun Jahre hat sie keinen gehabt. Ich bringe sie selbst auf die Victoria Station«, fährt Tante launig fort. Als Paula zehn Jahre lang im Hause Freud gelebt hatte und durch Onkels Arbeitszimmer kam, bat er sie, einen Augenblick zu bleiben, so erzählte sie mir mit Tränen in den Augen, und hielt ihr eine kleine Dankrede. »Vor allem hat er gesagt: ›Sie haben Freud und Leid mit der Familie geteilt‹, und dann machte er mir ein schönes Geldgeschenk.« Seit 1929 gehört sie dem Hause an, also begab sich dieses Jubiläum im Jahre seines Todes 1939 in London. Sie denkt an ihre Jahre in der Berggasse in Wien zurück. »Ja, er hat mich immer als Kind behandelt. Ich litt damals unter der Oberherrschaft einer Köchin und war deprimiert. Da rief er mich zu sich und erklärte, er kann ein Buch nicht finden, und ließ es mich suchen in der großen Bibliothek bis in die späte Nacht. So wollte er mir helfen und mich ablenken.«

»Kommen Sie mit?« fragte er mich, als es hieß, Aufbruch nach England. »Freilich, Herr Professor«, sagte ich. Dann hat er mich wie ein Kind am Ohrläppchen gezupft und am

Das Hausmädchen Paula Fichtl
mit Chow-Chow Jofi, um 1930

Haar. Wie die Nazis in Wien zu uns in die Wohnung kamen, nahmen sie der Frau Professor ihr Wirtschaftsgeld ab, und der Herr Professor sollte in die Berggasse 7 kommen, in die Bibliothek (Psychoanalytisches Institut). Da mußt' ich zu Doktor Pichler[97] laufen um ein Attest, das aussagte, daß der Herr Professor zu alt und zu krank sei, um die vielen Stufen zu steigen, da ließen sie's bleiben. Aber Fräulein Anna haben sie mitgenommen. G'sprochen hat er nimmer viel, ich bitt' Sie, zwei bis vier Operationen im Jahr!« So haben die großen Sorgenbelasteten der Völker auch die Bürden der kleineren, aber so wichtigen Geschehnisse und Forderungen des täglichen Lebens zu tragen und zu lösen.

Paula Fichtl, die treue Stütze des Hauses Freud, wurde mit so vielen anderen österreichischen Staatsangehörigen in London im Sommer 1940 auf der Isle of Man interniert. Der Haushalt führte sich nicht leicht ohne den guten Hausgeist über ein volles Jahr. Da veranlaßte, durch Vermittlung der Prinzessin Bonaparte, Churchill ihre Befreiung, und mit aufgesparten Kräften und aufgespeicherter Sorge erfüllte Paula wieder glücklich viel mehr als ihre Verpflichtungen des Alltags.

Zwei volle Jahrzehnte lebt Paula schon mit der Familie. »Sie ist uns zu einer Freundin geworden«, sagt Tante. Zwei Jahre nach dem Kriege besuchte Paula ihre Familie in Salzburg. Sie hatte ihre Leute neun Jahre nicht gesehen. Bei ihrer Rückkehr erklärte sie spontan: »Ich liebe die Frau Professor mehr als meinen Vater.«

Meine wöchentlichen häufigen Besuche in der Londoner Berggasse, von der engsten Familie nach der Wiener Berggasse genannt, da beide Straßen gleich bergan streben, gehören zu den beglückenden Erlebnissen meiner Londoner Zeit. Überhaupt, wenn die Natur in Blüte steht, der Garten und das Freudsche Haus, in buntfarbiger Schönheit getönt, unter blauem Himmel und weiß dahinziehenden Wolken in breiter Ruhe und harmonischer Bewegtheit, wie eine Landschaft in sommerlichen Bergen, daliegen. Auf der großen Terrasse zu ebener Erde empfängt dann an warmen Tagen Tante den Gast. Die Terrasse erinnert an die friedlich verlebten Sommer an Ufern von Seen. Ein Lager, Korbsessel, Tische, bequeme Kissen tragen zur Wohnlichkeit des Hierseins bei. Blumen, in Vasen und in Töpfen und an den Wänden in Hängekörben befestigt, sind der Stolz und die Freude der Hausfrau. Und da die Pflanzen von der Sonne des Tags und der Abendsonne getroffen werden, so ist

Tante beglückt, wie herrlich sie unter ihren Händen gedeihen mit Hilfe des himmlischen Lichts. Tante mit der Gießkanne, vorsichtig die Erde zu nässen, dieses Bild ist mir unverblaßt vertraut. Wir spazieren über den Rasen, und sie zeigt mir die frühen Gartenerdbeeren, die reifenden, und läßt mich die roten kosten. Eine himbeerfarbene Rose steht mit geneigtem Köpfchen an ihrem knospentragenden Strauch. Es ist Ende Mai 1946. Noch ist das kleine Tor im Garten, mit ungezählten noch unerblühten Rosenknospen umrahmt, leicht zu durchschreiten. Tante führt mich, die Tomatenpflanzen zu bewundern, und zeigt mir die sorgfältig geschulte Arbeit des Gärtners. »Anna versteht viel von Gärtnerei, sie macht Gartenarbeit erstaunlich gut, aber der Gärtner, der Gärtner! Es ist halt doch seine Berufung.« Weiße Nelken blühen im Garten, ein Strauch mit Schneebällen, Goldregen, Birnenblüten und Rotbuchen, und wir bleiben an der mit weißen Rosen überwachsenen Gartenwand stehen, wo Onkel Sigis Lager, seine Schwingcouch, stand, auf der er noch in den letzten Monaten seines Lebens liegend, lesend oder schlummernd, den Garten und die Luft, die erquickende, wohlig empfand. Meine Erinnerung wirft hier das Bild unserer Ankunft in London im Heime Freuds zurück ins Gedächtnis. Ich stand mit Tante am Eingang zum Garten, als ich über den Rasen hinweg Onkel Sigi auf dem Lager entdeckte. »Kann ich hin zu ihm, störe ich ihn nicht?« fragte ich, und Tante nickte: »Gehe hin zu ihm, gewiß«, und ich eilte über den Rasen ins Zelt. Als er mich erblickte, streckte er mir beide Arme entgegen und rief: »Endlich, endlich!«

Regenrauschender Himmel, dunkle schwere Juniwolken. Wieder einmal stehen wir auf der »Landing« und schauen durch die Fensterscheiben auf die aufpeitschenden Regenstreifen, die sich sammeln und in kleinen, flink dahineilenden Bächen die Berggasse abwärts laufen. Ich bekomme Sehnsucht, zu reisen, durch Wälder zu streifen und die

Frische der Natur nach den Regengüssen zu erleben. Ich hole tief Atem. »Ich habe es gar nicht mit den Eisenbahnfahrten. Seit unserer Ankunft in London, am 6. Juni 1938, auf dem Victoria-Bahnhof habe ich keinen Bahnhof mehr gesehen. Hier in meinem Hause fühle ich mich immer geborgen. Es verlangt mich nicht mehr nach Fernen. Bei uns im Hause treffen sich Menschen, die die Atmosphäre der Welt hereinbringen, und das ist dann ein Gruß aus der weiten Welt. Ja«, sagt sie fortfahrend, »unsere gute Freundin, die Prinzessin, ist seit Tagen bei uns zu Besuch. Nun empfängt sie ihre Freunde und Bekannten, und das Telephon steht nicht still. Einen Tag ehe der König von Norwegen[98] in sein Heimatland zurückkehrte, wir hörten tags darauf am Radio die Begrüßung von König und Volk, betrat er das Freudsche Haus, die Prinzessin zu besuchen. Und unsere Paula, das ging nur so treppauf und treppab, schnell ihre weiße Hausmädchenschürze umgebunden und hübsch präsentiert!«

»Er ist ein netter alter Herr, der König von Norwegen«, fügt Tante wohlwollend hinzu. Auf meine Frage, welche Aufmerksamkeit Paula für ihre Bemühungen erhalten hat, erwidert sie: »Eine schöne wertvolle Brosche von der Prinzessin, aber mein Sopherl hat immer gesagt, ›das Leben einer Hausfrau ist eine ewig andauernde Bewegung‹. Geschenke ersetzen keine Kraft. Heute früh ist unsere Freundin abgereist. Anna hat sie zur Bahn gebracht. Ich habe ihr Sandwiches gestrichen.« »Bist du denn auch so früh aufgestanden«, frage ich. »Ja, natürlich, wo denkst du hin? Um sechs Uhr. Einen Gast kann man doch nicht allein aus dem Haus gehen lassen. Aber das ist heute durch das Frühaufstehen ein allzu langer Tag.« Und ihr Blick nach den Zeigern und den abwärts wandelnden Gewichten der altvertrauten Wiener Uhr mit dem schlichten Holzrahmen ist eine Begleiterscheinung ihres Tags. Es gibt bei ihr keinen müßigen Augenblick, keine müßigen Hände. Es ist eben

Zeit, den Tisch für das Mittagsmahl zu decken, und es ist eine Freude, ihr zuzusehen. Wie sie das schneeweiße Linnen entfaltet, dann in der Mitte das gestickte Milieu behutsam glattstreichelt, achtsam eine Schale, mit Blumen gefüllt, ins Zentrum gestellt, eine geblümte Wachstuchmatte unter jeden porzellanenen Teller, das blinkende Eßbesteck wohlgeordnet, glitzernde Gläser und die mit Wasser gefüllte Karaffe. Man möchte ihr helfen, aber es glückt einem nie, und wenn man darauf dringt, kann man leicht mit dem Ellbogen einen kleinen ernsthaften Stoß erhalten. »Alles alleine tun, nur sich nicht unterkriegen, sich nicht beugen lassen«, sagt sie, wenn ich sie warne, doch nicht die schweren Gartenmöbel am Abend allein zu schleppen und die Kissen, die Polster zu ordnen. Und sie überwindet im hohen Alter jeden Schwächezustand, jede Krankheit, jeden Fall mit großer Energie. »Bis Fünfzig geht es, aber nach den erreichten Fünfzig, dann geht es abwärts. Was da täglich für neue Warnungen und Erscheinungen kommen.«

So ist sie widerspenstig und eigenwillig dem Schicksal und den Forderungen ihres reichen Lebens gegenüber. »Sie ist eine Aristokratin der Lebensführung«, sagte mir ein bedeutender Arzt, ein Psychologe in Paris, von ihr, »und sie ist in ihrer Art so groß wie ihr Gatte«, fügte er hinzu. Mit welchem Geschmack und Takt sie das Leben gelenkt und geführt hat, mag vorbildlich sein. »Meine Kinder waren keine Engel, ich kenne sie alle genau. Alle aus einem Nest, und jedes von ihnen ist anders. Dazutun kann man nur wenig, sehr wenig. So, wie es von Geburt her in sie hineingelegt ist, so entfalten sie sich. So lebhaft meine Jungens auch waren, nie habe ich erlaubt, daß sie die Mädchen quälen, und Mathilde, die Älteste, dominierte. Ihr folgten sie mehr als mir. Es ist begreiflich, daß unsere Kinder viel und reichlich beschenkt wurden, darum habe ich selbst nie mehr als zehn Kreuzer (drei Pennies) für ein Spielzeug ausgegeben. Aber eines habe ich nie getan. Nie habe ich die Hand gegen sie erhoben. Nie sind meine Kinder geschlagen worden, nie! Und es waren sechs an der Zahl.« Martin, der Älteste, Doktor der Rechte, ist langjähriger Leiter des Psychoanalytischen Verlages und Autor einiger Bücher. Mathilde, die älteste Tochter, eine Frau von Intelligenz und Geschmack der Wiener Kultur. Die Berggasse in Wien wie in London sieht sie täglich zu ihren Eltern gehen, um nach ihnen zu sehen. »Mama wartet am Nachmittag schon auf mich« – sie ist der Mutter täglicher Gast. Oliver, der zweite Sohn, Ingenieur, lebt jetzt in den Vereinigten Staaten, mit seiner Frau Henny, in lehrender Tätigkeit. Ernst Freud, ein bekannter Architekt, ließ sich mit seiner Frau Lucie und drei Söhnen in London nieder. Sein zweiter Sohn Lucian ist heute schon, in seiner Jugend, ein vielversprechender Maler. Anna, die Jüngste im Nest, findet ihr an manch anderer Stelle im Buche. Die dritte Generation in England; Martins einziger Sohn Walter und Ernsts ältester Gabriel wie sein jüngster Sohn Clemens dienten während des Krieges in der Britischen Armee.

Und dann nimmt sie zum Abschied eine feine blau-gelbe Iris aus einer Vase, streift sanft das Wasser von ihrem Stengel, nimmt eine Stecknadel aus ihrem wohlgeordneten Nähkorb, und wie sie mir die Blume lächelnd an mein Kostüm heftet, gestaltet sich in mir ein kleines Gedicht:

Der Zauber der kleinsten Bewegung
Ist dir in die Wiege gelegt.
Die Zartheit der leisen Bestrebung
Hat die Liebe der Großen bewegt.
Du verdeckst mit geneigtem Kopfe
Und sehr weiß-zarter Hand
Die erschütternden und innigen
Erfahrungen deines Lebens –
So streng mit dir selbst –
An das praktische Leben gebannt.

Nur manchmal in unserem Gespräche
Blitzt groß und klug
Dein helles Auge auf, mich
Und dich wiedererkennend,
Aufleuchtend erfasse
Und begreife ich dich.
Du breitest die Flügel der Weisheit
Über deine vielen Schützlinge aus.
Und keinem wirst du verraten
Ein Geheimnis aus deinem Haus.

Dunkelgraue Wolken hängen schwer über Londons grünen Juligärten. Es ist spätabends, und die Schwüle ist so arg und die Stille vor dem ausbrechenden Sturm so unheimlich, daß man nicht schlafen geht, sondern abwartet, bis der erste Blitz, der erste Nachhall des Donners das erquickende Naß ankündigt. Menschen und Tiere und Pflanzen warten auf die Erlösung vom Druck der Schwüle. Endlich der erste Regentropfen, der erste Blitz, der erste Donner. Luftzug durchs Haus und nun erlösendes Aufatmen, der Regen prasselt, schüttet nur so herunter auf uns, die graue Stadt, und er wäscht uns für Stunden mit dem himmlischen nassen Kehrbesen rein.

Ich stehe im duftenden, regenfeuchten Garten bei Tante Martha, und sie erzählt mir heute erfreut, Nachricht zu haben von einem ihrer Lieblingsneffen, welcher im Geheimdienst bei der amerikanischen Armee auf dem Kontinent arbeitet. »Denk dir, Harry[99] schreibt, er wird voraussichtlich nach Berlin versetzt werden. Da erinnere ich mich zurück an eine kleine Geschichte, die mir dein geliebter Onkel erzählte. Es war in unserer Verlobungszeit, Onkel als junger studierter Arzt in Paris bei Charcot. Als Onkel von ihm Abschied nahm nach Beendigung seiner Studienzeit, fragte ihn Charcot, der sehr rührend und lieb und freundschaftlich mit Onkel war, was er nun vorhabe und wohin er nun von Paris aus ging. Und als Onkel erwiderte: ›A Berlin, Monsieur le Professeur, à Berlin!‹, ich erinnere mich leider nicht mehr, was Onkel in Berlin vorhatte, Lilly, da drückte Charcot Onkel zum Abschied seine Hand und sagte kopfschüttelnd: ›Ça ne sera pas gai, ça ne sera pas gai à Berlin, à Berlin!‹ Und mich rückerinnernd, sage ich heute, Harrys Nachricht empfangend und durchdenkend: ›A Berlin, à Berlin, ça ne sera pas gai, ça ne sera pas gai.‹« Und dann sprachen wir von der damaligen Zeit der Konflikte und Mißstimmungen zwischen Frankreich und Deutschland. Es war in der Zeit der Nachwehen von 1870/71.

Freud erzählt in seiner Selbstbiographie: »Ehe ich nach Wien zurückkehrte, hielt ich mich einige Wochen in Berlin auf, um mir einige Kenntnisse über die allgemeinen Erkrankungen des Kindesalters zu holen. Kassowitz in Wien, der ein öffentliches Kinderkrankeninstitut leitete, hatte versprochen, mir dort eine Abteilung für Nervenkrankheiten der Kinder einzurichten. Ich fand in Berlin bei Ad. Baginsky freundliche Aufnahme und Förderung. Aus dem Kassowitzschen Institut habe ich im Laufe der nächsten Jahre mehrere größere Arbeiten über die einseitigen und doppelseitigen Gehirnlähmungen der Kinder veröffentlicht.«[100]

Wir schreiben den ersten Juli des Jahres 1946. Es ist auch der erste wirklich sehr schwüle, beglückende Sommer- und Sonnentag der Saison. Langsam gehe ich wieder, wie so häufig, die Berggasse alias Maresfield Gardens hinauf, und Tante und ich plaudern im Garten. Wir bewundern den Rosenstrauch, den der jüngere Bruder dem großen zu einem seiner letzten Geburtstage geschenkt hatte. Der kleine schöne Rosentopf wurde in die Erde eingesetzt, und er, von Jahr zu Jahr gedeihend, wird größer und höher und, nun gepflegt von sorgfältiger und kundiger Gärtnerhand, entfaltet verschwenderisch seine roten Büschel. Sein Stamm wird kräftig und hoch. »Ein Baum«, sagt Tante Martha, »und wie er einen Menschen überlebt! Ja, er wird viele überleben«, spricht sie, leicht geneigt.

Mit ihrem Nähkörbchen im Arm und schön geflicktem Geschirrtuch, rotumrandet und altbefreundet, geht sie leichten Schrittes zurück in die Eßstube. Es war heiß heute, und Tante hatte kleine rosige, erhitzte Wangen. Sie trug ein Wiener Sommerkleidchen. Schwarz-weiß kariert. Ihre leicht gebückte, schlanke Gestalt hebt sich zierlich ab von der Terrassenwand, die Körbchen trägt mit herabhängenden Nelken, »wie an österreichischen Bauernhäusern in den Bergen«, meint sie, und mein bewunderndes Auge fällt auf dichte Töpfe großköpfiger Margeriten, die gelbsternigen, vielweißblätterigen. Und zu dem Bilde ihrer Zeit gehört die kleine graziöse Jungmädchenszene, wenn verliebte Herzen mit erwartungsvollem Klopfen der raschen, hastigen Bewegung der zupfenden Finger folgen, die von schnell herausgestoßenen bangenden Worten begleitet wurden; und während ein leichtes Blättchen dem anderen in die Lüfte folgte, erklangen die Worte: »Er liebt mich von Herzen, mit Schmerzen, über alle Maßen, er kann es nicht lassen, insgeheim, nur zum Schein, ein wenig oder gar nicht.« Und wenn es gar hieß, »oder gar nicht!«, glaubte man wirklich an das dunkle Vorzeichen und ward traurig und warf den gelben, nach Kamillen duftenden Kern unwillig fort. Aber wenn es hieß, »er liebt mich, er liebt mich«, ja, da war man selig, daß Goethe selbst die kleine ewige Szene eingefangen hat.

Wer vergäße Faustens Gretchen in der Gartenszene, wenn sie verschämt und verliebt ihm in den Garten enteilt, mit den Worten »Laßt einmal« sich seiner Umarmung entzieht, sich bückt und die Margerite abzupft und das Spiel beginnt? Wer vergäße das selig in glücklichen Tränen und Jauchzen hervorgejubelte, leise erstickte »er liebt mich, er liebt mich«? Das Aufleuchten der Augen der Sorma, Gessner, Wessely?[101] Ja, die Augen der Künstlerinnen ihrer Zeit wurden an der Innigkeit dieses seligen Ausrufs gemessen! Wer gedenkt nicht mit selig erregtem Herzen des Wiener Burgtheaters und mit wehmütiger Erinnerung dieser wundervollen Stätte von Kultur und Schönheit? An die unvergleichlichen Vorstellungen klassischer und zeitgenössischer dramatischer Literatur? Wie wuchs der Geschmack der österreichischen Jugend und die Mitentwicklung der Alten an der ernsten und innigen Kunst dieses Hauses. Mit leuchtenden Augen und feurigen Wangen hörten und lauschten wir Kinder des Sonntags abends der Wiedergabe von Vater und Mutter eines ganzen großen Theaterstückes. Und meine Erinnerung wirft mir ein Bild ins Gedächtnis:

Während mein Vater noch eine Zigarette rauchte, ach, eine sehr schwere, die den Duft und die Wolken, die sie zog, noch lange im Zimmer stehenließ, und, im Frack, noch nachgenießend auf und ab ging, kleidete sich meine geliebte Mutter langsam aus. Und es war die Zeit der vielen Umhüllungen, ja, während sie die lebhafte Wiedergabe des Stückes dramatisch in Worten und Gesten uns Kindern vorführte, fiel langsam das seidenrauschende Kleid, dessen Verschlüsse, Haken und Ösen, Knöpfe und Bänder, Rüschen und Schleifen mein älteres Schwesterchen zuhörend löste. Und bis volantbestickte Röcke, hochgeschnürte Schuhe abgelegt, aufgesteckte Lockenfülle, Haarnadeln und Schmuck schön geordnet auf dem Toilettentisch lagen, war sie schon in ihrer Erzählung im letzten Akt angelangt. Und mancher Held oder Heldin verrauschte seine oder ihre Liebesklage, und während als letztes Bekleidungsstück das langgeschnürte Korsett fein eingerollt wurde, hauchte Hamlet im Takte der Faltung seinen letzten Atemzug aus, starb Romeo klagend, sank Julia in ihrer Jugend sterbend zurück auf den Leichnam ihres einzig Geliebten.

Oft erzählten uns Vater und Mutter erschüttert von den unvergeßlichen Darstellungen berühmter Rollen durch die großen Menschendarsteller des Wiener Burgtheaters. Mit Tränen in den Augen erzählte Vater von Sonnenthals[102] Wiedergabe in Adolf Wilbrandts »Fall Fabricius«, von Baumeister als »Richter von Zalamea« und Mitterwurzers[103] Darstellung in seinen Père-noble-Rollen, von dem berühmten Wolter-Schrei[104], der Familie Thimig,[105] vom schönen Reimers,[106] einem der Frauen- und Mädchenlieblinge seiner Zeit. Ich selbst sehe mich auf dem Olymp des Burgtheaters sitzen und die Vorstellung von Goethes »Torquato Tasso« mit Josef Kainz[107] in der Hauptrolle erleben. Stella Hohenfels[108] als Eleonore und Kainz in der großen Szene allein auf der Bühne. Wie Tasso in Kainzens Darstellung mit unvergeßlicher Grazie und sieghafter Schelmerei zur Prinzessin d'Este spricht: »Erlaubt ist, was gefällt«, und mit bezaubernder Hoheit Eleonore ihm zurückwirft, im lanzettlichen Wortspiel ihn zurechtweisend: »Erlaubt ist, was sich ziemt.« Jeden Sonntag ihres Lebens verbrachten meine Eltern im Theater, die Stunden dieses Genusses nur für eine ganz wichtige Abhaltung opfernd.

Meine früheste Erinnerung an Onkel Sigmund

Ich sehe deutlich über dem Bettrand, auf meinen Zehenspitzen erhoben, ein weißes aufgeschlagenes Bett, darin meine Mutter bleich und erschöpft liegen. Ein winziges rundes Kindergesichtchen, von dunklem Lockengeringel umrahmt, neben meiner Mutter, in altmodischem Wickelpolster eingehüllt, mein neugeborenes Schwesterchen, welches später die Welt ihres eigenen Kindes und der Kinder der Welt mit den schönsten Kinderbilderbüchern schmückte: Tom Seidmann-Freud. Ich sehe Onkel sich besorgt und prüfend über meine Schwester neigen und dann lächelnd und entzückt zu ihr die zärtlichen Worte sagen: »Es sieht ja aus wie eine spanische Prinzessin.« Nie ging er fort, ohne sich zu uns Kleinsten herunterzuneigen, und ich fühle noch seinen leichten Kuß auf der Stirne, wenn ich ihm mein Gesicht entgegenstreckte. Immer noch auf Zehnspitzen erhoben: zum Küssen der Großen, zum Bettrand, zum Waschtisch, zum Eßtisch, zum Schreibtisch, zum Nähtisch der Mutter, zum bunten Fenster im Durchgang des Hauses zum Garten, wo die blaue und rote Glasscheibe abwechselnd die natürliche Farbe der Bäume und Blumen und der Steine und der Gartenmauer märchenhaft färbte. Und auch in der Berggasse 19 war eine Milchglasscheibe in der Durchgangstüre zum Garten, durch die ich noch deutlich, auf Zehenspitzen erhoben, erblicke, wie die Amme, auf der Gartenbank sitzend, meinem kleinen Vetter Ernst, dem jüngsten Sohne Freuds, die Milchflasche reichte.

Eine Kindheitserinnerung an Freud

Ein schlichtes Hotelzimmer in Berlin. Onkel in weitem, dunkelgrauem Mantel und Schlapphut, mit meiner Mutter am Tische sitzend. Beide blicken auf ein Kind, das mit fragenden Augen und ausdrucksvollem Mund ein ernstes Gedicht spricht. Es endet. Tränen stehen in den Augen der Zuhörer. Und Onkel steht vor mir, beugt sich zu mir herab und spricht bewegt: »Sie trifft alle Töne.«

Leise verklungene Bilder, verschleiert von allzu großer Jugend und noch Fremdsein in der Welt, tauchen vor dem geistigen Auge auf. Die Wohnung der Großmutter in Wien, IX. Bezirk, Alsergrund, Grüne Thorgasse 14, und ich als Gast der engsten Familie auf einige Monate in Wien. Ich hatte die Schule der Höheren Töchter absolviert und die Vorbereitung zum Lehrerinnenberuf auf dringlichsten Rat meines Vaters abgebrochen, da er meine Gaben, die im Künstlerischen ihren stärksten Ausdruck fanden, frühzeitig erkannte. Ich muß gestehen, daß Onkel Sigmund wie Onkel Alexander, welcher damals gemeinsam mit Großmutter und seiner zweitjüngsten Schwester Dolfi lebte, auf die rührendste Weise meine Wünsche erfüllten. Ich bekam ein Klavier geliehen, die Noten, die ich mir wünschte, die Bücher, durfte, sooft wie ich nur wollte, auf den Olymp des Burgtheaters gehen, und nie werde ich die herrlichen Aufführungen dort und in der Wiener Oper vergessen, zu welchen die Brüder mich mitnahmen. Ich glaube, ich habe zur unendlichen Geduldprobe meiner Großmutter und Anverwandten an die unzähligen Male die Barkarole aus »Hoffmanns Erzählungen« gespielt und den Aufmarsch der Soldaten aus »Carmen«. Unvergeßliche, glückliche Stunden meiner Mädchenzeit am Piano, in der Nähe des Fensters sitzend, und ich spüre noch den Duft des Goldregens, des Flieders und des Maulbeerbaumes, der betäubend aus kleinem Garten am Hause sich mit den ewigen Melodien vermengte. Während Onkel Alexander Musik sehr liebte und die Melodien der Opern, die er immer wieder hörte, nachsummte, war Onkel Sigmund durch eine Erziehung, die auf keine musikalische Anregung und Ausbildung oder gar Übung Wert legte, musikfern.

Aber zwei Opern liebte er; die eine war Bizets »Carmen«. Und ich sehe mich noch in meinem ersten dekolletierten Abendkleidchen neben ihm in der Oper sitzen, wo er stehend mit glücklich lächelndem Munde Melodien lauschte, die von der Bühne her auf zu unseren Herzen stiegen. Es war die unvergängliche Oper des großen Wolfgang Amadeus Mozart »Don Giovanni«.

Es bestand ein amüsanter Gegensatz in der Atmosphäre der beiden Häuser Grüne Thorgasse 14, wo im unteren Stockwerk, dem sogenannten »Mezzanin«, meine Eltern mit uns drei kleinen Mädchen wohnten und im ersten Stockwerk die Großeltern Freud mit dem jüngsten Sohn Alexander und der Tochter Dolfi, einerseits und dem nur wenige Minuten entfernt gelegenen Wohnhause von Professor Freud und dessen Familie, der Berggasse 19, andererseits. Während die Bewohner der Grünen Thorgasse 14 eingeboren österreichisch waren – man sprach das sogenannte volkstümliche »Wienerisch« frisch von der Leber weg mit vollem Dialekt und den kleinen mangelhaften Sprachgebräuchen, wie man sie auch dann in Wien verwendete, wenn man von »Bildung und Wissen« erfüllt war –, sprach man in der Berggasse reines Hamburger Hochdeutsch – frisch von der Waterkante! Tante Martha und ihre Schwester Minna hielten die Hamburger Atmosphäre aufrecht ohne die geringste Konzession an das Wiener Milieu rund um sie, und der hochdeutsche leichtflüssige Sprachgebrauch wurde auch den sechs aufzuziehenden Kindern in der Berggasse von Anbeginn heimatlich vertraut. Man sagte in der Grünen Thorgasse zum Beispiel »wegen dem« statt des ungewöhnlichen, grammatikalisch richtigeren »wegen des«, liebte den dritten Fall mehr als den zweiten, welcher das »des» regierte; man sagte zum Beispiel statt »ich esse« – »ich iß«, und immer noch höre ich meine Großmutter bei leckerem Mahle ihren Jüngsten, während sie ihm die Hand streichelte, heiter auffordern: »Eß, mein goldener Sohn, eß.« Lachend erzählt mir Tante Martha, eines Abends war mein älteres Schwesterchen Gretl aus der Grünen Thorgasse zum, wie man »wienerisch« sagte, »Nachtmahl« eingeladen. Wenige Minuten später war sie, wie man in Hamburg sagte, zum »Abendbrot« in der Berggasse empfangen. Da habe ihr Tante knusprige braune Kartoffeln in der Schale vorgesetzt, und als meine Schwester eine der Feldfrüchte ergriff und hineinbeißen wollte, forderte sie Tante auf, sie doch von der Schale zu befreien. Da hätte sich das kleine Mädchen aber sehr gewehrt und ausgerufen: »Naa, o naa, i' iß die Kartoffel mit die Schäler!« Aber da fiel die Berggasse korrigierend ein: »Nein, o nein, ich esse die Kartoffeln mit den Schalen, wenn es nun schon so sein muß, mein Herzchen!«

Urwüchsiges, volkstümliches, echtes Elternhaus! Und der Berggasse war ihr Norddeutsch ebenso eingeboren.

Elternhaus: Die Schwestern

Junge Wienerinnen, fünf an der Zahl. Fünf schöne, liebe, begabte Mädchen. Der kleinere Bruder, von allen erzogen und verwöhnt, und der große, zu welchem man aufblickt. Man wächst nun heran, und die Jugend wird heiratsfähig. Fesche, heitere Wienerinnen. Im Hause gehen die Freunde des jungen Sigmund aus und ein, geistig lebendige Jugend, ihre Kraft, ihr Sturm und Drang, vom Duft des Wienerwaldes, vom Grinzinger Wein und von den zukunftsläutenden Glocken des alten Stephanturmes umweht, Kindheit und Mädchenzeit, Jünglingszeit im Hause der Jugend Jakob und Amalia Freud!

Hier sei erinnert, daß des großen Friedrich von Schiller Jugendstück »Die Räuber« die damalige Generation so tief bewegte, daß ungezählte Familien ihre neugeborenen Töchter Amalia benannten nach der Heldin des Stückes aus der Sturm-und-Drang-Periode der literarischen Jahrhundertwende. Man tuschelt heimlich, man neckt und liebt sich, man tauscht Briefe, Blumen und Bücher aus, Poesiealben gehen neugierig von Hand zu Hand, mit bunten Bändern gebunden und mit längst vergilbten Veilchen- und Rosenblättern anmutig gefüllt, stehen mit steilen und zarten, kräftigen und verzierten Lettern »unsterbliche« Verse und Liebesworte auf blanken weißen Albumblättern. Wie habe ich das kleine rotplüschene Poesiealbum meiner Mutter gehegt, und wie gerne habe ich die leise gefühlten und zitternden Liebesgedichtchen an sie gelesen, mit gepreßtem Edelweiß umrankt, immer und immer wieder. Wie war ich stolz auf sie und bewunderte heimlich, selbst noch nicht erwacht, den Zauber, der von ihr ausging, den Duft, der sie umfing. Ich las von heiteren Stunden, zärtlichen Worten, von lachendem Drehen und berauschendem Wehen der langen Röcke und dekolletierten Kleider im Polka- und Walzertakt unter den glaskugelbeleuchteten Kronen. Das ganze – mit mancher heimlichen Träne und lautem Seufzer, ernstem Liebes- und Lebenskonflikt – von Vater und Mutter noch liebevoll umhegte Jung-Wiener Menuett.

Und die Erzählung, wie man zum ersten Ball ging und wie die Schwestern sich gegenseitig die Taillen so eng schnürten, daß der Busen sich hob und den Atem so benahm, daß meine Mutter, festlich geschmückt, vor dem Spiegel in Ohnmacht fiel. Und die hübsche Geschichte von den beiden Kristalldosen, die, mit leichtem weißem Staub gefüllt, auf dem Toilettentisch meiner Mutter standen. Immer wieder mußte sie mir die Geschichte erzählen. Als sie zum ersten Ball ging, puderte sie sich ein wenig – man höre und staune – die Nase. Aber dann litt sie es nicht mehr – sie haßte jede Verstellung. Da kam in die andere Dose eines Tages ein Mittel, um die Flecken aus den Kleidern zu entfernen. Und der weiße Staub rechts in der Dose und der weiße Staub links in der Dose ähnelten einander so sehr, daß man sie nicht mehr voneinander unterscheiden konnte und der Staub so durch Jahrzehnte sich nach seiner Bestimmung, still ruhend im geschliffenen Glase, verhielt. Ach, wie oft wiederholte ich das kleine Verschen, den heimlichen Stoßseufzer, von einem Vergißmeinnichtsträußchen, einem Turteltaubenpärchen und zwei ineinander verschlungenen Händen umkränzt:

Und wenn du glaubst, ich lieb' dich nicht
Und treib nur mit dir Scherz,
So zünde ein Laternchen an
Und gucke in mein Herz.

Und doch erzählte mir meine Mutter, fast selbst erstaunt über die Tatsache: »Keine von uns hat einen Jugendfreund geheiratet. Aus manchem von ihnen wurde ein großer Mann. Wir fünf haben aber alle wirklich außer Haus geheiratet.« Manche Träne hat es gekostet, daß sich meine gute Großmutter nur schwer gewöhnen konnte, als Kind ihrer Zeit, wo die Töchter dem Alter nach verheiratet wurden, daß meine Mutter, die dritte der Töchter, als erste in den Ehestand trat. Das beunruhigte sie, ob etwa die Freier für die älteren Töchter auf sich wohl warten ließen. Tante Martha erinnert sich aus ihrer Verlobungszeit des Tages, da der junge Sigmund sie in sein Elternhaus einführte, um sie als seine Braut vorzustellen. »Schöne Mädchen waren«, fügt sie bewundernd hinzu, »alle fünf, und deine Großmutter stand aufrecht und stattlich zwischen ihnen und schön wie sie, eher wie die älteste ihrer Töchter.«

Eine Hochzeit wurde im Hause der Berggasse 19 gefeiert. Es war das erstemal im Leben der Kinder, daß sie als Kranzeljungfern und kleine Kranzelherren mit dabeisein durften. Eine Hochzeit in der guten Stube des großen Bruders. Tante Rosa, die zweitälteste Schwester, war die Braut, Dr. Heinrich Graf, Hof- und Gerichtsadvokat in Wien, der Bräutigam. Geschäftige Vorbereitungen. Die weiblichen Familienmitglieder erhielten neue Kleider – die großen, kleinen und kleinsten. Wir drei kleinen Mädchen aus der Grünen Thorgasse hatten rosa Seidenkleidchen mit erhellten weißrosa Pünktchen, trugen gelöstes Haar, mit Seidenschleifen zu Maschen gebunden, und in Händen hielten wir Körbchen mit frisch duftenden Blumen, sie dem jungvermählten Paare auf den Weg zu streuen. Der rotseidene Trauhimmel war aufgebaut, die religiösen Gebräuche gewahrt. Wie schön fand ich Bräutigam und Braut, aber noch schöner fand ich meine Eltern. Mein blonder Vater, aufrecht und stolz im Frack, und meine Mutter trug eine rosa Millefleurs-Robe, mit feinen zartfarbigen Sträußchen durchwebt. Der Duft des roten Weines, der Ruch der gepflegten Stube, der Odem der religiösen und menschlichen

Feierlichkeit, die Besonderheit des Geschehnisses beeindruckte die Kinderseele so sehr, daß ein unauslöschliches Bild sich farbig und zeitlos ins Gedächtnis prägte.

Am späten Nachmittag, als wir Kinder nach Hause gebracht wurden zur Gutenachtruhe, schritten unsere kleinen Kinderschuhe über Rosenblätter, Maiglöckchen und Veilchen, und das grünblätterige zarte Frauenhaar bebte im Zugwind der geöffneten Türen.

»Ahnten die Gäste, welche Liebe und Mühe ich Hausfrau und meine getreuen Mädchen hatten, diese Harmonie zu schaffen und wieder zu lösen? Und bis alles wieder an seinen alten Platz fortgeräumt und eingeordnet ward?!« Tante Martha und ich schauen einander an, unsere Augen begegnen einander, sie, die um vieles Ältere, Erfahrenere, und ich, das kleine Mädchen mit dem Blumenkörbchen am rechten Arm, erleben den vergangenen Tag wie eine gehobene weiße Perle einer längst erschlossenen Muschel aus einem bewegten Meer.

Mehr als ein halbes Jahrhundert ist verflossen, Zeitereignisse, glückliche und entsetzliche, hat der Erlebnisstrom der Tage in das Meer der Erinnerung geführt.

Die Brüder

»Sonntag vormittag war er stets mit Alexander beisammen. Und zwar in Sigis Arbeitszimmer. Das eine kann ich mit bestem Gewissen erwähnen, daß das Verhältnis zwischen den Brüdern ein ungewöhnlich kameradschaftliches war. Sie waren nicht nur Brüder, sondern innige Freunde, was vielleicht noch mehr bedeutet.«

Sophie, die Witwe des Bruders Alexander,
Toronto (Kanada), Januar 1944

Sigmund und Alexander, »Großmutters goldene Söhne«, waren dem Alter nach zehn Jahre auseinander. Sigmund das älteste, Alexander das jüngste ihrer Kinder. In der alten Wohnung der Großeltern in Wien in der Grünen Thorgasse 14, IX. Bezirk, Alsergrund, hängt in der guten Stube ein altes Ölbild. Es stellt die sieben Kinder des Ehepaares Jakob und Amalia Freud dar. Sigmund zeigt es mit einem Buche in der Rechten und neben ihm sein zweitjüngstes Schwesterchen Dolfi. Er ist elfeinhalb Jahre alt, und seine Stirne wie seine sprechenden Augen weisen auf Geist und Zukunft hin. Fünf Schwestern, Anna, Rosa, Mitzi, Paula, Dolfi, in Krinolinen mit hervorlugenden Spitzenhöschen. Mit sorgfältig zurückgekämmtem Haar und Bändern, zu Schleifen gebunden, Korallenketten ums Handgelenk, mit großen Augen in den Tag blickend.

Aber das Jüngste, ein freundlicher kleiner, rundlicher Knabe, Alexander, mit Kasperl und Peitsche und einem auf dem Boden liegenden bunten Ball. Er ist eineinhalb Jahre alt. Mit leuchtenden Augen und lebhaftem Ausdruck und rötlich kupfern schimmerndem Haar. Das Bild macht jeden Beschauer heiter und lächeln. Es war nur ein kleiner Maler

Ölbild der Kinder Freud, Sigmund ganz links, 1868

der Stadt, welcher die große Aufgabe lösen wollte. Die Köpfe waren zu groß für die zarten Kindergestalten und die hohen schwarzen Schnürstiefel zu spitz und zu schmal. Launig erzählt Onkel Alexander folgende kleine wahre Geschichte. Das Bild benötigte nach langen Jahren der Renovierung. Der zu diesem Anlaß hinzugezogene Maler betrachtet lange das bedürftige Bild, wendet sich dann an meine neben ihm stehende Großmutter und fragt erstaunt: »Ja, aber meine Gnädige, waren denn alle Ihre Kinder Liliputaner?« Man stelle sich die Frage im langgedehnten österreichischen Dialekt vor. Noch eine kleine Episode knüpft sich an das Bild, das die sieben Kinder des Ehepaares Jakob und Amalia Freud darstellt. Nach dem Tode seiner Mutter nahm Onkel Alexander das Bild zu sich in sein Heim. Nicht anwesend, als ein Gast das Haus besuchte, führte ihn das

Mädchen – sie war vom Lande – ins gute Zimmer. Sie zeigte dem Gast das Bild und meinte: »Dös is der Herr Professor, und dös is der Herr Kaiserliche Rat, und dös ganze Bild is a paar hundert Jahre alt!« Aber ein Sprichwort sagt: »Aus kleinen Kindern werden große Leute.«

Alexander Freud ist eine anerkannte übernationale Autorität in Tarif- und Verkehrsfragen geworden. Und durch den mit Rudolf Nadscharadetz begründeten und herausgegebenen »Allgemeinen Tarif-Anzeiger« in Wien wurde er sehr bekannt und geschätzt. Sein mit Dr. Ritter von Seidler, dem früheren Ministerpräsidenten, gemeinschaftlich herausgegebenes Werk über die Eisenbahntarife gilt in der einschlägigen Literatur als bahnbrechend.[109] Er hat eine weitverzweigte Lehrtätigkeit an Akademien und an der Universität in Wien, wo sich seine überaus sympathische und interessante Persönlichkeit auswirkt. Er wird Professor, er wird Kaiserlicher Rat. Beide Brüder durch ihre hervorragenden Leistungen in ihren unterschiedlichen Berufen und Berufungen waren längst reif für Ehrungen. Aber in Wien ist die Ära Bürgermeister Luegers,[110] und es herrscht der sogenannte »gemütliche Antisemitismus«. Man zögert, läßt bei den Brüdern anklopfen und sagen, wenn sie sich taufen ließen, würden sie den Professorentitel erhalten. Unter dieser Bedingung verzichten beide.[111] Jahre später kann man nicht mehr die Ernennungen umgehen. Alexander erhält als Wirtschaftspolitiker den Professortitel als erster und der Schöpfer der Psychoanalyse als zweiter. Zur Freude der Mutter beruft Kaiser Franz Joseph die Brüder zur Dankaudienz am gleichen Tage. Lächelnd erzählt Freud, daß der alte Kaiser mit der Psychoanalyse nicht viel anzufangen wußte. Da verstand er schon mehr von Alexanders Verkehrsfragen und Bahnen.

Die Beziehung der beiden Brüder zur Familie ist patriarchalisch. Mutter und Schwestern, Kinder und Kindeskinder, Neffen und Nichten erfreuen sich an Hilfe und Rat. Ich erinnere mich, wie Onkel Alexander zu meiner Kinderzeit jeden Sonntagvormittag in die Berggasse geht und mit den sechs Kindern Sigmunds und mit uns, wenn wir dort waren, spielt und spazierengeht. Da werden aus Bausteinchen Kirchen und Städte gebaut, technische Spiele für die Jungens gelöst, und mit glühenden Wangen und Augen bedauern wir, wenn es Zeit ist zu scheiden.

Als großer Liebhaber von Städtebildern und bewegtem Leben durchstreifte er mit uns Gärten, Parkanlagen, Straßen und Land. Jede Pflanze, jeder kleine Vogel, krümelpickend im Rasen, läßt ihn entzückt beobachtend stehen. Später mit seiner eigenen Familie unternimmt er größere Reisen, und oft erzählt er von den mit Sigmund gemeinsam unternommenen Streifzügen durch die Welt, und amüsant weiß er manches Reiseerlebnis zum besten zu geben. »Er hat mir immer den günstigsten Platz gegeben ... Wie ein Vater war er zu mir ... Er hatte immer eine Zigarre für mich bereit«, erzählt Alexander von seinem älteren Bruder. Es war ihr gegenseitiges Bedürfnis, einige kostbare Wochen jährlich gemeinsam miteinander zu verleben. Freud war ein geduldiger und sehr harmonischer Reisender,[112] paßte sich den verschiedenen Situationen widerstandslos an, nahm die ungewohnten Lebensbedingungen in der Fremde zufrieden hin. Er gehört nicht zu den ewigen Nörglern, die ihr Zuhause immerfort wie eine Schnecke auf dem Rücken mit sich tragen und nicht voll und ganz das Neue, Ungewohnte genießen können. Harmonie, seinem Wesen eingeboren, läßt ihn seine Ferienfahrten voll und ganz genießen. Nun gehörte zum Bekanntenkreis der beiden Brüder ein Herr, dessen dringender Wunsch es war, die beiden einmal auf einer Italienreise zu begleiten. Alexander, der ein guter Menschenkenner war, stimmte gegen den Reisekumpan, Sigmund jedoch meinte, man könne es doch versuchen, er sei doch ein so sympathischer Mensch und er ginge doch auf alle Bedingungen ein. Man wage es doch einmal! Schon der Abwechselung halber. So kam der Bekannte mit. Aber in der Tat! Er entpuppte sich als unerträglicher Reisegefährte. Nicht, daß er mit den Brüdern Streit suchte, aber keine Lebensbedingung unterwegs war ihm genehm. Nicht die Hotels, nicht die Betten, nicht das Essen, nicht die Kellner und so weiter ad infinitum. Kurzum, die Situation wird untragbar. Freud beginnt aus seiner gewohnten Gelassenheit zu kommen, er fühlt sich nicht mehr wohl auf seiner Reise, nicht mehr glücklich. Alexander, der große Realist des Alltags, kann das nicht mehr ertragen und verabschiedet eines Morgens seinen reizenden Landsmann. Um so bezaubernder war es, als die beiden Unzertrennlichen ihre Fahrt fortsetzten. Jede Meile, jede Minute wird zum intensiv genossenen Erlebnis, zu kostbarer Erfahrung und zu ihrem unzerstörbaren Besitz.

Auf Alexander paßte auch der alte Beiname »der gute Onkel«. Er war es wirklich zu allen seinen Neffen und Nichten. Er hielt Korrespondenzen aufrecht, interessierte sich, mit Hilfe eingreifend, für ihre wirtschaftlichen Situationen, nahm teil an der Ausübung ihrer Tätigkeit, unterstützte und förderte sie, wo er nur konnte.

Mein erstes Auftreten in seiner Anwesenheit und unter seiner Obhut fällt in diese frühe Zeit, in mein neuntes Lebensjahr. Meine Eltern waren nach Berlin abgereist, wo sie für sich und uns drei kleine Mädchen ein neues Nest bereiteten. In der Zwischenzeit beherbergten Großmutter, Tante Dolfi und Onkel Alexander die beiden kleinen Mädchen, Marterl (Tom) und Lilly. Wir beide liebten uns innig, und wir haben immer miteinander gespielt. Ich kam auf die Idee, bunte Perlenketten aufzufädeln, sie mir um den Hals zu schlingen, eine Szene zu arrangieren, wobei ich das Schlafzimmer zur Bühne ernannte, ins Speisezimmer alle verfügbaren Stühle stellte, wo meine Großmutter, Tante Dolfi und Onkel Alexander – allerdings als die einzigen Zuschauer – Platz nehmen mußten. Die Vorstellung begann, und ich erinnere mich deutlich an das erregende

Pochen meines Herzens und die Höhe meines berauschten Gefühls, als während meines Tanzes die Perlenketten rissen und ich, im Zimmer herumwirbelnd, das Knirschen der zertretenen Glasperlen spürte. Das Beifallklatschen der sechs Hände klang mir überwältigend, und als Onkel Alexander in den kleinen Teller von Porzellan, den mein Schwesterchen mit glühenden Augen hinhielt, statt des verabredeten Eintrittsgeldes von einem Kreuzer jovial mehrere Kreuzer klingen ließ, kam ich mir überreichlich belohnt und erfolgreich vor. So stand also Onkel Alexander bei meinem allerersten Auftreten in meiner Kindheit Pate.

Ich erinnere mich an mein erstes öffentliches Auftreten in Wien, wo ich mit ihm durch die abendlichen Straßen im Fiaker fuhr, wie er mich in die typischsten Lokale der Stadt führte, mir populäre Lieblinge vorstellte, wie z. B. Peter Altenberg, den einfühlsamen Kenner der Frauen. Mehr noch als dessen feinsinnige Gedichte und liebenswerte Schriften kann ich Peter Altenberg dankbar nicht vergessen, daß er als erster für die Befreiung der Frauenkleidung des damaligen Europa eintrat – für die Abschaffung des Korsetts, der Stangen, des Fischbeins um den eingezwängten Hals. Er forderte die Befreiung des Körpers. Solcher Art waren die Aufenthalte auf unseren Fahrten im Fiaker durch die laternenbeschienenen Gassen der Stadt, die Gärten und Parkanlagen, die bezaubernde Umgebung, das hügelige Grinzing mit den lampionbeleuchteten, weinumsponnenen Lauben am Abend. Und die lauschigen kleinen Biergärten im Schatten der alten Kastanien. Auf seinen Reisen besuchte er uns in unseren Heimen, und er freute sich in München, Hamburg und Prag unseres farbenreichen und tätigen Künstlerlebens. In seiner umspannenden energiegeladenen Tätigkeit und seinem Umgang mit Menschen war ihm mitunter despotischer Wille nicht fremd. Alexander war nicht nur ein großer Arbeiter und Berater in seinem Berufsleben, sondern im wahrsten Sinne auch ein großer Lebenskünstler. Sein Tag war nach dem Uhrenschlag eingeteilt, und neben weitverzweigten und ausgedehnten beruflichen Verpflichtungen verstand er es, Zeit für viele Liebhabereien zu haben. Er liebte Musik und die Künstler und wußte viel von den Lieblingen Wiens zu erzählen.

Besonders Reimers vom Burgtheater war ihm befreundet und die ersten Opersänger vertraut. Des Abends am Stammtisch traf man täglich die Freunde, und bei Abendbrot und Bier wurde politisiert und die Tagesfragen und privates Schicksal anvertraut und besprochen. Nach der Besitzergreifung Österreichs durch die Nazis verläßt Alexander mit seiner Familie seine Geburtsstadt, und nach seinem Leidenswege über die Schweiz genießt er wie sein Bruder Sigi das Gastrecht in England. London findet ihn leider in gebrochenem Gesundheitszustand, was seinen immer regen Geist nicht hindert, Zukunftspläne zu schmieden. Es wird viel besprochen, diskutiert, arrangiert und nach einigen Monaten der Siesta, des Ausruhens in Hove (Sussex), die Reise vorbereitet, die ihm nicht nur sein letztes Heim, sondern auch seine letzte Ruhestatt bedeuten sollte.

Er geht mit Gattin und deren Familie nach Toronto in Kanada, wo er nach kurzen Monaten, von Familie und Freunden tief betrauert, stirbt. Sein Sohn Harry, Jurist von Beruf und Mitarbeiter seines Vaters am Tarif-Anzeiger in Wien, ist schon vor dem Kriege nach den Vereinigten Staaten emigriert, wo er inzwischen die Staatsbürgerschaft erlangt hat, nicht ohne vorher mit der amerikanischen Armee in Europa gewesen zu sein.

In den letzten Monaten, seiner großen beruflichen Verpflichtungen längst entledigt, verwaltet er noch den ihm verbliebenen Besitz, verfolgt mit genauester Überwachung die Entwickelung der Ereignisse Europas und der übrigen Welt und beschäftigt sich in Mußestunden mit der Kolorierung von Landschaften, Tieren und der Vegetation der Welt. Dies konnte ihn stundenlang beschäftigen. Er wählte die Schwarzweiß-Zeichnungen des Brockhaus-Lexikons. Mit einer Lupe, mit welcher er die feinsten Linien der Bilder aufspürte, malte er mit zarter Nachgestaltung. Es offenbarte sich hier die zarte und mütterliche Seite seines Wesens. Aber in den Mußestunden beschäftigte er sich auch mit dem Lesen seiner Lieblingsbücher. Die Bibel und die Verse des Satirikers Wilhelm Busch begleiten ihn durchs Leben. Sein Sinn für Humor, Witz und Satire genießt noch in allerletzter Zeit seines Lebens das vollständige Werk des großen Lyrikers und Satirikers Heinrich Heine. Für ihn, wie für seinen großen Bruder, spielten diese Qualitäten im Werk eine große Rolle, und ich erinnere mich, wie bei ihren sonntäglichen Begegnungen das Neueste an Witzen eine große Bedeutung hatte, und ich fühle noch die behagliche Stimmung nach herzlichem Gelächter im Wohnraum.

Die Erkenntnis nach ihren unendlich reichen Erlebnissen, Erfahrungen und Beobachtungen des Lebens und der Menschen machte sich bei beiden Brüdern so manchmal mit Bitterkeit geltend. So stellt Alexander die Notwendigkeit der großen Märtyrer in Frage. Sie würden immer wieder gekreuzigt. Und Sigmund sagt, indem er seine Zigarre beißt: »Die Menschen sind wie ein Rudel Wölfe, die den zerreißen, der ihnen helfen möchte.«

Alexander liest Heines Gedichte und Reden, und in seiner tiefen Enttäuschung und Verletztheit, verursacht durch das Hitlerregime, teilt er die Verzweiflung, die von dem Einsamen her aus Paris, aus der Matratzengruft dringt. »Denk ich an Deutschland in der Nacht, / Dann bin ich um den Schlaf gebracht.« Die Deutschen haben Heine um seinen ganzen irdischen Schlaf gebracht. Sein kleines Monument auf dem Père-Lachaise[113] in Paris, sein traurig geneigtes Haupt, den Schmetterling und die Lyra haben sie zu Staub geschlagen und sein Gebein über den Friedhof in die Lüfte gestreut. Und auf sein unvergängliches kleines Volkslied, die Lorelei: »Ich weiß nicht, was soll es bedeuten, daß ich so traurig bin«, können wir ihm die rechte Antwort geben: »Wir wissen, was es bedeuten soll, daß du so traurig bist.« Es ist die tiefe geistige Nacht über Deutschland, dem Gebiet, aus dem Goethe, Beethoven und Mozart der Welt ein anderes Deutschland geschenkt – unzerstörbare Melodien des Wortes, des Tones und des heiligen Geistes.

Und so wie der Bruder Alexander vor dem Abschied von dieser Erde sich in Heine vertieft und unbewußten Trost findet, so liest Sigmund das Werk des größten italienischen Dichterphilosophen Dante Alighieri. Ich besaß das Werk und seinen Kommentar aus der Bibliothek meines Vaters, ich liebte es seit meiner frühen Jugend, aber gerade deshalb trennte ich mich davon, um Onkel Sigmund eine besondere Freude zu bereiten.[114] Und er liest es in den letzten Sommertagen seines Lebens auf seiner Lagerstatt im Garten seines Londoner Heims. Wie muß es den großen Denker gefesselt haben, nicht nur daß Dante seinen Weg zum Aufstieg versperrt findet von den drei Tieren – dem Löwen, dem Panther und dem Wolf – welch tiefes psychoanalytisches Symbol! Auch die Erkenntnis der ewigen Einsamkeit, der Einsamkeit des Großen in seiner Umgebung. »Der Prophet gilt nichts in seinem Lande.«

Sigmund Freud hat, geistig von seinem Heimatboden vertrieben, Abschied nehmen müssen vom deutschen Kulturkreis. Auf Dantes Grab, auf verschollenem Friedhof in Ravenna,[115] stehen die Worte gemeißelt:

Le gloriose ossa
di
Dante Alighieri
dai monopteros conventuali
nel MDCCLXXX
entro questo mure mesceste
sin invertere
il XX VII maggio MDCCCLXV

Und auf der Grabkapelle daselbst die gemeißelten Worte:

Hic claudor Dantes patriis extorris ab oris
Quem genuit parvi Florentia mater amoris

Hier ruhe ich, Dante, verschlossen, vertrieben
Vom Vaterlande, den Florenz gebar, die Mutter,
Die wenig ihn liebte.[116]

18. XII. 1938

Prof. Sigm. Freud 20 Maresfield Gardens,
London. N. W. 3.

Meine liebe Lilly,

ich habe gestern Dein schönes Geschenk (Dante) von Omri bekommen, mich natürlich sehr damit gefreut, aber mich doch auch gefragt, wie ich dazu komme, und warum Du es nicht lieber für Dich und Dein Haus behalten hast. Eine *vorläufige* Unterkunft in Maresfield Gardens kann ich ihm nicht verweigern.

Ich hoffe ich höre von jeder Änderung bei Euch und grüße Dich mit Mann u Tochter herzlich Dein Onkel

Sigm.

Die tiefe Verehrung Alexanders für seinen Bruder wurde mir zu ergreifender Gewißheit, als ich, wie immer bei meinem Aufenthalt in Wien, in das Handelskammerpalais ging, um meinen Onkel Alexander in seinem Büro in der Biberstraße zu besuchen. Wie stets sehe ich das weiße Schild mit den erhöhten Buchstaben, auf welchem vor seinem Namen der Professortitel steht. Erstaunt bemerke ich, daß der Titel fehlt. Eintretend frage ich Onkel nach der Ursache. Leise und bescheiden kommt seine Antwort zu mir herüber: »ES GIBT NUR EINEN PROFESSOR IN MEINER FAMILIE.«

Astor, eine Dogge

Zur Familie Alexander Freud gehört ein herrlicher Hund, eine Dogge, Astor genannt. Groß wie ein kleiner Löwe, mächtig im Temperament, kann er in Sympathie oder Abwehr einen Menschen durch seinen gewaltigen Anprall umwerfen. Er liebt seinen Herrn und seine Herrin. Auf sie ist er eifersüchtig wie ein Mensch. Er drängt sich zwischen mich und sie, als ich sie einmal zum Abschied umarme, und zweimal entgehe ich durch seinen Angriff glücklich einer schlimmeren Erfahrung. Ich wirbele meine kleine Tante im Kreise, im Tanze herum und fühle plötzlich die Schnauze Astors mit solcher Wucht an meinem Haarknoten reißen, daß mein Haar, sich lösend, auf die Schultern fällt. Ein andermal, als ich sie küsse, reißt er mir den Schleier vom Gesicht. Man konnte ihm nicht böse sein. Es war ein Erlebnis, wie der Ansturm und die Brandung des Meeres mit mächtigem Gischt.

Eine Elementargewalt

Aber auch der Stärkste hat seine schwache Stunde! Die Familie war im sommerlichen Garten bei Onkel Sigmund in der Grinzinger Villa[117] versammelt, Alexander mit Frau und Sohn und Hund waren zu Besuch. Astor stand machtvoll und nachdenklich im Grase. Da kamen die beiden kleinen chinesischen Chows, Kinder der Lieblingshündin Freuds, Jofi genannt, furchtlos und langsam auf ihn zu. Hemmungslos kläfften sie ihn an, und Astor, sprachlos, begann langsam rückwärts zu gehen und sich seitwärts in die Büsche zu schlagen.

SEINER EIGENEN KRAFT NICHT BEWUSST.

Die ganze Familie beobachtet dieses Schauspiel, lachend und belustigt.

UND AUF ONKEL SIGMUNDS ANTLITZ KONNTE MAN EIN HÖCHST AMÜSIERTES UND WEISES LÄCHELN SEHEN.

Beide Onkel nahmen lebendigen Anteil an meinem ersten öffentlichen Auftreten in meiner Geburtsstadt Wien. Hugo Heller, einer der bedeutendsten Verleger und Konzertagenten der Stadt, berief mich auf Veranlassung des Burgtheaters in den Konzerthaussaal zu einem großen Abend asiatischer Poesie, mit welchem ich gerade in Berlin die Aufmerksamkeit der Kunstwelt auf mich gelenkt hatte. Bei dieser Gelegenheit schrieb mir Onkel Sigmund:

1. 4. 16

Prof. Dr. Freud Wien, IX. Berggasse 19.

Liebe Lilli

Es hat uns sehr gefreut, daß Du den Ruf nach Wien bekommen hast, umsomehr als wir gar nichts dazu gethan haben. Nur an der Aufforderung, Proben von Marthas [Toms] Kunst zu bringen, sind wir, Deine beiden Onkel mitschuldig. Wir freuen uns auch sehr auf den Abend und sichern Dir eine Anzal von Zuhörern zu, auf die Du gerade nicht am meisten anstehen wirst.

Um Bekanntschaft mit Künstlern mach' Dir keine Sorgen. Gerade [auf] dieses Stück Impresariotum versteht sich Heller ausgezeichnet. Er hat auch bereits von diesen Einladungen gesprochen.

Rilke kenne ich zwar, aber er entzieht sich, seitdem er hier im militär. Dienst ist, so daß ich ihn nicht selbst pressen kann. Aber ich werde Heller, mit dem er auch in Verbindung steht, von Deiner Sehnsucht Mitteilung machen.

Gerne wüßte ich alles Nähere, wann Du kommst, mit wem, auf wie lange. Aber es wird ja bald offenbar werden. Also auf Wiedersehen u herzliche Grüße an alle zu Hause von Deinem alten Onkel

Sigm

Und als ich in Wien eintraf, von der Familie herzlich willkommen geheißen, sagte Onkel Sigmund: »Nimm es richtig auf, daß wir dich in einer Pension und nicht in der Familie in diesen Tagen leben lassen. Aber wir dachten, daß du ungestört sein sollst für deine künstlerische Vorbereitung. Aber eines will ich dir noch sagen. Wir haben für die ganze Familie Billets gekauft, aber zwei Karten mußt du selbst zu deinem Abend schenken, die eine für deine Großmuter, die andere für deine Amme!«

An diesem Abend in Wien gab es zwei für mich unvergeßliche Erlebnisse. Am Morgen nach dem Abend erschien meine Tante Dolfi in der Pension, ich war noch nicht aufgestanden, und erzählte mir lachend *die* Episode des Abends. Nach einer starken Beifallskundgebung während meiner Rezitationen sei meine Amme aufgesprungen und rief stolz – sie sprach immer noch mit ihrem ungarischen Akzent –, indem sie sich auf ihre Brust schlug: »Bin ich Amme, bin ich Amme!« Sie war sehr rassig, und nur sehr energisch, erzählte meine Tante, konnte ihre Umgebung sie zum Niedersitzen bewegen, aber sie hörte nicht auf, von meinen Wundern zu erzählen, die ich als Säugling vollbracht haben sollte. »Bin ich Tante, bin ich Tante«, beendete Dolfi lachend ihre Erzählung, während sie mich zum Abschied küßte.

Ein Frühlingsgruß, ein großer buntfarbiger Blumenstrauß Onkel Sigis wurde mir aufs Podium gereicht, und sein Telegramm »reizender abend schoener erfolg gratuliere = sigmund« erfreute meine Eltern in Berlin mit der Botschaft seiner Bejahung.

Mit Sorgfalt und ermutigender Förderung, in der Erkenntnis, wie schwer jeder Aufstieg aus eigenen angeborenen Kräften sich erweist, begleitete und bestätigte Onkel Sigmund die ersten mutigen Schritte der jungen Künstlerin. Er ist immer für den großen persönlichen Kampf und den vollen Einsatz der eigenen Gaben und Energien gewesen.

Und nichts pflegte er mehr zu bedauern als Abwenden vom vorbestimmten und selbsterwählten Weg, vom eingeborenen Beruf durch Schicksal oder persönliche Wandlung. So schreibt er mir zu meinem ersten Auftreten in Berlin:

14. 3. 11

Prof. Dr. Freud Wien, IX. Berggasse 19.

Meine liebe Lilli

Die Ankunft Deines Programms mahnt mich, die Antwort auf Deine liebenswürdige Einladung nicht länger aufzuschieben. Aus dem Aufschub kannst Du schließen, daß ich gerne gekommen wäre u glaube nicht kommen zu können. Wir Alten sind, wie Du vielleicht ahnst, nur mehr Gelderwerbsmaschinen, damit Ihr Jungen die Schwere des Lebens eine Zeit lang gelinder verspüren könnt, u dieser edlen Absichten wegen verlangen wir nachsichtige Beurteilung. Wenn ich Samstag bei Deinem Debut zugegen sein soll, muß ich den Tag der Arbeit entziehen, u da ich nichts anderes bin als ein zeitweise hochbezalter Taglöhner, darf ich es nicht thun.

Nebenbei weiß ich nicht, ob ich in Berlin so beliebt bin, daß Dir mein Erscheinen viel Sympathie zubrächte. Ich weiß aber, daß Du keck und zuversichtlich vor Dein Publikum hintreten und es schon darum von vorneherein für Deine Kunst einnehmen wirst. Du brauchst drum zum Erfolg keinen alten Onkel.

Nimm also herzlichen Dank für Deine Einladung u schöne Glückwünsche für Deinen Abend!

Dein Onkel Sigm.

Und zu meinem zweiten Auftreten in Berlin schrieb er mir:

26. XII. 11.

Prof. Dr. Freud Wien, IX. Berggasse 19.

Liebe Lilly

Wenn ich Deinen lieben Brief auch nicht umgehend beantwortet habe, darfst Du mich doch darum nicht für theilnahmslos halten. Ich freue mich sehr über Deine Erfolge von denen jetzt auch die Neue Fr Presse Notiz genommen hat, u konstatiere zu Deiner Ehre, daß Du, schwaches Mädchen, die erste in Europa der neuen Generation bist, die schon Geld verdient hat, bisher ausschließliches Vorrecht der Alten. Auch daß Du Toms Talente zur Anerkennung bringst finde ich sehr ehrenvoll für Euch Beide. Dieser Tom ist gewiß ein sehr beachtenswerter Kerl. Leider, wie seine Schwester Martha in Wien bei uns war, benahm sie sich gerade sehr unglücklich u schien recht unzufrieden.

Grüße mir Mutter und Vater, Bruder u Schwestern herzlich zum neuen Jahr 1912 von Deinem alten Onkel, der Dir noch viele, sauer zu erwerbende Erfolge wünscht.

Der junge praktizierende Arzt hatte seinem Vater das Versprechen gegeben, kein Familienmitglied persönlich zu behandeln. Aber eine verantwortungsvolle Pflicht hatte er als Familienoberhaupt übernommen, die schon mit den Erfahrungen seiner eigenen Lehre zusammenhing. Er glaubte auf Grund seiner Erkenntnisse nicht an die langsame, quälende Vorbereitung auf eine Schreckensnachricht, sondern hielt die rasche Wahrheit, die unverschminkte tragische Mitteilung für das gegebene. Und die Hilfeleistung hatte er gleichzeitig bereit. Er befreite den akuten Schock sofort durch den Befehl zu schreien. Dies geschah, um dem Schmerzerfüllten das erste natürliche Ventil zum Ausbruch zu öffnen, zur Befreiung, zum tierischen Urlaut, zum erquickenden Weinen.

So war die Erfahrung einer meiner Tanten, Freuds Schwester, Frau Rosa Graf. Sie stand in ihrem Zimmer in Wien und packte gerade ein Feldpostpaket für ihren jungen siebzehnjährigen Sohn Hermann, welcher im Weltkriege 1914–18 im Felddienst stand. Während sie die Liebesgaben in den Karton legte, ist ihr Bruder bleich ins Zimmer getreten und fragte: »Rosa, was machst du da?« »Ein Feldpostpaket für Hermann«, sagte sie. »Tut nicht mehr not, Rosa, Hermann ist gefallen – SCHREI!«

Und da mein Onkel wußte, daß ich selbst sehr an meinem Cousin Hermann hing, so schrieb er mir einen Brief, um mir die Nachricht mitzuteilen. Da ich mich zu jener Zeit verlobt hatte, so las ich in dem Brief des Onkels erst den Glückwunsch zu meiner Verlobung und dann anschließend die Worte: »Wenn man die guten Nachrichten im Leben – die hellen Wolken – gerne entgegennimmt, so muß man auch das dunkle Gewölk – die traurigen Nachrichten – empfangen und ertragen können. Dein junger, hoffnungsvoller Vetter Hermann ist vor Tagen im Felddienst in Italien gefallen.« Und ich mußte den plötzlichen Kontrast zwischen Glückwunsch und Trauerbotschaft ertragen und überwinden lernen. Und er selbst mußte den Verlust seiner zweiten Tochter Sophie ebenso grausam erfahren. In Hamburg an Grippefieber erkrankt, trifft ein Kärtchen, von ihr selbst geschrieben, ein, mit der tröstenden Botschaft ihrer Wiedergenesung und der morgigen Heimkehr zu ihrer Familie. Aber ihr plötzlicher Tod, die Nachricht von ihrem Ableben, eilt mit ihrer Hoffnung um die Wette, und Tante Martha und Onkel Sigmund empfangen in ihrem Heime in Wien die tragische Gegensätzlichkeit der beiden Nachrichten. Sie tragen den Verlust dieses Kindes mit schweigender, duldender Kraft. Tante Marthas Erinnerung eilt oft zurück in verklungene Tage, die verlorene Gestalt ihrer Tochter zu umhegen, und ein kleines gemaltes Medaillon an Onkels Uhrkette weist auf seine immer wache Erinnerung und Sehnsucht nach der Verlorenen. Unwiederbringliches riß er in sichtbaren Zeichen nahe an sein starkes Wesen heran. Und Tante rückt an sommerlichen Tagen das Bild ihrer Mutter und Tochter Sophies auf schattigeren Platz, damit die Sonnenstrahlen nicht ihren Liebling bleichen.

Zeitkolorit

Im Fiaker sind wir durch die Straßen gefahren. Mutter, Tante Dolfi, meine Schwester Gretl, meine Kinder – Omri und Angeli[118] – und ich.

Mutter zeigte mir die Heinestraße, in welcher sie mich zur Welt gebracht hatte und die später umbenannt wurde und Franz-Joseph-Straße hieß. Die Straße lief ganz nahe am Wiener Praterrand vorbei, und Mutter erzählte und zeigte uns die Stelle, wo sie des Morgens uns Kleine im Wagen, von der Kinderfrau wohl behütet, unter der alten Kastanie an der Holzbank die frische Luft genießen ließ. »Ja«, sagte sie, »wir wohnten so nahe, daß ich das Mittagsmahl zu euch ins Grüne bringen konnte.« Dann kamen wir an einem alten, hohen Bürgerhaus vorbei, welches schräg gegenüber dem schon historischen Carltheater lag. Hier wurde Tante Dolfis rege Erinnerung lebendig. »Hier oben«, und sie schaute mit meiner Mutter hinauf ins Stockwerk, »wohnten wir in späteren Jahren, nachdem wir die schlichte Wohnung des kleinbürgerlichen Elternhauses aus den ersten Kinderjahren verlassen hatten, das trauliche Heim in der Wiener Leopoldstadt. Und denkt euch, nie werde ich es vergessen, ich bekam eines Tages einen Parkettsitz geschenkt fürs Carltheater zu einem erstmaligen Gastspiel einer unbekannten Schauspielerin. Ich saß unter einem kleinen Auditorium von kaum fünfundzwanzig Personen. Unter den Zuhörern saßen Hermann Bahr[119] und Josef Kainz. Sie jubelten der Schauspielerin zu. Langen, stürmischen Applaus zollte die kleine Schar der Zuhörer der erschütternden, eigenartigen Kunst einer fremdartigen Frau, einer Italienerin. Sie hieß ELEONORA DUSE.«[120]

Es war im Februar 1892.

Lilly Freud-Marlé, ihr Mann Arnold Marlé, Sohn Omri und Adoptivtochter Angela, nach 1930

Und noch eine Frau, nicht vom Burgtheater, nicht vom Rampenlicht der Bühnen erhellt, wurde geliebt und bewundert; nein, eine melancholische, leidende Frau, die sich von der Bühne der Welt zurückgezogen hatte, warf ihren Charme und den Schatten ihres tragischen Schicksals auf die weibliche empfängliche Jugend der Stadt Wien. Elisabeth, Kaiserin von Österreich. Eine unglückliche Ehe, ein unerbittliches und untragbares Hofzeremoniell, der tragische Tod ihres einzig geliebten Kindes, ihres Sohnes Rudolf. Wer hätte damals nicht gerne die beiden unglückseligen Kugeln in ihrem Laufe zurückgehalten, denn das Volk liebte seinen freiheitverheißenden Thronerben. Das eine tödliche Geschoß, von seiner Hand abgegeben, welches die junge Vetsera traf, seine Geliebte, und das zweite, das er gegen sich selbst richtete.[121]

Das so völlig erschütterte Familienleben der Kaiserin Elisabeth mag die Hauptursache gewesen sein ihres tiefen Hanges zur Einsamkeit und zur Melancholie. All dies und ihre große Liebe zu den Dichtungen Heinrich Heines machten sie zu einer von leise gedämpften, zagen Gesprächen umwobenen Figur, als ahnte man die Vorwehen eines unabwendbar tragischen Sternes. Und man behielt recht. Ihre Lieblingsschwester verbrannte bei dem berühmten Saalbrand eines großen Galaabends der Oper in Paris, und in Genf, vor dem Hotel Beau Rivage am Rhôneufer, zeigte mir auf einer Schweizer Reise eine liebe Freundin erschüttert die Stelle, wo an einem sonnigen Tage die unglückselige Frau mit ihrer Hofdame unbekümmert promenierte. Aus dem Hinterhalt, feige und vorbedacht, stieß ihr der italienische Anarchist Luccheni[122] ein kleines dreizackiges Stilett ins Herz. Traurig und still verblutete diese unpolitische Frau auf dem Lager ihres Hotelzimmers. Ihr schlanker, zarter Körper zeigte drei Blutstropfen. Erlöst umfing sie das Schweigen der Ewigkeit.

Freud und die Landschaft

Wir sind alle an die Landschaft gebunden, in der unsere Wiege stand. An die weichen, dichten, dunkelgrünen Waldungen Österreichs, die dunkle, saftige Erde, die alle Bäume, Blumen und Pflanzen farbenprächtig und in großer Fülle schenkt. Die milde, windige Frühlingszeit. Der herrliche regenfeuchte Sommer in den Alpen. Der schneeige, kalte Winter im Land. »Es gibt kein gutes oder schlechtes Wetter«, sagt Freud, »es gibt nur gemäße oder ungemäße Kleidung.« Der Geruch der Erde, der Duft der Alpenveilchen und -rosen und des blühenden Enzians und die beerenreichen Wälder und Moosboden des Dickichts, die Schwämme, der rote Mohn und die blaue Kornblume und die mauvefarbene Kornrade in den gelb schwankenden Ährenfeldern des Landes. An die mannigfaltigen und vielfarbigen Rosen, an die kleine Kamille und die hochstielige Margaretenblume und die Gärten und Parks der alten Hauptstadt. Seiner Kindheit. Die Wurzeln des innersten Wesens sind bei allen Erdenkindern verwachsen mit der Scholle, wo ihre Wiege stand. Und Freud liebte die Natur seiner Scholle. Die Wintermonate, in harter geistiger Arbeit und Tätigkeit verbracht, binden und halten ihn Jahrzehnte in seiner Stadtwohnung. Aber sowie die ersten Sommerwinde wehen, ist die Familie bereit zum Auszug in Gottes freie Natur auf viele Monate.

Da sind herrliche Sommer in Reichenau und in Kärnten, auf dem Semmering, in Salzburg und in Tirol, am Badersee und dem Eibsee und in Gastein, in Alt-Aussee und auf der Obertressen, am Königssee und in Reichenhall, auf dem Obersalzberg und in der Nähe Wiens auf der Hohen Warte und dem Bellevue. In ihren frühen bescheidenen Anfängen gingen sie mit ihren Kleinen und Kleinsten nach Mariaschutz und Schneedörfel unferne Wiens. Wie genoß er mit Auge und Fernrohr den Wechsel der Witterung und die Stellung der Gestirne. Wie liebte er das Schwämmesuchen im regenfeuchten Wald! Im Jahre 1917 weilte Onkel Sigi am Csorbasee[123], dem klar leuchtenden See in der Hohen Tatra in den Karpaten. Dort, im Csorbatóhotel, erlebte ein Sommergast Freuds in dreitägigem Beisammensein mit ihm unvergessene Stunden. Er erzählte mir: Freuds Schlichtheit und Natürlichkeit, seine völlige Anspruchslosigkeit und der Mangel jeder Prätention waren ergreifend. Voller Leidenschaft ging er auch in jenen Tagen einer seiner Lieblingsbeschäftigungen nach. Dem Schwämmesuchen. In Gesprächen war er mitteilsam, zitierte frei aus dem Gedächtnis ganze Seiten aus Strindbergs Werken, und als die Psychoanalyse das Thema bildete, sagte er: Für ihn sei sie eine abgeschlossene Angelegenheit, seine Schüler sollten sie weiterführen. Er beschäftige sich mit der Lehre von der archäischen Erbschaft des Menschen, nach dieser Lehre auf dreitausend Jahre zurückzuverfolgen. Forschen nach seiner Herkunft.

Achtundsechzig[124] Jahre seines gesegneten Lebens erfreute er sich ungebrochener Gesundheit, fähig, seine Kräfte auf das völligste umzusetzen.

In früheren Sommern hat er seine Sehnsucht nach den fernen Landschaften erfüllt. Es trieb ihn nach Griechenland und Italien, wo ihn Architektur und Skulptur vergangener Epochen durch den Ausdruck großartiger Proportionen gefangenhielten und bereicherten. Und die Bilder der Akropolis und des Forums hielten seine Erinnerung wach und gegenüber seinem Schreibtisch seinem prüfenden Blick. Gewiß ist hier der Ursprung zu suchen für seine tiefe Liebe und Kenntnis der Ausgrabungen ältesten Ursprungs. Seine Sammlungen beweisen den liebenden Kennerblick des Archäologen. Ich erinnere mich, wie ich als junges

Mädchen, von ihm zu seinen Schätzen geführt, sein freudiges Lob erhielt, weil ich, damals in die ägyptische Mythologie verliebt, zwei anmutige Figuren erkannte und sie mit ihrem Namen nannte.

Auf seiner letzten Italienreise im Jahre 1923 mit seiner Tochter Anna bricht plötzlich in Mailand ein schweres Leiden aus, und sie eilen zurück nach Wien.[125] Seitdem war Freud nicht mehr schmerzensfrei. Er trug sein Leiden mit bewunderungswürdig schweigender Geduld. Einmal nur, an einem Spätsommerabend an meinem Arm durch den Garten wandelnd, hörte ich ihn leise klagen: »Ich muß sehr leiden!« Seit dieser Zeit, an dauernde ärztliche Hilfe gebunden, werden die Reisen Onkel Sigmunds nur mehr auf den Heimatboden beschränkt.[126]

Wenn die Spielzeit meines Mannes, der damals Oberspielleiter und Charakterdarsteller des Deutschen Schauspielhauses in Hamburg war, ihrem Ende entgegenging, war er immer sehr erholungsbedürftig und pflegte, wenn wir Sommerpläne machten, zu sagen: »Ich will garantierten Sonnenschein haben!« So gingen wir jedes Jahr nach dem Süden. Hinunter an das mittelländische Meer. An die Adria. Durch die Länder, in die Städte und die Dörfer, durch die Landschaften, an die Küsten und auf die Inseln Jugoslawiens, Frankreichs und Italiens, tief in den blauen Himmel und den garantierten Sonnenschein hinein. Auf unserer Rückreise aus dem Süden pflegten wir unsere Familien in der Tschechoslowakei und in Österreich zu besuchen. Und so erfreuten wir uns häufiger Aufenthalte im Garten des bezaubernden Rokokoschlößchens der Mauthnerschen Villa in Pötzleinsdorf bei Wien, wo ein Teil der Familie Sigmund Freud mehrere Jahre hindurch ihre Sommerferien verbrachte. Während eines solchen Besuches an einem schönen Sommertage mit meinem kleinen, einfachen Kodakapparat durch den Garten streifend, nehme ich impulsiv auf, »was und wie« es mir gefällt. Natur, Menschen und Tiere scheinen willig, und bis zum Sonnenuntergang fange ich die Bilder des sommerlichen Tages ein. Mögen die Bilder für sich selber sprechen!

Ein Sommertag mit Freud
Pötzleinsdorf 1931

Front der Mauthnerschen Villa

Südostecke der Villa

Herr und Haus

Martha Freud an ihrem Geburtstag, 26. Juli

Lilly Freud-Marlé und Tante Minna Bernays

Mit Chow-Chow Jofi

Anna Freud mit Chow-Chow Tattou und ihrem Schäferhund Wolf

Siesta unter der Kastanie

Sigmund Freud und Oskar Rie

1 Das Haus. Die Front.
2 Der schmale Eingang zur Rechten führt in sein Arbeitszimmer.
3 Südostecke der Mauthnerschen Villa.
4 Interieur im alten Hause.
5 Herr und Haus.
6 Auf dem Wege ins Arbeitszimmer.
7 Onkel im Garten mit Zigarre und Hund.
8 Die Hausfrau lächelnd.
9 Die Hausfrau sinnend, an ihrem Geburtstag.
10 Exterieur im Garten mit Tante Minna.
11 Onkel Sigmund mit Lux Freud.
12 Paula mit Tattou im Garten und Jofi.
13 Anna Freud mit ihren Lieblingen.
14 Siesta unter der Kastanie.
15 Onkel lesend mit der Zigarre in der Hand.
16 Onkel Sigmund mit seinem Lebenskameraden Oskar Rie.
17 Onkel mit seinem Kameraden Oskar Rie.
18 Angela und junge Rosen im Garten.
19 Onkel und Lilly im Garten mit Jofi (Aufnahme Lux Freud).
20 Japanische Zwergkiefern auf der Gartentreppe.

Einige Wochen später empfängt meine Familie in Wien das Album mit den Bildern des eingefangenen Sommertages.

Anna Freud — Wien IX. Berggasse 19
8. 11. 31

Liebe Lilly,

Ich danke Dir sehr für das reizende Bildchen von Angela. Sie sieht ganz entzückend darauf aus, und es ist so schön, daß es Dir gelingt, einen frohen, gesunden Menschen aus ihr zu machen. Danke ihr auch sehr von mir für ihre Grüße.

Du hast der ganzen Familie mit dem schönen Pötzleinsdorfer Album die größte Freude gemacht. Du mußt jeden Sommer kommen und das wiederholen!

Sehr herzlich
Deine
Anna.

Wien, 14. Oktober.

Meine liebe Lilly,

Ein Migränetag hat mich verhindert, Dir gleich zu schreiben, und das hatte sein Gutes! Denn denke Dir, Dein guter Onkel, mein lieber Gatte, hat in meiner Abwesenheit Dein Paket mit Freudschem Elan geöffnet, alle Hüllen unbesehen in den Papierkorb versinken lassen und auf meine Frage, ob denn außer dem Album nichts Schriftliches dabei gewesen, energisch verneint. Als nun aber heut früh das Mädchen den Papierkorb ausleeren wollte, fand sie zu größter Überraschung alle Deine drei Briefe! Am meisten hat sich wohl meine Paula, die Hundepflegerin, mit ihren zwei Bildern gefreut, wird Dir noch selbst danken. Alle Bilder sind vortrefflich gelungen, die Ansichten von Haus und Garten geradezu wundervoll, und was uns jetzt das Doppelbild von Onkel mit unserem alten Freund Dr. Oscar Rie bedeutet, kannst Du Dir gar nicht vorstellen. Überhaupt erinnere ich mich kaum, daß Onkel sich in den letzten Jahren mit einer Aufmerksamkeit derart gefreut hätte wie mit Deinem Album. Dieser Gedanke belohnt Dich sicher für die viele Mühe, die Du mit der Anfertigung gehabt. Und dann muß ich Dir auch noch herzlich danken für die Übersendung der zwei reizenden Ableger; sie sind schon beim Gärtner zum Eintopfen und werden Tante Minna, die morgen früh nach vierwöchentlicher Abwesenheit aus Meran zurückkommt, freundlich begrüßen. Wie wird sie sich auch über das herrliche Bild von ihren Kakteen freuen!

Wir sind seit dem 26. September wieder in der Berggasse, das böse Wetter damals hat uns den Abschied leicht gemacht, und unser altgewohntes Heim ist auch wieder sehr behaglich.

Tante Dolfi ist noch ganz erfüllt von all ihren Reiseeindrücken und kann nicht genug berichten von der Herzlichkeit, mit der Ihr sie aufgenommen, von Eurem schönen Heim und den geliebten Kindern und nicht zuletzt von der Schönheit Hamburgs. Das tut natürlich meinem Herzen wohl!

Und nun, meine liebste Lilly, muß ich Dir für heute adieu sagen, sei Du mit Deinem ganzen lieben Haus aufs innigste gegrüßt von

Deiner sehr alten
Tante Martha.

12. X. 1931

Prof. Dr. Freud — Wien, IX. Berggasse 19.

Meine liebe Lilly

Ich schreibe Dir unter dem unmittelbaren Eindruck Deiner Sendung, um Dich wissen zu lassen, ein wie großes Vergnügen Du mir und uns allen damit bereitet hast. Die Bildchen sind entzückend, die meisten auch technisch sehr geraten und so beziehungsreich, so geschickt aufgenommen, daß bei uns des Lobes und der Anerkennung kein Ende ist. Sei herzlich bedankt dafür.

Eines der Bilder – nein zwei haben in der Zwischenzeit eine Bedeutung bekommen, die wir damals nicht vermuten konnten. Mein alter Freund, Dr Oscar Rie, mit dem ich in Deinem Album zweimal beisammen bin, ist am 17 Sept gestorben, und diese Bilder sind nun die einzigen, die wir von ihm haben. Eine seiner Töchter, Margarethe Nunberg, fährt übermorgen nach Philadelphia zu ihrem Mann, u ich habe eines der Bilder ausgelöst, um es ihr mitzugeben. So bitte ich Dich also um Ersatz und zwar gleich in mehreren Exemplaren, weil seine anderen Kinder gewiß stürmisch nach dem gleichen Andenken verlangen werden.

Meine herzlichen Grüße für Dich, Arnold und die Kinder! Es war ein reizender Gedanke, das Album mit dem Familienbild einzuleiten.

Dein alter Onkel
Sigm.

Es fiel der Familie immer sehr schwer, von dieser sommerlichen Atmosphäre Abschied nehmen zu müssen. Und Freud vertauschte seinen Sitz am sommerlichen Schreibtisch, der ihn auch während seiner Ferien den größten Teil des Tages arbeitend festhielt, mit dem in der Stadt.

Der Philosoph

Der Philosoph Klatzkin[127] besuchte uns in Prag. Er sprach voll Bewunderung von Freud und äußerte den Wunsch, ihn in Wien zu besuchen. Ich versprach ihm, an Onkel zu schreiben und ihn anzukündigen. Dankbar schied er von uns, und indem er mir die Hand drückte, sagte er: »Um einem großen Geist, einem solchen Manne zu begegnen, sollte man eine Weltreise machen.«

24. 9. 1934

Prof. Dr. Freud Wien IX. Berggasse 19.

Meine liebe Lilly,

Nur um Dir, Arnold und den Kindern herzliche Grüße zu schicken, für Deinen schönen, langen Brief zu danken und Dir zu sagen, daß Dein Philosoph Klatzkin nicht bei mir erschienen ist.

Wir genießen hier einen außergewöhnlich schönen Herbst u werden leider bald wieder in Berggasse sein.

Dein alter Onkel
Sigm

Ich habe nie erfahren, warum Klatzkin sich nicht seinen innigen Wunsch, Freud zu sehen, erfüllt hat. Die Strecke Prag – Wien war leichter zu überwinden, aber seine Bescheidenheit ließ sie vielleicht als eine nicht zu überbrückende Weltreise erscheinen.

Freud im Judentum

Sigmund Freud stammt aus einer Familie, die das Leid des »Ewigen Juden« erlebt hat. Seine Vorfahren waren Juden, und er selbst schreibt: »Meine Eltern waren Juden, auch ich bin Jude geblieben.«

Zwei historische Judenverfolgungen hat die Familie Freud im Verlaufe der Jahrhunderte in ihren Generationen miterlebt.

Seine Vorfahren, die im 14. und 15. Jahrhundert am Rhein gelebt haben, wurden von ihren Wohnsitzen durch Pogrome vertrieben, und die Familie, die nach dem Osten floh, schlägt ihre Wohnsitze in Litauen, später in Galizien und Österreich auf. Wien wird ihr zur neuen Heimat. Die einst blühende Stadt Köln am Rhein soll im Mittelalter der Wohnsitz der Familie gewesen sein. Bei dem Namen dieser Stadt erinnert sich Freud eines seltsamen Erlebnisses.

Er befand sich auf einer Reise zu seinem Halbbruder nach England und mußte auf seiner Fahrt von Wien über Köln daselbst auf den Anschluß zur Weiterfahrt warten. Freud erzählte, daß er den Anschluß zur Weiterreise fast versäumte. Er konnte sich zunächst dieses Versäumnis nicht erklären, aber dann erkannte er, daß er aus einer Rückerinnerung seines Blutes, aus Pietät für das tragische Erlebnis seiner Vorfahren zurückgehalten wurde.

Den Judenvernichtungen unter dem Nazi-Regime auf dem europäischen Kontinent im letzten Kriege fielen vier Schwestern Freuds zum Opfer. Unter ihnen war auch meine Mutter. Er selbst verließ als alter und kranker Mann die Stadt, welche ihn 78 Jahre seines Lebens beherbergt hatte, mit seiner Familie, um einem schlimmeren Schicksale zu entgehen. Aber in den Listen, welche nach dem

Tode Heinrich Himmlers, eines der abgründigsten Judenverfolger, aufgefunden wurden, stand unter den Gezeichneten auf der schwarzen Liste der Nazis mit obenan, nahe dem Namen Winston Churchills, auch der Name des alten Weisen. Die Nazis planten im Falle ihres Sieges die Bedeutenden des britischen Eilandes und die Hervorragenden der Emigration zu vernichten.

Freud selbst hat als selbstschöpferische und eigenwillige Persönlichkeit und als Träger neuer wissenschaftlicher Erkenntnisse Antisemitismus auf seinem ganzen Lebenswege erfahren. Doch unbeugsam hielt er an seiner Abstammung fest. Die Taufe, die ihm nahegelegt wurde, wies er entschieden ab und verurteilte grundsätzlich diejenigen, die sich ihr aus Opportunismus unterzogen. Er ist dafür an der Universität Wien auch nur »Außerordentlicher Professor« geblieben, aber sein Lebenswerk und die Bejahung, welche er erfuhr, hat ihn, den Juden Freud, zu einem Wegweiser in der Geistesgeschichte der Menschheit gemacht.

Antisemitismus, Gegnerschaft, Isolierung begleiten ihn wie Schatten von seiner frühen Kindheit an. Freuds Vater, Jakob, erzählt seinem Knaben Sigmund ein Erlebnis aus seiner Zeit. Er ging an einem Samstag, sabbatlich gekleidet, mit einer neuen Pelzmütze auf dem Haupt, in den Straßen seiner Stadt spazieren. Da kam jemand und schlug ihm die Mütze vom Kopf herunter, indem er ausrief: »Herunter vom Gehsteig, du Jude!« Erschüttert fragte der Knabe: »Und was hast du getan, Vater?« »Ich bin vom Gehsteig hinunter, habe die Mütze schweigend aufgehoben und habe mir den Kopf wieder bedeckt.« Schweigend fühlt und begreift und denkt Sigmund: »Das konnte meinem Vater, den ich so respektiere, geschehen?« Und eine innere Wandlung ging in ihm vor. Er erkannte plötzlich, daß Jude sein heißt verletzt, beleidigt werden, ja vogelfrei sein. Und eine harte Kraft wächst in ihm des Widerstandes. Er wird seinem Vater Genugtuung verschaffen. Er wird etwas leisten, er wird der Welt zeigen, was es heißt, ein Jude sein, dem man die Mütze in den Staub wirft! Und er träumt von Hannibal, der auszog, Rom zu erobern.[128] Aber der Knabe träumte nicht von Schwert und Blut, unbewußt fühlte er den Weg zu einem geistigen Sieg, der einen großen Kampf der eigenen Gedanken mit den Gedanken der Welt in sich schließt. Und der Knabe Sigmund wuchs heran und kam nach Absolvierung des Gymnasiums auf die Universität; er schreibt: »Die Universität, die ich 1873 bezog, brachte mir zunächst einige fühlbare Enttäuschungen. Vor allem traf mich die Zumutung, daß ich mich als minderwertig und nicht volkszugehörig fühlen sollte, weil ich Jude war. Das erstere lehnte ich mit aller Entschiedenheit ab. Ich habe nie begriffen, warum ich mich meiner Abkunft, oder wie man zu sagen begann, Rasse, schämen sollte. Auf die mir verweigerte Volksgemeinschaft verzichtete ich ohne viel Bedauern. Ich meinte, daß sich für einen eifrigen Mitarbeiter ein Plätzchen innerhalb des Rahmens des Menschentums auch ohne solche Einrichtung finden müsse. Aber eine für später wichtige Folge dieser Eindrücke von der Universität war, daß ich so frühzeitig mit dem Lose vertraut wurde, in der Opposition zu stehen und von der ›kompakten Majorität‹ in Bann getan zu werden. Eine gewisse Unabhängigkeit des Urteils wurde so vorbereitet.«[129]

Freud sagt in seinem Briefe an die Mitglieder des B'nai B'rith (Wien, 6. Mai 1926): »... denn ich war immer ein Ungläubiger, bin ohne Religion erzogen worden, wenn auch nicht ohne Respekt vor den ›ethisch‹ genannten Forderungen der menschlichen Kultur.«

Alle Kinder und Kindeskinder des Stammhauses Jakob und Amalia Freud sind freireligiös erzogen worden, und ich möchte hier eine Kindheitserinnerung von mir erzählen, welche auf die Freiheit des Geistes in der religiösen Einstellung der Familien ein Licht wirft.

Gegenüber unserem Wohnhause lag die Synagoge, eng

zwischen zwei Häuser eingebaut. Ich erinnere mich deutlich an die Steinfliesen, den feierlichen Glanz der silbergeschmückten Thora, des weißen Gebetmantels des Kantors, des goldbestickten Thoravorhanges, vor dessen rotsamtenem Grunde er betete. Und ich erinnere mich an die mit Thorarollen wandelnden weißbemäntelten Männer, die braunen polierten Bankreihen und die vielen Menschen. Ich sehe mich verspätet mit kindlicher wilder Hast durch die Tempelpforten in die Bankreihen zu meinen Leuten schlüpfen. Ich liebte und genoß die Weihe des festlich erleuchteten Raumes.

Wenige Häuser von der Synagoge entfernt liegt die Schubert-Volksschule, von Direktor Gustav Wasa geleitet. Ich sehe ihn noch vor mir mit seinem jovialen Embonpoint[130], mit seinem langen Bart und seinen freundlichen, prüfenden Augen. Die Schule war katholisch wie die Kirche des Landes. Vor dem Beginn des Schulunterrichtes beteten wir stehend das Vaterunser und bekreuzigten Stirn, Mund und Brust. In den Unterrichtsstunden sammelten wir kleinen Mädchen Heiligenbilder, die auf buntfarbigem Glanzpapier sich auf der warmen Kinderhand aufrollten. An unserer Straßenecke stand der heilige Peregrin[131], eisenumgittert. Auf seinem Haupt mit goldbronzenem Strahlenkranz ruht oft ein Taubenpaar schnäbelnd aus. Welke Blumensträuße liegen vernachlässigt am Fuße des steinernen Sockels, und ich spüre noch den Duft des vermoderten Veilchensträußchens am Stein. Tief sinke ich in die Knie, mich bekreuzigend, wenn ich an der Peregrinkirche vorbeigehe, die unserem Wohnhause am nächsten steht. Und oft schlüpfe ich hinein, meine Fingerspitzen in das Weihwasser zu tauchen. Ich liebe den Duft der östlichen Pflanze des Weihrauchs.

Und beim Großvater Jakob im oberen Stockwerk lernten wir Kleinen Hebräisch. Ich liebte die Geschichte der Bibel, den kleinen Moses, im Körbchen von der ägyptischen

Pharaostochter im Schilfe gefunden. Und in der Schule liebte ich die Erzählung von der Mutter Maria und dem Jesuskinde. Hieß doch auch meine Mutter Maria, und mit dem kleineren Schwesterchen im Arm wurden mir beide Mütter innig vertraut. So kam es, daß ich, als ich mit neun Jahren nach Berlin in eine preußische Schule kam und streng gefragt wurde: »Lise, was bist du eigentlich? Protestantisch, katholisch oder jüdisch?«, ganz erstaunt über die zum erstenmal an mich gerichtete Frage, leise antwortete: »Ich weiß es nicht.« »Frage zu Hause.« Und am nächsten Tage brachte ich die Antwort: »Ich bin eine Jüdin.« Aber im tiefsten Innern habe ich das frei wallende Gefühl der Harmonien bewahrt, die ich in meiner Kindheit empfunden habe, ohne Anstoß inmitten der verschiedenen Religionen lebend. Wie schlicht scheint die Lösung, wenn Grenzen nicht betont werden! Wie wallt dann alles Menschliche ineinander! Wie lernt die erwachsene Menschheit nicht von ihren Kindern! Sondern lächelt sie an, lacht sie aus und hat, wenn sie gar nicht begreift, die Strafe für sie bereit.

Möge dies kleine Beispiel die Zukunft aller Wahrhaftigkeiten und aller Ideale sein!

Freud hat, nachdem er jahrzehntelang an der Universität doziert hatte, als er erkrankte und ihm durch die operativen Eingriffe das Sprechen schwerfiel, diese öffentliche Lehrtätigkeit aufgegeben. Aber wer noch seine Vorträge erinnert, erzählt von dem edlen Zauber seiner Diktion und seines Aussehens.

Nachfolgende Rede Freuds gibt zweifellos ein klares Bild seiner Einstellung zum Judentum:

Ansprache an die Mitglieder des Vereins B'nai B'rith (1926)

Verlesen bei der Feier des 70. Geburtstages (6. Mai 1926)
als Erwiderung auf die von Prof. Ludwig Braun
gehaltene Festrede.

Hochwürdiger Großpräsident, würdige Präsidenten,
liebe Brüder!

Dank für die Ehren, die Sie mir heute erwiesen haben! Sie wissen, warum ich nicht mit dem Ton der eigenen Stimme antworten kann. Sie haben einen meiner Freunde und Schüler von meiner wissenschaftlichen Arbeit sprechen hören, aber das Urteil über diese Dinge ist schwierig und vielleicht noch lange Zeit nicht mit einiger Sicherheit zu fällen. Erlauben Sie mir, etwas zur Rede des anderen hinzuzufügen, der auch mein Freund und mein sorgsamer Arzt ist. Ich möchte Ihnen kurz mitteilen, wie ich B. B. geworden bin und was ich bei Ihnen gesucht habe.

Es geschah in den Jahren nach 1895, daß zwei starke Eindrücke bei mir zur gleichen Wirkung zusammentrafen. Einerseits hatte ich die ersten Einblicke in die Tiefen des menschlichen Trieblebens gewonnen, manches gesehen, was ernüchtern, zunächst sogar erschrecken konnte, anderseits hatte die Mitteilung meiner unliebsamen Funde den Erfolg, daß ich den größten Teil meiner damaligen menschlichen Beziehungen einbüßte; ich kam mir vor wie geächtet, von allen gemieden. In dieser Vereinsamung erwachte in mir die Sehnsucht nach einem Kreis von auserlesenen, hochgestimmten Männern, die mich ungeachtet meiner Verwegenheit freundschaftlich aufnehmen sollten. Ihre Vereinigung wurde mir als der Ort bezeichnet, wo solche Männer zu finden seien.

Daß Sie Juden sind, konnte mir nur erwünscht sein, denn ich war selbst Jude, und es war mir immer nicht nur unwürdig, sondern direkt unsinnig erschienen, es zu verleugnen. Was mich ans Judentum band, war – ich bin schuldig, es zu bekennen – nicht der Glaube, auch nicht der nationale Stolz, denn ich war immer ein Ungläubiger, bin ohne Religion erzogen worden, wenn auch nicht ohne Respekt vor den »ethisch« genannten Forderungen der menschlichen Kultur. Ein nationales Hochgefühl habe ich, wenn ich dazu neigte, zu unterdrücken mich bemüht, als unheilvoll und ungerecht, erschreckt durch die warnenden Beispiele der Völker, unter denen wir Juden leben. Aber es blieb genug anderes übrig, was die Anziehung des Judentums und der Juden unwiderstehlich machte, viele dunkle Gefühlsmächte, umso gewaltiger, je weniger sie sich in Worten erfassen ließen, ebenso wie die klare Bewußtheit der inneren Identität, die Heimlichkeit der gleichen seelischen Konstruktion. Und dazu kam bald die Einsicht, daß ich nur meiner jüdischen Natur die zwei Eigenschaften verdankte, die mir auf meinem schwierigen Lebensweg unerläßlich geworden waren. Weil ich Jude war, fand ich mich frei von vielen Vorurteilen, die andere im Gebrauch ihres Intellekts beschränkten, als Jude war ich dafür vorbereitet, in die Opposition zu gehen und auf das Einvernehmen mit der »kompakten Majorität« zu verzichten.

So wurde ich also einer der Ihrigen, nahm Anteil an Ihren humanitären und nationalen Interessen, gewann Freunde unter Ihnen und bestimmte die wenigen Freunde, die mir geblieben waren, in unsere Vereinigung einzutreten. Es kam ja garnicht in Frage, daß ich Sie von meinen neuen Lehren überzeuge, aber zu einer Zeit, da in Europa niemand auf mich hörte und ich auch noch in Wien keine Schüler hatte, schenkten Sie mir eine wohlwollende Aufmerksamkeit. Sie waren mein erstes Auditorium.

Etwa zwei Drittel der langen Zeit seit meinem Eintritte hielt ich gewissenhaft bei Ihnen aus, holte mir Erfrischung und Anregung aus dem Verkehr mit Ihnen. Sie waren heute so liebenswürdig, es mir nicht vorzuhalten, daß ich Ihnen in diesem letzten Drittel fern geblieben bin. Die Arbeit wuchs mir dann über den Kopf, Anforderungen, die mit ihr zusammenhingen, drängten sich vor, der Tag vertrug nicht mehr die Verlängerung durch den Sitzungsbesuch, bald darauf auch der Leib nicht die Verspätung der Mahlzeit. Zuletzt kamen die Jahre des Krankseins, das mich auch heute abhält, bei Ihnen zu erscheinen.

Ob ich ein richtiger B. B. in Ihrem Sinne gewesen bin, weiß ich nicht. Fast wollte ich es bezweifeln, es waren zuviel besondere Bedingungen in meinem Falle ausgebildet. Aber daß Sie mir viel bedeutet und viel geleistet haben in den Jahren, da ich zu Ihnen gehörte, dessen darf ich Sie versichern. Und so empfangen Sie für damals wie für heute meinen wärmsten Dank.

In W. B. & E.[132]
Ihr Sigm. Freud

Es war eine Selbstverständlichkeit für ihn, an der Spitze vieler jüdischen und nichtjüdischen Sammlungen zu stehen, deren Zwecke der Menschheit zum Wohle dienen sollten, und sein Name zeichnete an führender Stelle.

»Frühzeitige Vertiefung in die biblische Geschichte, kaum daß ich die Kunst des Lesens erlernt hatte, hat, wie ich viel später erkannte, die Richtung meines Interesses nachhaltig bestimmt«,[133] schreibt Freud von sich, und er habe »immer ein starkes Gefühl von Zusammengehörigkeit mit meinem Volke gehabt und es auch bei meinen Kindern genährt«, und er bedauert immer wieder, daß seine hebräischen Kenntnisse so dürftig seien. Er schreibt: »Meine Jugend fiel in eine Zeit, da unsere freisinnigen Religionslehrer keinen Wert auf die Erwerbung von Kenntnissen in der hebräischen Sprache und Literatur bei ihren Schülern legten. Meine Bildung ist daher auf diesem Gebiete zurückgeblieben, was ich später oftmals bedauert habe.«[134]

Zu Freuds achtzigstem Geburtstag gibt das Wilnaer Jüdische Wissenschaftliche Institut die »Vorlesungen zur Einführung in die Psychoanalyse« in jiddischer Sprache heraus (Übersetzung von Dr. Max Weinreich). Dieses Werk ist ebenso wie »Totem und Tabu« und »Das Ich und das Es« in hebräischer Ausgabe vorhanden. Zu den hebräischen Publikationen hat Freud besondere Vorreden geschrieben, in denen er sich auch über sein Verhältnis zum Judentum ausspricht. Er habe sich zu seiner jüdischen Herkunft stets stolz bekannt, und so völlig er auch der jüdischen wie jeder Religion entfremdet sei, so habe die Tatsache des Erscheinens seiner Arbeiten gerade in hebräischer Sprache, von der er zu seinem Bedauern so wenig gelernt habe, doch einen eigenen Reiz für ihn, und vielleicht werde der »Geist des neuen Judentums« seinen Bemühungen Verständnis entgegenbringen. Wenn man nach alldem noch frage, was an ihm noch jüdisch sei, so würde er antworten: Noch sehr viel, »wahrscheinlich die Hauptsache«. Auch bekundete Freud starkes Interesse an dem Aufbau Palästinas,[135] lebte doch auch Theodor Herzl in Wien, und Freud hat dessen Erscheinung mit Bewunderung und Anerkennung aufgenommen.

Er erzählt von einem seltsamen Erlebnis, welches sich an den edlen Vorkämpfer der Juden für eine nationale Heimstätte in Palästina knüpft. Als Freud wohl ein Jahr nach dem Tode Herzls seine Vorlesungen über Traum und Traumdeutung in der Wiener Universität hielt, erzählte er folgendes Traumerlebnis seiner aufmerksam lauschenden Hörerschar:

»Im Traume erschien ihm eine majestätische Gestalt mit bleichem, dunkel getöntem Gesicht, von einem schwarzen Bart umrahmt, mit unendlich traurigen Augen. Die Erscheinung bemüht sich, ihm die Notwendigkeit baldigen Handelns klarzumachen, soll das jüdische Volk gerettet werden.«[136] Freud fügt hinzu, daß er vor diesem Traum

Herzl nie gesehen habe, mit seinen Ideen sich nie beschäftigt hätte. Erst einige Zeit später traf er die Gestalt seines Traumes in einem Omnibus, der nach Döbling fuhr, und überzeugte sich, daß der wirkliche Herzl dem im Traume glich.

Ohne Zweifel hatte er von Herzls Bestrebungen erfahren und sich im Unterbewußtsein mit der Persönlichkeit und den Ideen Herzls beschäftigt. Denn im Jahre 1902 hatte Freud sein Buch über die Traumdeutung Herzl zugesandt und um eine Besprechung in der »Neuen Freien Presse« gebeten. Freud ersucht Herzl, der damals Mitarbeiter dieses Blattes war, das Buch »für alle Fälle als ein Zeichen seiner Hochachtung zu behalten«, »die ich, wie so viele andere seit Jahren dem Dichter und dem Kämpfer für die Menschenrechte unseres Volkes entgegenbringe«.

Rabbiner Dr. Freier,[137] dem ich diese wertvolle Erinnerung verdanke, fügt hinzu: »Ich denke, daß es gut ist, daß wir auch dieses Wort Freuds besitzen.« Freuds Tochter Anna schreibt mir als Dank und Antwort auf dieses Schriftstück, welches ich ihr zur Verfügung gestellt hatte: »Was Du mir von Rabbiner Dr. F. schreibst, hat mich sehr interessiert. Der Inhalt ist mir nicht neu, ich weiß, daß Papa sich ganz besonders für Herzl begeistert hat. Es war so schön, daß er sich für andere begeistern konnte, wie nur ganz wenige Menschen.«

Ja, Freud stand dem Schicksal des Judentums mit lebendiger Anteilnahme nahe. Er wachte über den Wiederaufbau in Palästina und schrieb der jüdischen Organisation Keren Hajessoth am 20. Juni 1935: »Ein Zeichen unseres unbesiegbaren Lebenswillens, der bis jetzt zwei Jahrtausenden schwerer Bedrückung erfolgreich getrotzt hat! Unsere Jugend wird den Kampf weiter führen.« Und in bitterer Erkenntnis, aber hoffender Prophetie schreibt er: »Our enemies wish to destroy us, but they will only succeed in dispersing us over the world.«

Die Hebräische Universität in Jerusalem ehrte den großen Lehrer, indem sie ihn in das Kuratorium der Universität wählte, und es sei daran erinnert, daß Balfour bei der Einweihung derselben Freud, neben Einstein, den größten Forscher des Jahrhunderts nannte.

Eine amüsante Begebenheit zur Zeit des Prager Zionistenkongresses im Jahre 1933 wirft ein Licht auf Freuds Erschütterung durch das erschreckende Erlebnis der Hitlererscheinung. Auf seiner Reise nach Prag suchte Stephan Wise, der Oberrabbiner der Vereinigten Staaten, Sigmund Freud auf.[138] Dieser war ganz niedergeschlagen und hörte nicht auf, von dem Hitlerunglück zu sprechen. Wise erwähnte, Zionisten kämen leichter darüber hinweg, sie wären eben innerlich darauf vorbereitet. So kamen sie auf große Juden zu sprechen. Und Wise nannte: Einstein, Bergson, Freud. »Und Stephan Wise«, fügte Freud hinzu. »No, no, no«, wehrte Wise ab. »Sie hätten sagen müssen: No«, wandte Freud ein, »no, no, no – heißt ja.« So erzählte Wise, er habe einmal eine schöne Lektion in Psychoanalyse bekommen.

Ein wertvolles Dokument Freuds, welches gleichfalls sein Bekenntnis zum Judentum beweist, verdanke ich der Freundlichkeit Herrn Dr. Siegfried Fehls aus Nikolsburg.[139] Nikolsburg ist eine alte Stadt in Südmähren, in der Tschechoslowakei gelegen, welche in ihrer Schönheit an Prag erinnert. Hier hatte der Verein »Jüdisches Zentralmuseum für Mähren und Schlesien« es sich zur Aufgabe gestellt, in der altehrwürdigen Kultusgemeinde ein jüdisches Museum zu schaffen. Diese Stadt ist, was jüdische Geschichte und jüdisches Kulturgut betrifft, mit seinen Gettostraßen, seinen historisch und künstlerisch bedeutsamen Synagogen, seinem uralten Friedhof, aus dessen Grabsteinen die Geschichte der Juden in Nikolsburg spricht, mit seinen Erinnerungen an jüdische Persönlichkeiten aus längst verschollenen Tagen an sich ein jüdisches Museum.

Durch drei Jahrhunderte war diese Stadt Sitz des Landesrabbinats und die größte, bedeutendste Judenstadt Mährens, die in ihrer Blütezeit 4000 Einwohner zählte. Die Emil-Schweinburg-Straße birgt das wertvolle Haus, die Straße, die nach einem Wohltäter benannt ist, welcher dreizehnjährig nach Amerika auswanderte, während des ersten großen Krieges starb und testamentarisch reiche Beträge zum Wohle der Stadt hinterließ. Im Hause, einige Stufen unter dem Straßenniveau, das Museum, schindelbedeckt das einstöckige Gebäude und mit barockgeschnitzten Verzierungen versehen. Über der Eingangstür die Inschrift: »Museum Jehudi«. Oberhalb ihrer die alte Hausnummer – Tafel aus Stein mit hebräischer Inschrift »Schachor al lawan, secher le churban«[140] – »Schwarz auf Weiß« zur Erinnerung an die Zerstörung des Tempels in Jerusalem. Dr. Siegfried Fehl war an Freud mit der Bitte herangetreten, ihm bei der Sammlung von Gegenständen und Dokumenten jüdischen Ritus freundlichst behilflich zu sein. Freud antwortet ihm:

An Herrn
Medizinalrat Dr. Siegfried Fehl 12. 11. 1935

Sehr geehrter Herr Kollege,

Ich hoffe, es ist Ihnen nicht unbekannt, daß ich mich immer treu zu unserem Volk gehalten und nie für etwas anderes ausgegeben habe, als ich bin: ein Jude aus Mähren, dessen Eltern aus dem österreichischen Galizien stammten.

Den Beweis, daß wir Juden Kulturträger sind, halte ich nicht für notwendig zu erbringen. Wir haben uns seit jeher als solche bewährt in den dunkelsten Zeiten des Mittelalters wie in der kurzen Spanne der Neuzeit, da man uns als nahezu gleichberechtigt anzunehmen bereit schien. Das Zentralmuseum in Nikolsburg möchte ich gern nach Kräften fördern, aber ich besitze weder Gegenstände noch Dokumente, die für dasselbe von Wert sein könnten. Wenn Sie irgend etwas auf meine Person Bezügliches zu erhalten wünschen, so bitte ich um einen Wink, was es sein sollte.

Ihr in Hochachtung ergebener
Freud.

Freud hat dann dem Museum, auf dessen Wunsch, einige seiner Werke, ein Bild und Kopien seiner Diplome und Ehrungen zur Verfügung gestellt. So birgt ein Raum des Museums ihn, Freud, den Sucher und Bekenner der Wahrheit. Auf dem Hintergrund eines rotsamtenen Thoravorhanges hängt die bekannte Radierung von Schmutzer. Freuds ernster, durchdringender Blick ist auf den Besucher gerichtet, der mit Interesse Freuds Werke auf der brokatenen Tischdecke betrachtet. Dreizehn Bücher, Übersetzungen seiner Arbeit. Auch hebräische Übertragungen sind vorhanden. Eingerahmt auf dem Tische eine Kopie des Goethepreises. Schmerzerfüllt und erschüttert liest man 1935 den Wortlaut des Goethepreises aus dem Jahre 1930, welcher uns an die Zeit in Deutschland erinnert, wo man noch einen jüdischen Kopf für würdig hielt, ihn mit dem Lorbeer eines Goethepreises und nicht mit einer Dornenkrone zu schmücken. Und während ich mit meinen Freunden den Raum, der Freud ehrt, verlasse und langsam dem Ausgang zugehe, verweile ich noch vor dem Bilde des jüdischen Freiheitshelden Spitzer[141], 1848 gefallen auf den Barrikaden, und vor einem Stahlstich, welcher das erste Taubstummeninstitut Europas darstellt, 1848 gegründet; jüdische und nichtjüdische Kinder umdrängen die Knie des Fürsorgers, Direktor Kolisch. Nachdenklich verlassen wir das Gettohaus in der historisch gewordenen Gettostraße und gehen am Abend die schräge, schmale Gasse hinab über den alten Friedhof, mondbeglänzt, halbdunkel und schwer von Erinnerung.

An der Rundung eines stillen Heldendenkmals richte ich fragend meine Augen auf meine Freunde. Da spricht eine

Stimme: »Hier ruhen fünfundzwanzig junge jüdische Soldaten, im Großen Kriege 1914–18 für ihr Vaterland gefallen.«

Einige Monate nach seiner Emigration nach England wurde Freud von der Zeitschrift »Time And Tide« eingeladen, sich zu seinem Schicksal zu äußern. Freud schrieb dem Verleger:

To the Editor of
»Time And Tide« November 16. 1938.

I came to Vienna as a child of 4 years from a small town in Moravia. After 78 years of assiduous work I had to leave my home, saw the Scientific Society I had founded, dissolved, our institutions destroyed, our Printing Press (›Verlag‹) taken over by the invaders, the books I had published confiscated or reduced to pulp, my children expelled from their professions. Don't you think you ought to reserve the columns of your special number for the utterances of non-Jewish people, less personally involved than myself?

In this connection my mind gets hold of an old French saying:

Le bruit est pour le fat,
La plainte est pour le sot;
L'honnête homme trompé
S'en va et ne dit mot.

I feel deeply affected by the passage in your letter acknowledging »a certain growth of anti-Semitism even in this country.« Ought this present persecution not rather give rise to a wave of sympathy in this country?

Respectfully yours

Sigm. Freud

Freud wünscht, daß ein Nichtjude und Nichtbetroffener seine objektive, gerechte Stimme in dieser Sache der Menschlichkeit erhebe. Aber seine persönliche Meinung über dieses Ereignis finden wir in seinen Gesprächen mit Stefan Zweig, der in seinem Buche »Die Welt von gestern« mitteilt: »So hatten wir vom Schicksal schon mit dem Brandmal Gezeichneten nur uns allein, wenn der bittere Vorgeschmack des Kommenden uns die Lippe ätzte, und wie haben wir uns die Seele zerquält mit der Sorge um das Land, das uns brüderlich aufgenommen! Daß aber selbst in der dunkelsten Zeit ein Gespräch mit einem geistigen Mann höchsten moralischen Maßes unermeßliche Tröstung und seelische Bestärkung zu gewähren vermag, haben mir in unvergeßlicher Weise die freundschaftlichen Stunden erwiesen, die ich in jenen letzten Monaten vor der Katastrophe mit Sigmund Freud verbringen durfte.«

Zweig gibt uns über den Sinn dieser Gespräche weitere Kunde: »So gewaltig, so plötzlich brach diese Sturzwelle über die Menschheit herein, daß sie, die Oberfläche überschäumend, die dunklen, die unbewußten Urtriebe und Instinkte des Menschtiers nach oben riß – das, was Freud tiefsehend ›die Unlust an der Kultur‹ nannte, das Verlangen, einmal aus der bürgerlichen Welt der Gesetze und Paragraphen auszubrechen und die uralten Blutinstinkte auszutoben. Vielleicht hatten auch diese dunklen Mächte ihren Teil an dem wilden Rausch, in dem alles gemischt war, Opferfreude und Alkohol, Abenteuerlust und reine Gläubigkeit, die alte Magie der Fahnen und der patriotischen Worte – diesem unheimlichen, in Worten kaum zu schildernden Rausch von Millionen, der für einen Augenblick dem größten Verbrechen unserer Zeit einen wilden und fast hinreißenden Schwung gab.«

Mit dieser wesentlichen Äußerung Freuds über das größte Ereignis seiner Lebenszeit wollen wir es genug sein lassen. Aber wenn wir über Freud im Judentum sprechen, muß noch ein Wort gesagt werden zu seiner Einstellung zur Religion, in der er oft mißverstanden wurde und dieses Mißverständnis vielleicht schon zu einem Mythos der Irreführung über Freud geführt hat:

»In der ›Zukunft einer Illusion‹ hatte ich die Religion hauptsächlich negativ gewürdigt. Ich fand später die Formel, die ihr bessere Gerechtigkeit erweist. Ihre Macht beruhe allerdings auf dem Wahrheitsgehalt, aber diese Wahrheit sei keine materielle, sondern eine historische.«

»Immer klarer erkannte ich, daß die Geschehnisse der Menschheitsgeschichte die Wechselwirkungen zwischen Menschennatur, Kulturentwickelung und jenen Niederschlägen urzeitlicher Erlebnisse, als deren Vertretung sich die Religion vordrängt, nur die Spiegelung der dynamischen Konflikte zwischen Ich – Es und Über-Ich sind, welche die Psychoanalyse beim Einzelmenschen studiert, die gleichen Vorgänge auf einer weiteren Bühne wiederholt.«

In der amerikanischen Ausgabe seiner »Selbstdarstellung« macht Freud mit einer anderen Illusion Schluß, nämlich sich dem deutschen Geistesleben zurechnen zu dürfen.

Dagegen ehrt man ihn in der Sonderausgabe der »Selbstwehr« zum ersten Weltkongreß jüdischer Ärzte in Tel Aviv: »Die jüdische Geistes- und Seelengemeinschaft soll ihm immer weit offen bleiben. Sie ist immer bereit, dem großen alten Manne, neben Einstein das größte wissenschaftliche Genie des Judentums von heute, das tiefe Glück einer Gemeinschaft wiederzugeben.«

Diese Gemeinschaft war Freud tief bewußt, er schreibt in einer biographischen Aufzeichnung: »Es ist vielleicht auch kein bloßer Zufall, daß der erste Vertreter der Psychoanalyse ein Jude war. Um sich zu ihr zu bekennen, brauchte es ein ziemliches Maß von Bereitwilligkeit, das Schicksal der Vereinsamung in der Opposition auf sich zu nehmen, ein Schicksal, das dem Juden vertrauter ist als einem anderen.«[142]

Sigmund Freud und Georg Brandes

Bezeichnend für Freud war seine Wertschätzung hervorragender Persönlichkeiten. Meiner Schwester, Frau Margit Freud, Kopenhagen, verdanke ich eine ganz besondere Begegnung – die Beziehung zwischen Freud und dem dänischen Literarhistoriker Georg Brandes. Ich möchte den Bericht meiner Schwester im Wortlaut wiedergeben:

»Ich machte die Bekanntschaft von Georg Brandes. Er war damals schon ein sehr alter Mann. Er befand sich auf dem Wege nach Berlin und Wien, um daselbst Vorträge zu halten. Ich saß mit der Übersetzerin seiner Werke beisammen, und während sie mir das Manuskript seines Vortrages, welches sie auch übersetzt hatte, vorlas, hielt sie einen Augenblick inne und sagte: ›Hier ist ein Satz gegen Ihren Onkel.‹ Ich war weder überrascht noch erstaunt. Fast alle Menschen, welche ihre erste Begegnung mit der Analyse machen, sagten viel Unsachliches über sie. Doch der Satz gegen Freud wurde nicht ausgesprochen. Brandes hielt es für taktvoll, ihn zu verschweigen, als ihm berichtet wurde, daß sich Familienangehörige von Freud unter den Zuhörern befanden. Ich war später noch des öfteren mit Georg Brandes beisammen, und als er von Berlin aus nach Wien reiste, war ich an der Bahn. Da hatte ich das Gefühl, daß es wundervoll wäre, wenn Brandes und Freud einander begegnen würden. ›Sie müssen meinen Onkel sehen‹, sagte ich. Er kletterte die Stufen hinauf in den Wagen und brummte in seiner Löwenart: ›Oh, Ihr Onkel ist ein sehr berühmter Mann, ich bin ein sehr alter Mann.‹ Ich übersetzte seine Äußerung auf meine Weise: ›Er ist berühmt, aber dieser entsetzliche Ödipuskomplex, den er geschaffen hat.‹ Mittlerweile hatte ich erfahren, daß dies wirklich der Punkt war, den er in der Psychoanalyse haßte. Aber plötzlich kam ganz unerwartet eine Karte aus Wien. Es war Brandes, welcher an seine Sekretärin, Frau Otto Rung, schrieb: ›Ich war dumm und voller Vorurteile. Jetzt sehe ich Freud als den Mann, der er ist.‹ Seine Sekretärin schrieb gleichzeitig aus Wien, daß sie sehr traurig sei, sagen zu müssen, daß sie nicht im Hotel gewesen sei, als Freud Brandes besuchte. Brandes war der um wenige Jahre Ältere, so daß der ein wenig jüngere Professor Freud gekommen war, ihn zu besuchen. Natürlich wußte er nichts von Brandes' Animosität, vielleicht sie nicht einmal von einem so großen Denker wie Brandes erwartend.

Brandes ist bezaubert worden, war entzückt, konnte nicht enden, Freud zu bewundern. ›Er war begeistert‹, schrieb seine Sekretärin. Menschen, welche Freud und Brandes kannten, wußten, Freud wird nur wenige Worte gesagt haben und Brandes, der große Reagierer, muß viel interessante Dinge erzählt und viel gesprochen haben. Kurze Zeit hierauf kehrte Brandes auf dem Wege nach Kopenhagen nach Berlin zurück. Wieder kam er nur mit wenigen Menschen zusammen. Bald nachher mußte er sich einer Operation unterziehen und starb. Onkel Sigmunds Brief an mich nach dem Ableben von Georg Brandes stelle ich Dir, Lilly, zur Verfügung. Es ist die Kopie des Originals, welches ich der Königlichen Bibliothek in Kopenhagen geschenkt habe. Herzlichst

Schwester Gretl.«

4. 3. 27

Prof. Dr. Freud — Wien, IX. Berggasse 19.

Meine liebe Gretel

Auch ich habe mich über Brandes' Tod sehr gekränkt. Nicht, daß ich ihm zu fünfundachtzig nicht die endliche Ruhe gegönnt hätte, aber ich habe ihn so spät kennengelernt und hätte ihn gerne wiedergesehen. Unsere Begegnung damals, als er in Wien im Hotelzimmer lag, war ein ganz besonderes Erlebnis. Ich wußte nichts von seiner Feindseligkeit gegen die Analyse und kam ihm ganz unbefangen, in ungetrübter Hochachtung entgegen. Als dann die Rede auf sie kam, war die Bekehrung scheinbar das Werk von zwei Minuten. Ich widersprach dem größten Mißverständnis, welches den Unterschied von bewußt und unbewußt verkannte, und er schien sofort beruhigt. Wahrscheinlich war es überhaupt keine Sinnesänderung, sondern die Psychologie war ihm immer ferne gelegen und durch Euren Einfluß vorbereitet, von meiner Arglosigkeit entwaffnet, gab er bereitwillig ein Vorurteil auf, wo ihm ein Urteil nicht möglich war. Er mußte merken, wie sehr ich ihn hochschätze. Als er sich bescheiden hinter dem ›Forscher‹ zurücksetzen wollte, wies ich ihm seinen Rang unter den Nachfolgern unserer Propheten an.

Ich suche gern Ähnlichkeiten auf. Damals fiel mir die mit Wallenstein auf, hinter der aber nichts Wichtigeres steckt. Nachdem ich in Berlin Einstein gesprochen und die Büste von Popper-Lynkeus in unserem Rathauspark gesehen, konstatiere ich eine bedeutsamere Ähnlichkeit zwischen diesen drei großen jüdischen Persönlichkeiten.

Ich habe mich sehr gefreut, von Dir und von anderen Seiten zu hören, daß es anfängt, Euch gut zu gehen, daß Euer Fleiß und Tüchtigkeit endlich Früchte tragen. Erwerben bringt soviel mehr Genuß als Besitzen. Anna wird am 19. und 20. März in Berlin sein. Wenn Ihr nach Wien kommen wollt, wählt Ihr hoffentlich nicht gerade diese Tage.

Mit herzlichen Grüßen für Dich und Deine beiden Männer

Dein Onkel Sigm.

Freuds Geburtstage

Der 70. Geburtstag

Einige der bemerkenswertesten Ehrungen Freuds zum siebzigsten Geburtstag am 6. Mai 1926 waren die der British Psychological Society, der Internationalen Psychoanalytischen Vereinigung und der Panamerikanischen Gesellschaft und die Schenkung der 30 000 Mark zur Förderung seiner Forschungsarbeit in Berlin.

The British Psychological Society.
At a General Meeting of
The British Psychological Society
held in London on March 13 1926.
Professor Sigmund Freud
nominated by the Council on account of his scientific
distinction and eminent contribution
to the advancement of
Psychology
was elected an honorary member of
The British Psychological Society
with all the rights and privileges of Membership.
President
Hon. Secretary

Herrn Professor Dr. Sigmund Freud

Sehr geehrter Herr Professor,
Uns allen, die das Glück gehabt haben, Ihre Schüler und Mitarbeiter sein zu dürfen, hat Ihr Wirken die Überzeugung gegeben, daß wir Ihnen an diesem für uns alle so denkwürdigen Tage durch nichts eine größere Freude machen können als dadurch, daß wir unser Geschenk nicht an

Ihre Person richten, sondern es der Sache unserer Wissenschaft zugute kommen lassen.

Wir überreichen Ihnen deshalb hiermit den Betrag von 30000 Mark mit der Bitte, ihn nach eigenem Ermessen für die Zwecke der psychoanalytischen Bewegung zu verwenden.

Für die Internationale Psychoanalytische Vereinigung.
Berlin London Calcutta Budapest
Haag New York Moskau Wien Zürich
und
Panamerikanische Psychoanalytische Gesellschaft.

Berlin, den 6. Mai 1926

Welches Geburtstagskind darf sich rühmen, zum 70. Geburtstag Kind sein zu dürfen einer Mutter, die noch lebt und ganze 21 Jahre älter ist als ihr geliebter Ältester? Und ein Ältester, auf dessen Leben und Taten sie mit Dankbarkeit und Zufriedenheit blicken kann. Um der alten Mutter den Weg zu ihm zu ersparen, erscheint am Tage vor seinem Geburtstag der Sohn in Mutters Wohnung. Und das alte Kind steht vor der Mutter, als dankten sie einander das irdische und so erhöhte Leben. Aber wer ist am nächsten Tage der erste Gratulant? Seine Mutter.

Alle Orchideen ausverkauft, lauten die freundlichen Antworten in den Blumenläden Wiens: »Freuds Siebzigster!«

Abgesehen von diesen Orchideen, wurden neunundsechzig Blumenarrangements abgeliefert, die alle von Tante Martha und Paula gepflegt werden mußten, um sie für die nächsten Tage zu erhalten, denn drei Tage lang hat das Haus Gratulanten empfangen.

Der 75. Geburtstag. 6. Mai 1931

Der fünfundsiebzigste Geburtstag Freuds wurde ganz besonders in der kleinen Stadt gefeiert, in der er das Licht der Welt erblickt hatte. In Freiberg, dem tschechoslowakischen Geburtsort des Weisen, wurde unter reger Anteilnahme der Bevölkerung in der festlich beflaggten Stadt die Gedenktafel an seinem Geburtshause befestigt. Seine Tochter Anna und sein Bruder, Professor Alexander Freud, nahmen an den Ehrungen durch die Stadt und das Land teil und wohnten der Enthüllung der Plakette bei. Gleichzeitig bringt die französische Zeitschrift »L'Europe Centrale, Revue de documentation politique à Prague«: »On décida la fondation d'une Société tchechoslovaque à Prague, une plaque fut placée sur la maison natale de Freud.«

In Wien findet eine bedeutende Festsitzung aus dem Anlaß des fünfundsiebzigsten Geburtstages in der Gesellschaft der Ärzte statt, wobei Professor Plötzl, der Vorstand der Nervenklinik, sagte: »Ich gelobe, daß, was an mir liegt, geschehen werde, damit seine Wahrheit ihr Siegesfest feiere.«

Berlin gratuliert. Der preußische Unterrichtsminister Grimme sendet ein Glückwunschtelegramm: »Mit herzlichem Glückwunsch zum heutigen Tage gedenke ich Ihrer erfolgreichen Lebensarbeit, die der Entdeckung und Besitzergreifung eines Neulandes der Wissenschaft gegolten hat.«

Freud wird an dem Tage Ehrenmitglied bedeutender Vereinigungen wie der Gesellschaft der Ärzte in Wien, des Vereins für Psychiatrie und Neurologie in Wien. In Presse und Zeitschriften ehren ihn Dichter und Denker. So richtet Thomas Mann an die Redaktion der »Vossischen Zeitung«, Berlin, einen Brief, welche diesen am Mittwoch, dem 6. Mai, zu Ehren Freuds veröffentlicht:

Ritter zwischen Tod und Teufel

Sie haben recht, einen Gruß und Glückwunsch an Sigmund Freud zu seinem fünfundsiebzigsten Geburtstag von mir zu verlangen. Die aufrichtigste Bewunderung für den großen Forscher im Menschlichen und sein Wahrheitswissertum gehört längst zu meinem inneren Bestande. Ja, er hat viel von Dürers Ritter zwischen Tod und Teufel, auf den Nietzsche anzuspielen scheint, wenn er von einem anderen Verwandten Freuds, von Schopenhauer, sagt: »Ein Mann und Ritter mit erzenem Blick, der den Mut zu sich selber hat, der allein zu stehen weiß und nicht erst auf Vordermänner und höhere Winke wartet.«

Er hat nie Rücksicht darauf genommen, daß der Mensch nur vernimmt, was ihm schmeichelt, hat nicht mit dem Frommen von der Tugend Lohn gesprochen, mit Ixion von der Welt, mit Königen vom Ansehen der Person und von Freiheit und Gleichheit mit dem Volke. Er hat Illusionen zerstört, die Menschheit mit Erkenntnissen skandalisiert, deren radikaler Naturalismus ihre ›Würde‹ zu bedrohen schien, und Widerstände hervorgerufen, deren Gründe ihm offenlagen. Aber alle Kritik an seinem Werk – ich meine natürlich jene Kritik, die nicht über die Analyse hinaus, sondern hinter sie zurückweist – hat etwas unendlich Müßiges und Steriles, auch da noch, wo sie recht hat, und es ist schwer zu verstehen, daß diejenigen, die sich spottend und scheltend damit abmühen, der Grundlosigkeit ihres Tuns nicht innewerden.

Freuds Werk, dieses persönlichkeitsgeborene und weltverändernde Werk eines tiefen Vorstoßes ins Menschliche von der Seite der Krankheit her, ist heute schon eingegangen ins Leben und in unser aller Bewußtsein, und ich sagte gewiß nicht zuviel, als ich es, am Ende einer ausführlicheren essayistischen Ehrerweisung, einen der wichtigsten Bausteine nannte, die beigetragen worden sind zum Fundament der Zukunft, der Wohnung einer freieren und wissenden Menschheit.

Ich bin froh, daß ich doch einmal, wenn auch zu spät, als daß noch irgendwelches Verdienst damit hätte verbunden sein können, ein solches Bekenntnis zu ihm abgelegt habe –, froh namentlich deshalb, weil es den großen alten Mann gefreut hat. Seine Erkenntlichkeit dafür, daß ich ihn »in den Zusammenhang des deutschen Geisteslebens eingereiht hätte«, ihn, »der für diese Nation ein Fremdkörper zu sein vermeinte«, hat mich tief ergriffen. Ich wäre sehr versucht, aus dem großartigen Briefe, den er mir damals schrieb, mehreres Charakteristische und Aufschlußreiche mitzuteilen, darf es aber nicht ohne seine Erlaubnis. Nur einen Satz daraus anzuführen will ich mir die Freiheit nehmen, weil doch den Lesern ein unbekanntes Wort Freuds willkommener sein muß, als jedes Wort über ihn: »Ich habe immer Dichter bewundert und – beneidet, besonders, wenn sie wie das Ideal meiner Jugend, Lessing, ihre Kunst dem Denken unterwarfen und sie in dessen Dienst stellten.

Ehrungen, welche in die arbeitsreichen Jahre fallen, ohne an Freuds Geburtstage gebunden zu sein, wurden mit zu den Höhepunkten der Anerkennungen für ihn. Eigenartig ist die Ernennung zum Doktor der Rechte durch die Clark University Worcester, Massachusetts, USA, im Jahre 1909, als Freud im 53. Lebensjahre stand. Freud sagte hierzu: »Die erste Darstellung der Entwickelung und des Inhalts der Psychoanalyse gab ich 1909 in fünf Vorlesungen an der Clark University in Worcester Mass., wohin ich zur 20jährigen Gründungsfeier der Institution berufen war.«

Holland ernannte ihn zum Ehrenmitglied der Nederlandschen Vereinigung für Psychiatrie und Neurologie, gezeichnet Amsterdam im Jahre 1921. Freud stand damals in seinem 65. Lebensjahre. Im Jahre 1924, in seinem 68. Lebensjahre, wird Freud ein Ehrenbürger der Stadt Wien, und sie darf stolz sein auf ihren Bürger, denn die Hundertjahrfeier von Goethes Geburtstag bringt Freud die Kunde seiner höchsten Ehrung. Er erhält den Goethepreis der Stadt Frankfurt am Main.

Unter den Forschern nach Erkenntnis und Wahrheit ragt ein Meister der medizinischen Wissenschaft an der Wiener Universität in besonderem hervor:

Professor Dr. Sigmund Freud

Er hat sein Leben mit außerordentlichem Erfolge dem Studium der seelischen Vorgänge im Menschen gewidmet, und seine Entdeckungen haben uns einen tiefen Einblick in das bisher unerforscht gebliebene Gebiet des Unterbewußtseins gegeben und so die geistigen Triebkräfte sozialen Geschehens bloßgelegt. Als Arzt und Forscher hat er solcherart den bleibenden Dank seiner Mitmenschen in reichem Maße verdient.

Der Gemeinderat der Stadt Wien hat in seiner Sitzung vom 25. April dieser Dankespflicht Ausdruck gegeben und ihn zum Bürger der Stadt Wien ernannt.

Urkund dessen dieses Gedenkblatt

Der Bürgermeister
Seitz

Der Vicebürgermeister
Franzbion

Der Vicebürgermeister
Emmerling

Der 80. Geburtstag

Er gab der Welt die besondere Gelegenheit, ihm ihre Liebe und Ehrerbietung zu beweisen.

Die Würdigung Freuds und seines umfassenden Werkes fand in der Weltpresse breiten Raum, und heute, nach so vielen Jahren der uns aufgezwungenen Emigration und dem Verlust fast aller unserer wertvollen literarischen Schätze, wie Bibliothek, Briefsammlungen, Dokumente bedeutender geistiger Persönlichkeiten der internationalen Kunst- und Gelehrtenwelt, danke ich meiner Eingebung, die fast unbewußt das Material vollständig rettete, welches meinem und unserem Erlebnis Sigmund Freud galt. So beweist es sich auch bei diesem Erlebnis wieder, daß ein vorauswissendes Schicksal unsere Hand und unseren Geist zu Handlungen unmerklich führt und zwingt, welche sich später als naturnotwendig in ihrer Auswirkung erweisen. Und so ist es mir möglich, an Hand des gesammelten Materials von den Ehrungen Freuds zu berichten außerhalb meiner persönlichen Erfahrungen.

Doch erinnere ich mich an einen Geburtstag, der nicht zu den von der Welt mitgefeierten gehörte. Es war in Grinzing, in einer Villa mit altem Garten in Wien. Wir stehen im Regen, Onkel im Regenmantel und Schlapphut in der Feuchte des Gartens. Onkel sieht mich an, tritt auf den Rasen und will mir impulsiv eine Blüte von einem Strauch brechen. Aber die exotische Pflanze hält sie so fest, daß er, mit unwillig bewegtem Mund, die Hand von der Blüte läßt und mich, fast geärgert über die nicht gelungene leise Zärtlichkeit, grollend ansieht. »Ich nehme deinen Willen für die Tat«, sagte ich, und wir lächelten einander an. Ich befand mich damals auf einer Vortragsreise, unterbrach sie, um meine Mutter und die Familie zu besuchen. Es war wieder ein 6. Mai, und wir waren mit der engsten Familie zur kleinen Geburtstagsfeier zum Tee hinausgeladen. Onkel Sigi war wieder, wie so häufig, nach einer kleinen, sehr schmerzhaften Operation, klagte nie, aber verhielt sich still in seinem Arbeitsraum.

Aber da sehe ich ihn plötzlich doch in den Wohnraum zu uns treten, still und leicht gebeugt. Wir standen alle auf, und still und impulsiv und ebenso schweigend wie er streichelte jede von uns zärtlich über seinen Rücken. Wortlos zeigten wir ihm in kleiner, inniger Geste unsere Nähe. Wortlos, mit sanftem Gegendruck von Schulter zur Hand, erwiderte er, empfing er unsere Liebe.

Dies war einer von den stillen, weltabgewandten Geburtstagen seines Lebens. Aber der achtzigste Geburtstag gehörte der Welt.

Das geistige Wien feiert Professor Freud. Festsitzung in der Wiener Ärztegesellschaft. Der Akademische Verein für medizinische Psychologie lud gestern abend in das Haus der Wiener Gesellschaft der Ärzte die geistige Elite Wiens zu Ehren des achtzigjährigen Professors Sigmund Freud. Es waren neben den Vertretern des Bundesministeriums für Unterricht und soziale Verwaltung Professor Kerl[143] im Auftrage des Rektorats, Hofrat Professor Wagner-Jauregg[144] für die Gesellschaft der Ärzte und der Schweizer Professor Binswanger[145] erschienen.

Als erster Redner brachte der Nobelpreisträger Professor Wagner-Jauregg die Glückwünsche der Ärztegesellschaft zum Ausdruck: »Freud ist eines der ältesten Mitglieder der Gesellschaft, und wenn er auch seit langem nicht mehr in unserer Versammlung erscheint, so haben wir doch mit großer Bewunderung seinen Aufstieg zur Höhe verfolgt, und wir freuen uns des Abglanzes seines weithin leuchtenden Ruhmes, der auch auf die Wiener medizinische Schule fällt.« Im Namen des Vereins für Psychiatrie und Neurologie überbrachte Professor Marburg[146] die Gefühle der Verehrung und Dankbarkeit seiner Gesellschaft nicht allein dem großen Forscher Freud, sondern auch dem Neurologen, der in der Jugend seiner wissenschaftlichen Laufbahn durch seine neurologischen Arbeiten und durch die Entdeckung des Kokains als Anästhetikum Bahnbrechendes geleistet hat.

Professor Pötzl,[147] der Vorstand der Nervenklinik, beleuchtete in einer großangelegten Festrede die wunderbare Lebensarbeit Freuds, der die Eigentümlichkeit zu eigen war, die Ostwald für große Forscher forderte: die Originalität. Freud war es vorbehalten, in der Entwickelung des Seelen- und Trieblebens durch seine psychoanalytischen Deutungen neue Gesichtspunkte zu entdecken, die leider von seinen Zeitgenossen nicht verstanden und heiß umstritten wurden. Durch seine Traumdeutung lernte man nicht nur die Sprache des Traumes, sondern auch die Sprache des Wahns verstehen. So trug er damit bei, die Psychosen zu entziffern. Nur langsam und stufenweise gelang der Aufbau des großartigen Systems, ebenso wie Wagner-Jauregg Jahrzehnte benötigte, seine großartige Entdeckung der Malariakur zur Heilung der Paralyse auszubauen. »Freuen wir uns«, schloß Professor Pötzl, »daß die Wiener medizinische Schule zwei solche Koryphäen wie Freud und Wagner-Jauregg aufzuweisen hat.«

Den Festabend beendeten die lichtvollen Ausführungen Professor Binswangers (Schweiz) über die Idee in dem Lebenswerk Freuds und ihre Bedeutung für die medizinische Psychologie.

Die Welt sendet ihre Botschaften. Aus Paris, datiert vom 7. Mai, trifft die Nachricht ein: Anläßlich des achtzigsten Geburtstages Professor Sigmund Freuds fand gestern abend an der Sorbonne unter den Auspizien der Psychoanalytischen Gesellschaft von Paris eine große Feier für den Wiener Gelehrten unter dem Vorsitz des bekannten Psychiaters Henri Claude[148] statt. Prinzessin Marie Bonaparte würdigte das Leben und das Werk des österreichischen Gelehrten und die Bedeutung seiner Lehre. Der österreichische Geschäftsträger wohnte dem Abend bei.

Ein Jahr später, 1937, habe ich auf Einladung der Sorbonne in meinem Programm »Internationale Poesie und Prosa« mein Essay »Sigmund Freud in seinem Heim« gesprochen.

Der belgische Bildhauer O. Nemon hatte eine lebensgroße Statue von Freud geschaffen, welche er dazu bestimmt hatte, in Wien aufgestellt zu werden.[149] »Zu Freuds achtzigstem Geburtstag als der Meister, dessen Entdeckungen den Weg geöffnet haben zu einem neueren und tieferen Verständnis der Menschheit.« Einstimmig spricht die Weltpresse es aus, daß Freuds geniales Schaffen so gut wie alle Gebiete der Geisteswissenschaften durchdrungen und befruchtet hat.

Auch die Publikationen seiner Werke erreichten im Jahre 1936 einen außergewöhnlichen Erfolg und eine seltene Höhe. Seine populären »Vorlesungen, Erster Teil« waren an seinem achtzigsten Geburtstag in hunderttausend Exemplaren in deutscher und in achtzigtausend Exemplaren in englischer Sprache verkauft. Auch der zweite Teil hat eine Auflage erreicht, welche die jedes anderen wissenschaftlichen Werkes überragte. Diese »Vorlesungen« waren im Jahre 1936 in insgesamt siebzehn Sprachen übersetzt. Sogar ins Chinesische, Japanische, Persische. Sein Werk »Das Ich und das Es« ist auch ins Hebräische übertragen.

Es war im Jahre 1929 – Freud stand im dreiundsiebzigsten Lebensjahre –, als Thomas Mann, der bedeutende Schriftsteller und Sprachformer, auf die Geistesgeschichte der Welt hinwies und schrieb: »Man wird in der Geschichte der Geisteswissenschaften eine Epoche bis Freud und eine Epoche nach Freud unterstreichen müssen.«[150]

Seine tiefe Erkenntnis, seine Fühlung zu Freud und dessen umfassendem Lebenswerk zeigte sich zu dessen achtzigstem Geburtstag mit intensivem Beweis. Der Akademische Verein für medizinische Psychologie veranstaltete am 8. Mai des Jahres 1936 im mittleren Konzerthaussaal in Wien eine Feier. Thomas Mann hielt die Festrede, »Freud und die Zukunft« betitelt. Es war sein aufrechtes Bekenntnis zu Sigmund Freuds schöpferischer Lehre. Prag und Brünn hatten die Genugtuung der Wiederholungen von Thomas Manns Festvortrag.

»Mich selbst«, sagte Thomas Mann, »fesselt unter ande-

Oscar Nemon bei der Arbeit an der Freud-Büste, 1931

rem vor allem die mythische Seite des Freudschen Gedankengutes. Denn es hat sich ergeben, daß die Psychoanalyse, wenn sie beim einzelnen Menschen in die Kindheit zurückdringt, auch imstande ist, die Kindheit der Menschheit zu erhellen. Der Mythos gewinnt unter dem Licht der Tiefenpsychologie greifbare Gestalt.«[151]

Thomas Mann überreichte Freud, zur Ehrung des Gefeierten, eine Mappe, welche Gratulationen von zweihundert Persönlichkeiten enthielt aus aller Herren Länder. Der Gratulant erzählt: »Es war ein Besuch im Heim ohne jedes Zeremoniell im engsten Kreise seiner Familie, und Freunde und ich waren glücklich, den Achtzigjährigen voller Frische, lebendig Anteil nehmend, zart und gütig wie je anzutreffen.«

Freud konnte aus Gesundheitsgründen der öffentlichen Würdigung durch Thomas Mann nicht beiwohnen, und so hat Thomas Mann bei dieser Gelegenheit seinen Vortrag für Freud und die Familie in seinem Heim wiederholt.

Hanns Sachs sagt in seinem Buch »Master and Friend« über Thomas Mann: »... the heir to Freud's wisdom ... It must be admitted candidly that the outstanding winner of this prize is not one of Freud's disciples, not a psychoanalist at all, not a scientist in any way, but the writer Thomas Mann.«[152]

Zur Zeit seines achtzigsten Geburtstages wohnten wir in Prag. Es war einige Wochen vor dem festlichen Ereignis, als das Telephon in unserem Heim am Moldauufer klingelte. Ich hob den Hörer und vernahm eine Stimme: »Hier spricht der Prager Sender. Wir ersuchen Sie, als Anverwandte Freuds, zur Feier seines achtzigsten Geburtstages zu sprechen. Am 6. Mai wird ihn die Ärzteschaft ehren, am 8. Mai würden wir gerne von Ihnen ›Persönliches‹ vernehmen.« Ich dankte für die Berufung und sagte zu. Nun hieß es für mich »Schreiben«. Es wurde mir bang. Was sollte ich aus der Fülle meiner persönlichen Eindrücke und Erfahrungen nur erzählen? Von so Nahem berichten? Nein, nein, ich fühlte, ich kann es nicht. Ich sage ab, dachte ich, zu nahe verwandt. Aber nach wenigen Tagen und dann in kurzen Minuten entstand plötzlich in mir ein kleines Essay: »Sigmund Freud in seinem Heim«.

Ich sprach am 8. Mai vor dem Mikrophon, rief am nächsten Tag meine Mutter in Wien an, wie es ihr ginge, wie der Geburtstag verlaufen sei. Da kam ihre warmherzige Antwort zurück: »Ja, Lilly, du bist ja unter die Dichter gegangen!« Nun hieß es aber für mich, auch ihm, dem Geburtstagskinde selbst, eine Freude zu bereiten. Das kleine Essay, welches als gelungen galt, gab den weiteren Anlaß. Ich verfertigte Onkel Sigmund ein kleines, selbstgeschriebenes Werkchen. Es enthielt das Essay »Sigmund Freud in seinem Heim«, ein zweites, »Meine Begegnung mit Rainer Maria Rilke«, und ein drittes, »Mein Freund Hans Christian Andersen«. Mit roter Tinte, handschriftlich auf gelblichem, randgerissenem Büttenpapier, chinesische Seiden, Efeublatt und Photographien waren die Lesezeichen – und als die kleine Arbeit fertig war, wohlverpackt und eingeschrieben nach Wien, Berggasse 19, ging, sagte mein Mann prophetisch zu mir und unseren beiden Kindern: »Onkel Sigi wird an seinem Geburtstag von keiner anderen Hand desgleichen bekommen haben.«

Drei Wochen vergingen ohne ein Echo aus Wien, ohne Antwort. Ich sagte zu meiner Familie: »Er hat es ja noch gar nicht gelesen. Ich sehe das Paket ungeöffnet auf seinem Schreibtisch liegen.« Ich behielt recht.

Wien XIX. Strassergasse 47 5. Juni.

Meine liebe Lilly,

wundere Dich nicht, wenn der Dank für Deine Liebesgabe sich etwas verzögert hat. Der arme Onkel hat wie ein Schwerarbeiter geschuftet, um nur einen Bruchteil der schuldigen Bedankungen zu erledigen. Und dann erst mußte der Brief an Deine Mutter geleitet werden, weil wir Deine Adresse nicht hatten. Also wieder eine Verzögerung. Aber jetzt weißt Du sicher schon, daß Du Onkel eine große Freude gemacht. Leb wohl und sei umarmt von

Deiner treuen Tante
Martha.

Und dann:

1. 6. 1936

Prof. Dr. Freud Wien, IX. Berggasse 19.

Meine liebe Lilly

Wirst Du es glauben? Erst heute, also drei Wochen nach dem Datum, habe ich mir gegönnt, Deine Sendung, Dein Werkchen, in Ruhe durchzulesen. Es ist allerdings Pfingstmontag, die Arbeit hatte ich nur auf wenige Tage unterbrochen, und was seither an freier Zeit zum Vorschein kam, ist auf die mechanische Thätigkeit des sich Bedankens aufgegangen.

Nun habe ich es aber gelesen und bekenne laut, von allen Geschenken, die ich erhalten, ist Deines das schönste, weil das zärtlichste, kunstvollste, an Empfindung reichste. Nur eines muß ich mit eingewurzelte Detailtreue verbessern. Deine Großmutter war nicht 18, sondern 21 Jahre alt, als sie ihr erstes Kind bekam. Sie wäre heute 101!

Grüße mir Arnold u die Kinder herzlich! Wir denken nie ohne zärtlichen Stolz an Euch.

Dein alter Onkel
Sigm

Kurz hierauf lud mich Otto Pick, der feinsinnige Kunstkritiker, Dichter und Literat, vor allem aber der große Pionier tschechischer Dichtkunst in seinen Übersetzungen, ein, ihm mein Essay »Freud in seinem Heim« für das Blatt »L'Europe Centrale« zur Verfügung zu stellen. Eine Anerkennung war seine Zusammenstellung meines Essays mit dem Stefan Zweigs.

23. Mai 1936 L'Europe Centrale No. 333.

On sait qu'une nièce de Sigmund Freud, Mme Lilly Freud-Marlé habite Prague, où elle est bien connue comme interprète des poètes. Elle a fait tout récemment, à la T. S. F. de cette ville, une très intéressante causerie sur Sigmund Freud chez lui, empreinte naturellement de plus d'intimité que la description de Stefan Zweig malgré toutes ses affinités spirituelles avec son modèle.[153]

Otto Pick
Revue de documentation politique,
économique, littéraire et artistique
Prague

Die Würdigungen Freuds und seines Werkes in der Weltpresse waren bedeutend, und daß das »Prager Tagblatt« der Gelegenheit breiten Raum gab, ist selbstverständlich. Der damalige Chefredakteur Dr. Blau[154] bat mich um meinen Besuch in der Redaktion und um eine kleine Auswahl von selbstaufgenommenen Photographien aus der Familie Freud. In einem launigen Gespräch mit ihm, in dem der Zauber Wiens das Hauptthema bildete, überreichte ich ihm im besonderen zwei Bildchen. Das eine stellte Onkel im Garten der Mauthnerschen Sommervilla in Pötzleinsdorf bei Wien dar, mit der gewohnten Zigarre in der Hand und seinem Lieblingshunde zu Füßen, das andere Bildchen mich am Arme Onkels, vergnügt durch den Garten wandelnd. Lächelnd bemerkte Dr. Blau, während wir heiter Abschied nahmen: »Ich kann Ihnen aber noch nicht sagen, welches Bild ich morgen bringen werde.« Als ich am nächsten Morgen das »Prager Tagblatt« öffnete und ich mich am Arme Onkel Sigmunds im Bilde erblickte, dachte ich mir: »Welch unmoderner Journalist – eine Nichte einem Lieblingshunde vorzuziehen!«

Die Post mußte von Wien nach Grinzing, wo die Familie den achtzigsten Geburtstag feierte, einen Sonderdienst einstellen für alle die Telegramme, Briefe und Pakete aus aller Herren Länder. Unter den vielen Artikeln, die aus diesem Anlaß über Freud erschienen, befand sich auch eine Abhandlung in einer völlig unbekannten Sprache.

Der neunzigste Geburtstag †

Wir schreiben heute den 6. Mai 1946. Es ist der neunzigste Geburtstag Sigmund Freuds. Am 23. September des Jahres 1939 hat er seine Augen auf immer geschlossen. Hat uns verlassen. Fast sieben Jahre sind es, die wir, die ihn überlebten, seinem Schicksal danken, daß er die Kriegsjahre nicht miterlebt hat, nicht mehr die volle Auswirkung der barbarischen Gewalten erfahren mußte. Er, der sagte: »Our culture and civilisation is merely a thin layer liable at any moment to be pierced by the destructive forces of the underworld«: »Unsere Kultur und Zivilisation ist nur eine dünne Schicht, geneigt, jeden Augenblick durchbrochen zu werden von den zerstörenden Kräften der Unterwelt.«[155]

Ihn selbst hätte es geschaudert bei dem Übermaß der teuflischen Entfaltung urmenschlicher Triebe. Er hätte sicherlich diese Erfahrung eine Überhölle genannt.

Es ist so gekommen, wie wir es vorausgewußt haben. Seine geistige Macht wirkt fort über seinen Tod hinaus, es treffen Nachrichten vom Kontinent ein, daß man Freud zu seinem neunzigsten Geburtstag in deutschen Städten, in der Presse und in psychoanalytischen Kreisen gewürdigt, seiner Persönlichkeit und seines Werkes gedacht hat. »Manchester Evening News« brachten am Montag, dem 15. April 1946, in großen Lettern die Botschaft:

FREUD'S WORK GOES ON

The reopening of Sigmund Freuds Psychoanalytical Institute in Vienna marks the rehabilitation in his own country of a man who brought into being a new science and in doing so called on himself more hate and more worship than any other thinker of the century.

Gewiß wäre es für ihn, den Angriffsgewohnten, eine Genugtuung gewesen, hätte ihm die Botschaft ein kleines Lächeln abgerungen, daß er nun, in der Stadt seines Schaffens, einen zweiten tiefen Sieg errungen habe. Zum zweiten Male rehabilitiert!

Zwei Jahrzehnte hatte er als junger Wissenschaftler und Forscher seine neue Lehre gegen eine harte Welt von Wissenschaftlern, Ärzten und Laien in den Kampf gestellt, bis sie die Waffen vor seinem erfahrenen, unerbittlichen Geist und seinen Resultaten streckten. Und dann – das Hitler-Regime hat seine Werke vernichtet, dem Feuer preisgegeben, ihm und seinen Kindern das psychoanalytische Arbeiten versagt, sein Psychoanalytisches Institut für ihn geschlossen. Ihm seine Weiterexistenz in der Stadt seiner Wirkung unmöglich gemacht. Ihm, dem damals Zweiundachtzigjährigen, die Auswanderung als einziges rettendes Ziel offengelassen. Und auch diese Möglichkeit aufs äußerste erschwert.

Seine Geburtstage sind wirkliche Meilensteine auf seinem Lebenswege gewesen, hielten seine Aufmerksamkeit wach, und wie sein neunzigster Geburtstag ihm auf der Welt einen ehrlichen Sieg über das Hitlertum bezeugt, so beweisen die Feiern seiner Geburtstage – namentlich die des alten, gereiften Mannes – jedesmal den Höhengrad seiner Auswirkung als Mensch und Meister. Nicht er feierte seinen Geburtstag, der Tag feierte ihn.

»Es war jedesmal überwältigend«, erzählt mir Tante Martha, sich gerne rückerinnernd, in freudig aufleuchtendem Stolz, von den Geburtstagsfeiern, die Onkel Sigi im Kreise seiner Familie alljährlich am 6. Mai erleben durfte.

Die Anerkennung, Dankbarkeit und Innigkeit einer internationalen geistigen Welt überwältigten ihn. Wie eine nicht aufzuhaltende Woge. So wie das Meer seine Ebbe und Flut hat. So wie das Meer weit zurücktritt und die Wasser, vom Monde angezogen und beeinflußt, sich in der Mitte sammeln und der feuchte Sand sichtbar wird und man weit hinauswaten kann über den breiten Strand in das Bett des

Ozeans, die seltsamen Früchte zu finden und zu heben, rotgoldenen Bernstein, Muscheln und Tang, buntfarbige Quallen, Seepferdchen und ab und zu einen Fisch, der schweratmend daliegt, weil er von den Wellen angeworfen wurde und nicht mehr von der nächsten Welle zurückgetragen wurde in sein Element, das willkommene erquickende Naß.

Eine große, endlos scheinende Ruhe umfängt Menschen und Natur.

So war es an den Arbeitstagen Sigmund Freuds. In pünktlichem Gleichmaß der Tage, Wochen und des ganzen Jahres verliefen sie, von der Bewegtheit der Außenwelt ungestört. In fruchttragender Arbeit und gleichmäßigem Stundenschlag des Alltagslebens.

Aber wie die Stunden der Ebbe vorübergehen und die Flut erst langsam, aber in mächtigem Anheben sich gegen den Strand wälzt, frohlockend alles mit sich reißend, auf ihrem Wellenrücken erhebend, was ihnen in den Weg kommt, so brach die Flut der Anerkennung am 6. Mai das Gleichmaß der Ebbe in Freuds harten, regelmäßigen Arbeitstagen.

Und wie mit freudigem Gischt, überschwenglich erhoben, strömte die Liebe und Ehrung, anbrandend an seinen Geburtstag und an sein Herz. Menschen, Diplome, Glückwünsche, Telegramme, Briefe, Geschenke und Blumen, Blumen, eine fast unübersehbare Fülle! Sogar die sonnigen, blauen Küsten der französischen Riviera sandten in bastgeflochtenen Körben ihre duftenden Schätze, Parmaveilchen und Rosen und zartgelbe Mimosen. Es war ein Fest!

Epilog zu den Geburtstagen

Blauer Himmel, eiskalte Luft, Winterschnee über England. Januar 1947. Ich sitze am Teetisch mit Tante Martha. Da sieht sie mich plötzlich mit ihren hellen, klugen Augen an: »Weißt du schon, Lilly, daß deine Cousine, Lucy Wiener-

Bernays,[156] in Wien war? Sie schreibt, sie sei bei derselben Blumenhändlerin gewesen, bei welcher sie immer die Orchideen für deinen Onkel gekauft hat. Die Blumenhändlerin habe sie wiedererkannt. Sie sei auch in der Berggasse gewesen. Sie sei umbenannt in ›Sigmund Freud Gasse‹.«[157]

Tante senkt ihre gefurchte Stirne bis zur Tischkante, und leise klingen ihre Worte voll Ironie und Bitterkeit zu mir herüber: »Jetzt mache ich mir aber gar nichts mehr daraus.«

Freud und der Goethepreis

Wortlaut der Schenkung

Den von ihr gestifteten Goethepreis verleiht in diesem Jahre die Stadt Frankfurt dem als Schöpfer grundlegend neuer Betrachtungsformen anerkannten Forscher
Sigmund Freud
aus Wien.

»Es war der Höhepunkt meines bürgerlichen Lebens«, schreibt Freud in seiner Selbstbiographie, als seine Tochter Anna auf dem Rathaus zu Frankfurt an seiner Statt den Goethepreis in Empfang nahm.

Eine tiefe und freudige Bewegung geht durch die Familie, als sie vernimmt, mit großem Stolz auf ihn, der unsere Familie durch seine Persönlichkeit und sein Werk adelte, wie stark die Ehrung Frankfurts sein Wesen bewegt. Wir lebten damals in Hamburg, und beglückt über die herrliche Nachricht, verfertigte ich ihm ein kleines Album, welches meine Wanderung durch Goethes Weimar in selbstaufgenommenen Bildern darstellt. Da damals auch durch die Zeitungen die Botschaft ging, daß Freuds Büste im Goethehause aufgestellt würde, fühlte ich mein Geschenk so gegenwärtig und berechtigt. Das Goethehaus am Marktplatz, dem Brunnen gegenüber, das berühmte Gartenhäuschen im Park, die bergige Straße hinter dem Wohnhaus mit Steintisch, Bank und den Stühlen, wo Goethe mit Frau von Stein oft gesessen, das Schillerhäuschen, die Bibliothek, das Grabmal von Goethe und Schiller und eine Aufnahme des Sterbezimmers Goethes in seiner ganzen Schlichtheit. »Mehr Licht« über Deutschland, würde er heute seufzend klagen. Mehr Licht waren die letzten Worte, die Goethe auf dem Sterbebette gesprochen.

Es war am 11. Mai, als ich Onkels Antwort auf meine Aufmerksamkeit erhielt, fünf Tage nach seinem 76. Geburtstage und hundert Jahre nach Goethes Tode. Er hat recht behalten, die Büste wird nicht mehr im Goethehaus aufgestellt, und die Zeit der großen Unsicherheit hat er in seinem Brief an mich vorausgefühlt. Es war die Jahrhundertfeier nach Goethes Tode, ein Jahr vor der Besitzergreifung Deutschlands durch Hitler, die Atmosphäre auf dem Kontinent in zerstörenden Wandlungen begriffen, und auch die Berufung meines Mannes an das Burgtheater in Wien mußte an seiner Zugehörigkeit zum Judentum scheitern.

11. 5. 1932

Prof. Dr. Freud — Wien. IX., Berggasse 19.

Liebe Lilly,

Du hast wieder, wie auch früher, besondere Wege gefunden, einem ein Vergnügen zu machen. Daß meine Büste im Goethehaus aufgestellt wird oder wurde, ist, glaub' ich, nur ein Gerücht, immerhin danke ich ihm das sinnvolle Büchlein.

Wie wir uns alle mit der Anwesenheit Arnolds in Wien gefreut, wie vertraut er uns allen war, das hat er gewiß selbst erraten u Dir mitgeteilt. Leider wußten wir nicht, ob wir Eure Übersiedlung hieher in Eurem Interesse wünschen sollten. Wer Wien nicht genau kennt, stellt sich das Leben hier zu angenehm vor. Wir lauern auf jede Zeitungsnotiz, die etwas vom Burgtheater berichtet. Aber es ist die Zeit der Unsicherheiten.

Mit herzlichsten Grüßen für Dich, ihn u die Kinder

Dein alter Onkel
Sigm

Wie tief Freud mit Goethe verbunden war, wie er sein Werk und seine Erscheinung in sein Leben einbeschlossen hatte und wie mein kleines Geschenk ihn bewegte und erfreute, begriff ich erst in vollem Ausmaß an einem Herbstnachmittage Jahre nach seinem Tode.

Anna und ich sitzen vor seinem Schreibtisch, um die Lade zu öffnen, in welcher sich, laut Anna, »Papas Photographien« befanden; »sie gehörten ihm, diese Bilder hat Papa sich selbst geordnet«. Aber ganz oben, über den Familienbildern, lag, mit einem Griff seiner Rechten von seinem Schreibtischsessel aus leicht erreichbar, mein kleines Goethebüchlein. Und schon in seiner frühen Jugend fühlte er sich Goethe so tief verbunden, daß er in seiner »Selbstdarstellung« schreibt: »... ich weiß, daß der Vortrag von Goethes schönem Aufsatz ›Die Natur‹ in einer populären Vorlesung kurz vor der Reifeprüfung die Entscheidung gab, daß ich Medizin inskribierte.«

Goethe, den Freud so oft in seinen Schriften heranzieht und dessen »Gesammelte Werke«[158] auf den Regalen seines Arbeitsraumes einen breiten, liebevollen Platz einnehmen. Es ist das Hausbuch seiner Bibliothek.

Ein Tag in seinem Leben

Zu allen Mahlzeiten erschien er pünktlich, und Anna nannte ihn das ›Uhrenmännchen‹, weil er, wie die Apostel an der Rathausuhr zu Prag, auf den Glockenschlag in der Türe erschien.«

Ja, auf dem Platz vor der alten Rathausuhr in Prag sammeln sich zu jeder vollen Stunde die Großen und die Kleinen, die Fremden und die Einheimischen, um das kleine echte, so präzise Spielzeug aus dem Jahre 1492 da oben in den Lüften zu bewundern. Das feine Kunstwerk, das, von Naziwaffe zerstört, in der Erinnerung verweilt. Da schlägt es Mittag, und eine kleine Tür öffnet sich und dreht einen, den zweiten, den dritten – und so bis zwölf zu zählen – hölzernen, buntbemalten Apostel hervor in die Luft, und rasch dreht ihn ein kleines Rad durch eine zweite Tür zurück in den Verschlag. »Ja, Papa ist das Uhrenmännchen«, so gewissenhaft zur Stunde in der Einteilung seines Tages lebte, wirkte und schaffte Sigmund Freud. Punkt neun Uhr früh begann der reiche Arbeitstag. In den Ordinationsstunden wurden vor allem Analysen und Lehranalysen gemacht. Es ist Schlag ein Uhr – »und drinnen waltet die züchtige Hausfrau«, die Türe ging auf, der Tisch stand gedeckt, die Familie versammelte sich um ihn, der am Kopfende Platz nahm und nun mit den Seinen die Mittagsmahlzeit einnimmt. Solange Onkel Sigi nicht leidend war, galten die Mahlzeiten dem Genuß der Arbeitspause, des Mahles und der Freude an der großen Familie. Aber in den vielen Jahren seines Krankseins, wo seine Nahrungsaufnahme erschwert und auch das Sprechen ihm quälend war, fiel ein Schatten auf das trauliche Beisammensein. Man fühlte, der Vater litt. Und als die Nächte ihm, dem Schmerzgestörten, nur mehr wenig Schlaf schenkten, legte er sich häufig während seiner Tagesarbeit, von Müdigkeit übermannt, auf kurze Minuten nieder. Hier sei seines Arztes gedacht, Professor Pichlers, berühmter Spezialist aus Wien, der die Behandlung des Schwerleidenden übernahm und dessen Leben um Jahre verlängerte. Er und die Familie rühmten seine ärztlichen Kenntnisse, seine Geschicklichkeit und seine treue Hingabe, Freuds Leben zu erhalten. Immer seltener wurden die Tischgäste. Ich erinnere mich, einmal neben ihm gesessen zu haben und er, weil er sich das Sprechen versagte, aber doch zu seinem Gast aufmerksam sein wollte, in die Schüssel griff und mir mit seinen Fingern eine knusprig gebratene heiße Kartoffel lächelnd an meine Hand legte.

Nach der Mahlzeit wurde ein wenig mit einem Buch ausgeruht, aber täglich gehörte eine Stunde des Nachmittags der Straße, der Freiheit, der frischen Luft. In den ersten Jahrzehnten zu Fuß, später im Fiaker und zuletzt im Auto. Dieses lenkte in den letzten Jahren Freuds in Wien ein junger Chauffeur, welcher Freud so ergeben war und ihn verehrte, daß er alles sammelte, was in Zeitungen an Notizen, Artikeln und Bildern von ihm erschien. Er hatte sichtbar größeres Interesse an dieser Sammlung als Freud selbst. Hinaus in die Stadt, das Leben in sich aufzunehmen. Zum Rasör, zum Tabaktrafikanten, die Trabuccos gekauft – er war Zigarrenkettenraucher, zwanzig am Tag. Onkel Sigi war natürlich sehr behütet vor den Sorgen und Besorgungen und Anschaffungen der notwendigen Dinge, Bedarfsartikel und Gegenstände des häuslichen und praktischen Lebens, daß ihm die Kenntnis fehlte, was Dinge kosteten. »Aber was ein schönes antikes Glas kostet und was eine Ausgrabung wert sei, das weiß er«, meinte Mathilde bestätigend. »Und was seine Zigarren kosten, vergiß das nicht«, fügte ich lächelnd hinzu. »Ja, seine Zigarren.« Die Buchläden nach Neuerscheinungen erforscht, die Antiquitätenläden besucht und die Sendungen der Funde aus aller Herren Länder begutachtet und erworben, was das Herz begehrte. Am Wochenende in gesunden Tagen die Museen besichtigt und vor allem in den Abteilungen verweilt, die die Ausgrabungen asiatischer und römisch-griechischer Kulturen zur Schau stellten. Kunstausstellungen und Kunstgalerien durchwandert.

Nachmittags nahm er nur eine kleine Erfrischung, eine Tasse Tee oder Fruchtsaft und ein Gebäck, und dann ging er wieder zurück in die Ordination. Patienten bis sieben Uhr. Wieder ging die Türe zum Speisezimmer auf, und das Uhrenmännchen erschien pünktlich zur Abendmahlzeit. Nachher ein kleines Kartenspiel im Familienkreis. Einmal in der Woche eine Tarockkartenpartie mit den nächsten Kollegen und Freunden. Allwöchentliche Mittwochsitzungen,[159] die später jeden Monat stattfinden, die psychoanalytischen Tabakskollegien. Mehr als ein Jahrzehnt, über zwölf Jahre bis 1916, hielt Freud an jedem Samstag in seiner Eigenschaft als »Außerordentlicher Professor« im Auditorium der Psychiatrischen Klinik der Universität eine zweistündige Abendvorlesung.

Nach dem Kriege sprach er nur mehr mit seltenen Ausnahmen bei den Zusammenkünften der Psychoanalytischen Gesellschaft. Nach all den Entspannungen und Pflichterfüllungen ging es nun an die eigentliche schriftstellerische, schöpferische Arbeit. Jahrzehnte nahm er für sein Werk lange Nachtstunden hinzu, zu gedenken noch der vielen tausend mit der Hand geschriebenen Briefe. Wenn man von seinem dreizehnbändigen Werk[160] absieht und die Möglichkeit in Erwägung zieht, daß eines Tages sein reichhaltiger Briefwechsel der Öffentlichkeit zugänglich gemacht werden wird, welch ein ungeheurer Schatz seiner vielseitigen Gedankenwelt wird wohl da zutage gefördert werden. Denn von fast unbegrenzter Vielseitigkeit ist die Art der Menschen, mit denen Freud korrespondierte, und es dürfte zu einer Überraschung werden, mit welchen

Personen und Persönlichkeiten der geistigen Welt er in reger Beziehung stand, welche Menschen seine nächste Freundschaft und Sympathie und Anerkennung genossen und erlebten. Hanns Sachs, der getreue Schüler und Freund Freuds, erzählt in seinem Buche »Master and Friend« die rührende Geschichte von den sieben Ringen. Freud trug einen antiken Siegelring römisch-griechischen Ursprungs und ließ für den engsten Kreis seiner Mitarbeiter, die ihm am nächsten standen, sechs Ringe gleicher Art mit ähnlichen Gemmen anfertigen und schenkte jedem von ihnen einen. Und ich denke, wie Nathan der Weise seinen Söhnen drei Ringe schenkte, zu beweisen, wer von ihnen ihm der liebste sei, so schenkte Freud, der Gelehrte, der gleichen Ringe sechs. Fünf der Nächsten um Freud behielten dies Erbe, Dr. Max Eitingon, Dr. Hanns Sachs, Dr. Sándor Ferenczi, Dr. Karl Abraham und Dr. Ernest Jones. Dr. Otto Rank, einst Freud ganz nahe, wurde abtrünnig. Heute, im Jahre 1947, sind sechs Träger des Ringes nicht mehr am Leben. Der Meister ist gegangen, mit ihm die Schüler. Dr. Ernest Jones in England ist der letzte Träger des Ringes.[161]

Ungezählte Artikel und Beiträge für Zeitschriften und die Vorbereitung zu eigenen Vorträgen entstanden inmitten aller schöpferischen Arbeit. Niemals hat Freud die Hilfe eines Sekretärs in Anspruch genommen. Manchmal nur, wenn er ermüdete, lieh Anna ihrem Vater ihre jüngere Kraft. Als Freud sich aus Gesundheitsrücksichten von jeder öffentlichen Lehrtätigkeit zurückzog und sich nur mehr der »Heimarbeit« widmete, besuchte er nur mehr seine Patienten. Die sogenannten Geselligkeiten und gesellschaftlichen Verpflichtungen nahm er nicht mehr auf sich. Seine Zeit wurde zu kostbar. Er gehörte seinem Werk. Eine Ausnahme bildeten die Geburtstage der Allernächsten. So erinnere ich mich an eine Fiakerfahrt mit Onkel Sigi und Anna zum Geburtstag seines Bruders Alexander durch die Straßen Wiens am Franz-Joseph-Quai entlang. Anna und ich sprachen abwechselnd und gemeinsam Rilkesche Verse. Onkel bereitete es sichtbares Vergnügen. Und der Blumentopf, seidenpapierumhüllt, schwankte beim Trabe des braunen Pferdes, das gemütlich den Wagen zog. Onkel wurde mit den Jahren schweigsamer. Er hat das Wort in seiner ganzen schwerwiegenden Bedeutung erkannt und gekennzeichnet. Ich hatte das Gefühl in seiner Gegenwart: »Man plaudert nicht, man hat etwas Wirkliches zu sagen und spricht.« Manchmal aber wollte er sich nicht äußern, und mit viel Zauber preßte er den Mund zusammen, wenn man ihn forschend ansah und ein Wort von ihm erwartete, löste ihn leicht, und erstaunt konnte man von ihm hören: »Wau wau, wau wau.« Dabei blickte er gütig und erheitert, und das kleine Rad seiner großen Zeit drehte dann das »Uhrenmännchen« wieder zurück an sein Werk, und er verschwand hinter der Türe seines Arbeitszimmers.

Sigmund Freud in seinem Heim

Essay, gesprochen am 8. Mai 1936 am Sender Prag
anläßlich von Freuds 80. Geburtstag

Wie war ich ergriffen und freudigst bewegt, als ich im Vorjahre auf meiner Vortragsreise von freundlichen lieben Menschen mit einem Wagen in das Städtchen Příbor geführt wurde, wo auf hügeligem Boden quer im Licht und der Freiheit einer kleinen Straße das erste Heim des großen, lieben Denkers steht. Příbor, Freiberg, Zámečnická ulice 117. Ein großer vergoldeter Schlüssel schmückt das weißgetünchte freundliche Haus, hängt an der Seite des Fensters, an das ihn sicherlich unzählige Male als Kind seine Mutter hinauf an die Sonne hob. Ich schaue die Gedenktafel am Haus, von der Hand des Freiberger Bildhauers Juráň verfertigt, zum 75. Geburtstag des Meisters gewidmet, und denke: »Der schwere goldene Schlüssel, es bewohnt eine achtbare Schlossersfamilie jetzt den größten Teil des Hauses, welch tiefes Symbol an der Seite der gedenkenden Tafel!« Ich werde herzlich willkommen geheißen, steige langsam genießend die schmale reinliche Treppe hinauf, eine freundliche Hand öffnet mir die Tür, und ich stehe in der Stube, die ihn als erste Wohnstatt empfing.

Seltsam inniges Gefühl! Also hier, in dieser traulich hellen, rechteckigen Stube mit den vielen Fenstern und den noch erhaltenen Deckenbalken, brachte ihn mein geliebtes Großmuttel zur Welt!

Jetzt bewohnt dieses kleine, wohleingerichtete Gemach der sympathische Lehrer der Stadt. Sie war noch nicht 21 Jahre damals, als sie diesen Erstgeborenen in ihren jungen mütterlichen Armen hielt. Es sollen liebe, gute früheste Jahre gewesen sein, die dieses Kind hier in Příbor umhegten!

Und nun zum heutigen Heim in Wien, in der Berggasse 19, welches er mit seiner Familie seit Jahrzehnten bewohnt. Was waren das noch für gute geborgene Stunden, als ich mit meinen Geschwistern als Kind – an der Hand von Vaterl und Mutterl fest angefaßt – zu den Kindern in die Berggasse ging. Denn waren wir drei, so waren dort sechs, und waren wir drei Mäderln, so waren dort noch drei Buben dazu. Alle neune im großen Spielzimmer, wo Freiheit des Tuns und der Stimmen herrschte. Und da erinnere ich mich der Türe, die aufging, und »Er« hereinkam und mit zärtlicher Gebärde über unsere Köpfe und Zöpfe strich. Nie ein überlautes Wort ein Leben lang aus seinem Munde, eine sanfte, aber ernste sichere Bestimmtheit ging und geht von seinem Wesen aus. Heute sind wir Kinder fast alle längst ausgeflogen, verstreut in die Welt mit eigenstem Tun. Ganz nah ihm Anna Freud, Tochter und Kameradin zugleich. Geehrt als Heilende kranker Kinderseelen. Aber das Haus in der Berggasse steht unerschütterlich da und beherbergt, wie in meiner Kindheit, den großen Verwandten und sie, Tante Martha. Dieser leisen, stillen, behutsamen, zarthändigen Frau sei innigst gedacht, die mit sanfter Bewegung fernhält vom Gatten die Überlaute des Alltags. Gekennzeichnet am schönsten durch die Worte, die eine Verwandte jüngst zu mir sagte. »Tante Martha? Tante Martha darf doch nicht sterben, kannst du denken, daß ein anderer den Tee einschenkt als sie?«

Kein Modernsein des Hauses, eine wohlig warme Behaglichkeit, die alte, liebe erinnerungsgesättigte Gegenstände mit Sorgfalt behutsam umschmeichelt. Zwei Zimmer tragen ganz das Gesicht und das Gepräge des Arztes. Umgeben von seinen Lieblingen, die ihn lebendig umstreichen, seinen Hunden, den Chows, wie gute Freunde gehalten, umgeben von seinen Blumen und Pflanzen, wo jede Blüte und Knospe seine Beobachtung und Freude genießen, umgeben von seinen Sammlungen ägyptischer, römischer, griechischer und anderer Schätze, umringt von Büchern, arbeitet mit gewohnter Hingabe noch heute mit klarster, schönster Handschrift an seinem Schreibtisch der Dichter des Worts und der Seele.

Es fesselt das Auge ein letztes Geschenk an den Forscher: eine javanische Figur, aus hellstem Holz geschnitzt, ein Kunstwerk der Hand und des Geistes: Der träumende Mensch, gefesselt von seinen Gewalten und Trieben, dargestellt, wie Arm und Hand, Bein und Fuß, teuflisches Gesicht und saugender Skorpion umklammern das menschliche Geschöpf.

Und nun zum Abschied einige Erinnerungsbilder!

Mit ihm durch den sommerlichen Garten! Leise sprechend wandeln wir am Abend, ich genieße dankbar die Nähe eines ungewöhnlichen Menschen, eines einmaligen Geistes.

Ein Verschreiben Freuds

Ich möchte gern meinem Leser eine Freude bereiten, indem ich ihn ermuntere, das Verschreiben Freuds allein zu entdecken in diesem in englischer Sprache an mich verfaßten Brief.

Dec. 3d 1938

Prof. Sigm. Freud 20 Maresfield Gardens,
London N. W. 3.

My dear niece Lilly,

You tell me in your letter, that you have resolved to return to your former activity, meaning that you will again undertake to recite the productions of our great poets in face of an audience attentively listening to your voice and to interpret them by the remarks you intersperse. I remember very well the time when I myself was among your hearers and how much I enjoyed your performance introducing me into the emotional world of the poet Rabindranath Tagore.

Well I have no doubt that you will achieve the same success now as before. I don't know where from you get this gift of mastering language and expression – and even foreign languages in such a way, as to gain full control over your audience and make them feel and understand what you want them. Perhaps it comes to you from your father's side, but anyway you could achieve and you will achieve it again. I hope you will send uns cards from the various stations of your circuit and let us partake in this way in the triumphs of your art.

Your loving uncle
Sigm.

P. S. Give my kindest regards to your dear husband himself an artist as an actor. Your son Omri is a welcome guest to us, whenever he pays us a visit.

Und es dann als ursprünglich und stark zu empfinden, daß im Moment der selbstbewußten Ich-Betonung die Muttersprache sich vordrängt, das Nächste zu unserem Herzen, Hirn, Mund und – der Feder.

Der Emigrant

Dieses Kapitel widme ich, ihrer edlen Gesinnung ein Denkmal zu setzen, all den Ländern, die, nicht unter das Nazijoch gebeugt, dem gehetzten Wild, dem jüdischen Menschen, ihre Tore öffneten, und all den unschuldig Verfolgten anderer Nationen, die in den Jahren des von den Nazis zur europäischen Folterkammer verwandelten Kontinents ihre Heimat verloren hatten und eine neue Scholle suchten und fanden.

Unter dem dänischen Bauernvolk geht eine alte Sage: »Wenn im April, im Vorfrühling, die Erdschollen umgepflügt werden, sollen die Bauern einen Pflug auf dem Felde stehenlassen, denn es mag der ewige Jude vorbeikommen, der ewige Wanderer, müde, um sich auszuruhen.«

Diese Sage ist tief. Sie birgt die alte Erkenntnis der tragischen jüdischen Geschichte, der Heimatlosigkeit der jüdischen Menschen. Aber sie ist auch ein Zeichen für die gütige und menschenfreundliche Einstellung, Rast dem Umhergetriebenen, dem Ruhelosen zu gewähren. Der Beweis für ein tapferes Volk in kleinem Lande.

Die Sage hat sich bewahrheitet.

Das Naziregime hatte sich, gesondert von allen anderen Zielen der Macht- und Besitzergreifung und Unterjochung von Ländern, Meeren und Menschen, die ruchlose Vernichtung und völlige Ausrottung der Juden, zunächst Europas, zum Ziel gesetzt. Mit allen Mitteln und Hilfen von Ärzten, Wissenschaftlern, Sadisten, Bluthunden und Henkersknechten und der Mitarbeit des Auswurfs des Landes ist es ihnen gelungen, Millionen Menschen, darunter sechs Millionen Juden – mehr als ein Drittel der Gesamtheit des

Weltjudentums –, eine unglückselige Herde hilflos Gewordener, dem Tode zu überliefern. Nackt, beraubt und gequält, gestrandet – die Henkersknechte machten nicht halt vor der Unschuld der ihnen Ausgelieferten. Nicht vor dem Alter, nicht vor der Jugend. Die schwangere Frau, die Gebärerin des zukünftigen Lebens, die Mutter, der Vater, das Mädchen, der Jüngling, die Alten und die Säuglinge, das Kind – roh und mit lachendem Zynismus konnten die Vergasungen und Verbrennungen nicht schnell genug vonstatten gehen, so daß, nach der Aussage von Augenzeugen im Nürnberger Prozeß, Kinder in Säcke geworfen und lebendig den Krematorien übergeben wurden.

Nie werde ich, solange ich lebe, den kleinen Bericht vergessen, als nahe Verwandte in Prag – ein Vater, eine Mutter und deren kleiner Sohn, Peter Fürth – ins Gas geschickt werden sollten, der kleine Peter, nichtsahnend und doch entschlossen, sein Spielzeug einpackte und sagte: »Aber meine Spielsachen, die nehme ich mit, die lasse ich nicht den bösen Männern, den Nazis!«

Kommende Geschlechter sollen nicht das Kainszeichen vergessen, das sich eine mechanisierte Menschenklasse in eine Stirne eingebrannt hat, die ein verzerrtes Menschenantlitz trägt. Wenn diese Zeitereignisse und -erlebnisse nicht als warnendes und helfendes Memento am Beginn einer neueren und besseren Zeit stehen, ist es schwer, an eine endgültige Aufwärtsentwickelung des Geschöpfes zu glauben, welches sich der Mensch nennt. Und Freuds ernste Erkenntnis, daß jede Form von Zivilisation den Vernichtungstrieb als Erbschaft in sich trug und keine Bemühung des Eros imstande war, den Todesinstinkt auszuscheiden, steht auch als tiefe Warnung am Ausgang dieser Vernichtungsperiode. Und ihre Entwickelung im Zeichen des Atomzeitalters liegt noch dunkel vor dem Auge einer verängstigten, wenn auch hoffenden Menschheit.

So stand ein Pflug bereit im Lande Dänemark. Die Nazis hatten das kleine Land besetzt. Die Königsfamilie lebte, bewacht in der Amalienborg in der Hauptstadt. Aber das Land war nur militärisch vergewaltigt. Die Gesinnung konnte nicht gebrochen werden. Der Geist des Königs war das starke Schild, der edle, vornehme Gedanke hinter der schmalen Stirne eines wirklichen Herrschers, der Schutz gegen ein Heer von Gewalttaten. König Christian X. hat sich in der Geschichte der Aufwärtsentwickelung im Zusammenleben der im Dunkel wandelnden Menschheit ein wohlverdientes Denkmal gesetzt. Als die Besatzungsbehörde beabsichtigte, die Hakenkreuzfahne auf der Amalienborg zu hissen, warnte der König: »Dann wird ein Soldat sie herunterholen.« Und auf die kurze Frage »Wer« folgte die kurze Antwort »Ich«.

Als der Nazigewaltige Terboven[162] in der historischen Unterredung mit dem König in der Amalienborg zu Kopenhagen die Judenfrage besprach, hörte der König aufmerksam allen Vorschlägen zu und erwiderte dann bestimmt: »Sollte die Naziokkupation von diesem Lande fordern, daß die Juden Dänemarks den gelben Davidstern tragen müssen, dann werden ich und meine ganze Familie den gelben Fleck als höchste Auszeichnung tragen.« Darauf versuchte Terboven den König davon zu überzeugen, daß der königlichen Familie und dem Volke große Vorteile erwüchsen, wenn »sie sich der Juden überhaupt entledigen würden«. Da richtete sich der König auf, und seine Gestalt überragte den Nazihelden um Kopfeslänge, und er erwiderte: »Weder ich noch sonst jemand von der königlichen Familie sind von einem Minderwertigkeitskomplex besessen, um den Wunsch zu haben, die jüdischen Bürger daran zu hindern, an dem Wohl des Landes mitzuarbeiten.«

Die Vernichtungspläne der Nazis scheiterten an der so völlig anders gearteten Weltanschauung des Königs, an seinem Charakter und an seiner Menschlichkeit. Nicht konnte er verhindern, trotz aller Befürwortung, daß prominente Juden seines Landes als Geiseln verschleppt und viele andere nach Theresienstadt, dem traurigen Getto in der Tschechoslowakei, verschickt wurden. Aber die Dänen boten vielen Juden geheimen Unterschlupf und verhalfen so Tausenden, sich nachts auf kleinen Booten nach Schweden, dem noblen Schwesterland der Gesinnung, hinüberzuretten. Meine Schwester, Frau Margit Freud (Gretl), erzählt mit tiefster Bewunderung und Dankbarkeit von ihren Erlebnissen, wie sie drei Tage und Nächte mit ihrem Sohne bei Anna Westergaard[163], einer dänischen Reichstagsabgeordneten, verborgen lebte, auch auf einem Boot gerettet wurde und Schweden alles tat, die Flüchtlinge ihr schweres Los leichter ertragen zu lassen.

Während der Besetzung Dänemarks durch die Deutschen kommt ein Bericht aus der schwedischen Hauptstadt Stockholm, daß die Hauptsynagoge Kopenhagens in Brand gesteckt und vernichtet wurde. Und durch die lohenden Flammen, die meine Erinnerung erleuchten und mein Gedächtnis schärfen, sehe ich ein deutliches Bild.

Es war im Jahre 1933, kurz nach der Machtergreifung der Nazis in Deutschland, als ich noch eine Einladung, die fünfte im Laufe der letzten Jahre, erhielt, nach Dänemark zu kommen, um dort als Vertreterin deutscher und internationaler Literatur Vortragsabende zu geben. Es war alles für meine Abreise vorbereitet, Bahn- und Schiffskarte gelöst, aber, aber … Die sogenannte Nacht der scharfen Messer, der erste Judenpogrom, war für die Nacht meiner Abreise vorausgesagt, die Stimmung unter den Juden Hamburgs, wo wir damals lebten, verängstigt, und nur durch die Zusage der tschechischen Gesandtschaft, meine Familie während meiner Abwesenheit unter ihren Schutz zu nehmen, kam ich zu dem schweren Entschluß, in diesem Augenblick des Heranrollens schwerer Schicksalsstunden die Meinen zu verlassen und nach Dänemark zu gehen. »Fahre«, sagte mein Mann, »und nimm Abschied von deinem Dänemark.«

Als ich in Kopenhagen ankam, ahnte ich nicht, daß sich auch über mir die dunklen Wolken der Bedrohung zusammengezogen hatten. Mein Mann hatte sogleich, als die Naziregierung die Macht übernahm, seine Stellung als Oberregisseur und erster Charakterdarsteller des Deutschen Schauspielhauses in Hamburg freiwillig aufgegeben, entschlossen, in seine Heimat, die Tschechoslowakei, nach Prag zurückzukehren. Unter meinen Verpflichtungen in Kopenhagen war auch ein Vortrag an der dortigen Universität vorgesehen, Dichtungen Rainer Maria Rilkes zu sprechen. Dieses Programm beabsichtigte ich vorher in Hamburg zu geben. Max Alexander Meumann, der erste Kritiker der Stadt, dem ich von meinem Vorhaben erzählte, riet mir freundschaftlich ab: »Tun Sie's nicht, Frau Lilly, ich darf Ihren Namen im Hamburger Fremdenblatt nicht mehr nennen«, worauf ich beschloß, mich aus dem öffentlichen Leben in Deutschland zurückzuziehen. Aber ich irrte mich. Ein scharfer Pfeil sollte mich treffen, und zwar nicht ins Gesicht, Aug in Auge, nein, in den Rücken. Man ließ mich die Reise nach Kopenhagen unternehmen, und erst dort, in völliger Ahnungslosigkeit, traf mich ihr neues Gesetz: »Kein Jude und keine Jüdin dürfen mehr Vertreter deutscher Kultur im Auslande sein.« Diese Verordnung wagte das deutsche Kultusministerium in Berlin durch seinen Gesandten, Freiherrn von Richthofen,[164] der Deutsch-Dänischen literarischen Gesellschaft, wo mein Abend stattfinden sollte, zu vermitteln. Freiherr von Richthofen und die Literarische Vereinigung wurden gezwungen, die Stellung Nazi-Deutschlands zu vertreten, was ersterem sehr peinlich war, wie man mir berichtete, um so mehr, als ich das Jahr vorher Gast im Hause Richthofen gewesen bin, als ich von der Deutsch-Dänischen Gesellschaft berufen wurde, im Jahre der Goethefeiern, im Jahre 1932, daselbst einen

Goetheabend zu geben. Ich wurde sogar telegrafisch gebeten, den Termin auf einen späteren Tag zu verlegen, damit die deutsche Gesandtschaft anwesend sein könne.

Jetzt aber konnte Richthofen offenbar nicht anders handeln, als Vermittler dieser Botschaft zu sein. Aber die Literarische Gesellschaft, die zur Förderung deutscher Kultur eine jährliche Subvention vom deutschen Kultusministerium erhielt, lehnte die Forderung Deutschlands nicht einstimmig als Einmischung in das Kulturleben eines fremden Landes ab. Bei Zusammentritt der Vorsitzenden der Vereinigung erwies es sich, daß vier Stimmen sich Deutschlands Forderung unterwarfen. Da von den vier anderen Vorsitzenden eine wichtige Persönlichkeit erkrankt war, so waren die drei anderen Stimmen, die jede Einmischung energisch ablehnten, in der Minderzahl. Die Gesellschaft wurde gesprengt, und die drei Vorsitzenden traten zurück, und mein Vortragsabend wurde abgesagt.

Die Stimmung in der Stadt gegen die Einmischung Deutschlands war groß. Vierzehn Tage lang brachten Extrablätter und Tageszeitungen Berichte über das unwürdige Geschehen und verurteilten nicht nur die empörende Zumutung des Auslandes, sondern darüber hinaus die schwächliche Einstellung der vier, leider, dänischen Bürger. Diese wurden hart gebrandmarkt in Wort und Schrift. Ich erhielt ungezählte Sympathiebeweise. Professor Dr. Karl Roos[165] von der Universität Kopenhagen, der sich als Erster Vorsitzender der Deutsch-Dänischen Gesellschaft einwandfrei auf die Seite der Künstlerin stellte, bat mich in jenen gefahrvollen Tagen um eines: »Versprechen Sie mir, keine persönliche, öffentliche Stellung zu nehmen. Schweigen Sie, geben Sie kein Interview.« Ich versprach es ihm in die Hand mit Rücksicht auf mich und meine Familie. Professor Karl Roos sagte mir: »Sie sollen wissen, daß man Sie jetzt in Dänemark ›die historische lille Fru‹ – die historische kleine Frau – nennt, und Sie wissen nicht, wer hinter

Ihnen steht!« Aber ich sollte es erfahren. Der dänische König hatte sich mit Herren des Hofes zum Osterfeiertag in der Hauptsynagoge angesagt. Dieser offizielle Besuch war zweifellos eine Reaktion auf die Vorgänge in Nazi-Deutschland. Die Synagoge war bis auf den letzten Platz gefüllt, und ich selbst war Augenzeuge eines historischen Moments in der Kulturgeschichte Dänemarks. Rabbiner Dr. Friediger[166] – später auch Geisel in Theresienstadt – hielt den üblichen Gottesdienst ab. Aber dann sprach er Persönliches. Der historische Augenblick erschütterte ihn. Er sagte: »Zum ersten Mal betritt ein König unsere Synagoge. Zum ersten Male in der Geschichte Dänemarks sagen wir Juden nicht mehr ›wir Dänen‹, wie wir es bisher getan haben, weil wir so fühlten, sondern weil wir uns durch die Zeitgeschichte, die Ereignisse in Nazi-Deutschland so fühlen und bekennen müssen. Und so sagen wir jetzt ›wir Juden in Dänemark‹. Wir danken dem König für seine hochgesinnte Handlung. Sie wird in der Geschichte der Juden in Dänemark unvergessen bleiben.«

Und Rabbiner Friediger erhob seine Hände mit jahrtausendealter Gebärde und sprach mit tiefer Ergriffenheit den Segen über das Königshaus. Erschüttert und mit tiefer Ergriffenheit saß ich in den Reihen der dänischen Juden, und während vor meinem inneren Gesicht die rotgelben Flammen über der Synagoge Kopenhagens zusammenschlagen, sehe ich das in Licht und Flammen erlöste unvergeßliche Bild. Rabbiner Dr. Friediger tritt die Altarstufen hinunter. Da erhebt sich der König von seinem Platze und alle Anwesenden. Der König streckt seine Hand dem Rabbiner entgegen, und sie halten, wie in überirdischer Versöhnung, Einigkeit und Gleichheit, lang und stumm ihre Hände ineinander. Und der König und seine Begleitung schreiten langsam dem Ausgange der Synagoge zu. Am nächsten Morgen sind ihre Außenwände mit Hakenkreuzen verunglimpft.

Alle skandinavischen Blätter waren voll von den Berichten über die Einmischung Deutschlands in Dänemarks Kulturleben. Schweden lud mich ein, zu kommen und ihnen meine Kunst zu schenken. Norwegische Freunde schrieben: »Kommen Sie zu uns, fürchten Sie nichts, Sie sollen bei uns in einer Kirche sprechen.«

Kommenden Geschlechtern zur Erinnerung pflanzten die Juden dem König von Dänemark und dem König von Schweden Haine in Palästina – ein Denkmal für große Menschlichkeit.

Ich aber war getroffen, seelisch getroffen bis ins tiefste. Ich lag nächtelang wach und sann über den Beginn von etwas Entsetzlichem nach, was ich in seinem Ausmaß noch nicht begreifen, nicht erfassen konnte. Ich stand unter dänischem Schutz, man hielt mich zurück. »Bleiben Sie vorläufig hier, bis sich die Wolken gelichtet haben und bis wir wissen, ob Ihre Rückkehr ungefährdet ist.« Ungefährdet? Ich habe doch nichts getan. Wollte nichts anderes als die Dichtkunst Deutschlands und anderer Nationen einem Auditorium schenken, und jetzt, nur weil ich als Jüdin geboren bin, ist Gefahr um mich und Gefahr um die Meinen und Gefahr um die Eueren? Warum – warum? Bange Nächte, in denen ich in meinen Vorstellungen weder auf dem Schiff noch mit der Bahn, noch mit einem Flugzeug hinüberkonnte zu meiner Familie, zurück nach Hamburg. Svend Borberg,[167] der erste Kritiker Kopenhagens, hatte den Geheimbericht der deutschen Gesandtschaft über die ganze Begebenheit nach Berlin gelesen. Danach hielt man meine Rückreise für ungefährlich, und ich verließ nach einem Monat aufregender Erlebnisse mein geliebtes Dänemark. Allein, an den Mastbaum eines kleinen Dampfers gelehnt, fuhr ich über den nun schon vertrauten Kleinen Sund, vorbei an Lübeck. Nur Möwen umkreisten, in Vorahnung kreischend, im blaßrosa Morgen das Schiff.

Als ich bei meiner Ankunft an Deutschlands Küste meinen Paß vorzeigte, fürchtete ich noch leise die Gefahr einer Verhaftung. Das geschah nicht. Mein besorgter Mann reichte mir die Hand, und ich blickte in seine dunklen, traurigen Augen. Wir waren beide wieder in Deutschland. Ich beugte mich noch nieder, ihm die vielen schönen Blumen zu reichen, die mir meine dänischen Freunde zum Abschied an das Schiff gebracht hatten. Sie waren verschwunden. Eine Nazihand hat sie mir aus meinem Gepäck gestohlen, während ich meine Fahrkarte und meinen Paß überreichte. Ich nahm es als eine dunkle Vorbedeutung. Es war im Jahre 1933. Die Freude, der Glanz, der so glücklich über unserem schönen und reichen Künstlerleben lag, schien gebrochen und zerstört. Wir verließen Hamburg und deutschen Boden, um in Prag zu leben, der alten, schönen Geburtsstadt meines Mannes, dessen Vorfahren die Rechte genossen einer alten Familie, die seit dem 16. Jahrhundert im alten Lande ansässig war und glücklich. Auf alten überwachsenen Friedhöfen in Prag sieht man noch bemooste Steine mit verblichenen Namenszügen der Familie Marlé. Aber einundzwanzig Mitglieder der heutigen Generation liegen gemartert und zerstoben auf den namenlosen Feldern – als hilfloser Dünger auf der gepeitschten Erde des Kontinents.

Während der Untergang des jüdischen Volkes auf dem Kontinent einen grausamen Verlauf nahm, schirmten drei nordische Länder die verhältnismäßig kleine Schar ansässiger und eingewanderter Juden. Das dritte und wichtigste Land – Großbritannien.

So stand auch in England ein Pflug bereit für den alten, spät zum Wandern gezwungenen Juden Freud. Er liebte sein Wiener Heim, er liebte die Hauptstadt Österreichs, die Scholle, wo er achtundsiebzig Jahre gelebt, gewirkt und gekämpft hatte.[168] Die stete Gewohnheit, das unverrückbare Gleichmaß seiner Arbeitstage. Die Heimat, seine geglaubte Heimaterde – Wien.

Besorgt blickten Freunde des großen Alten auf die Entwicklung in Österreich, um sein Los zitternd und sorgend. Österreich war besetzt, Freud gewarnt und bedroht, als erster auf der schwarzen Liste, seine Bücher waren schon bei der berüchtigten Bücherverbrennung vor der Universität in Berlin auf dem Ochsenwagen in Gemeinschaft wertvoller Geister geschichtet und dann den Flammen übergeben. Dringende Einladungen, das Land zu verlassen, wies er zunächst ab, verschloß sich gegen alle Einwände und kehrte dem Entsetzen den Rücken und setzte schweigend seine Arbeit am Schreibtisch fort. Aber seine engsten Freunde fühlten ihn bedroht und reisten nach Wien und versuchten, ihn zum Verlassen Österreichs zu veranlassen, was ihnen zu gelingen schien, da er in einem Brief an seinen Sohn Ernst schreibt:

12. 5. 1938
Wien, IX. Berggasse 19

Lieber Ernst

Ich schreibe Dir ohne äußeren Anlaß, weil ich hier ohnmächtig und untätig sitze … Man kann die »Reise schon sehen« … Zwei Aussichten erhalten sich in diesen trüben Zeiten, Euch alle beisammen zu sehen und – ›to die in freedom‹. Ich vergleiche mich manchmal mit dem alten Jakob, den seine Kinder auch im hohen Alter nach Ägypten mitgenommen haben, wie uns Th. Mann im nächsten Roman schildern wird. Hoffentlich folgt nicht darauf wie dereinst ein Auszug aus Ägypten. Es ist Zeit, daß Ahasver irgendwo zur Ruhe kommt. Wie weit es uns alten Leuten gelingen wird, mit den Schwierigkeiten der neuen Heimat fertig zu werden, steht dahin. Du wirst uns dabei helfen. Es kommt alles gegen die Befreiung nicht in Betracht …

Am 4. Juni, zwei Uhr dreißig Minuten, des Jahres 1938 verließ der zweiundachtzigjährige schwer leidende Gelehrte Sigmund Freud Wien. Mit seiner Familie.

Dr. Eduard Hitschmann-Wien, später Amerika, Nervenarzt und Freud in Verehrung und Freundschaft nahestehend, erzählt von Freuds Ausreise: Freud sollte ein Dokument unterzeichnen, welches allen Auswanderern unterbreitet wurde, die ins Ausland gingen. Die Nazipartei erlaubte nur den Grenzübertritt, nachdem der Ausreisende das Schriftstück unterzeichnet hatte. Dieses Schriftstück der Gestapo war des Inhaltes, daß der Betreffende von der Gestapo unbehelligt gewesen sei und unversehrt blieb. Freud unterschrieb zum Erstaunen seiner Freunde das vorgelegte Schriftstück. Aber sie sollten zu ihrer Genugtuung erfahren, daß Freud unter seinen Namenszug noch ein paar Worte hinzugefügt hatte: »Und kann ich dieselbe [Gestapo] jedem bestens empfehlen.«[169]

Wenn jemand vom Hauspersonal eines Wiener Hauses schied, war es üblich, daß man ein Zeugnis in das Dienstbuch schrieb. War man zufrieden mit der Arbeitsleistung, so schrieb man natürlich ein ausführliches Zeugnis, hatte man jedoch über die ausscheidende Person etwas Negatives zu sagen, so gebrauchte man den von Freud niedergeschriebenen Satz.

In den Pariser Zeitungen vom 5. Juni las man: »Professor Sigmund Freud, der berühmte Wiener Psychiater, ist Sonntag morgens, aus Wien kommend, in Paris eingetroffen. Er wurde am Bahnhof von Prinzessin Bonaparte empfangen, die eine frühere Schülerin von ihm ist. Prof. Freud wird sich einige Tage in Paris aufhalten und sich dann nach London begeben, wo er sich endgültig niederlassen will. Die Ausreise Freuds und die Mitnahme seines umfangreichen Materials aus Wien wurde erst nach vielen Demarchen von den deutschen Behörden in Österreich bewilligt. Er konnte seine Möbel, seine Bibliothek und seine berühmte Sammlung ägyptischer und griechischer Antiken mitnehmen.« Wir wissen, daß er eine große Summe hinterlegen, sich sozusagen mit der Familie und seinem beweglichen Besitz von den Nazis freikaufen mußte, um auswandern zu dürfen.[170] Freud hatte auch von Amerika eine Einladung, wo ihm an einer der bedeutendsten Universitäten ein Lehrstuhl angeboten war zur Fortsetzung seiner wissenschaftlichen Arbeit. Aber er lehnte das Angebot ab und ging nach London, wo ihm und seiner Familie Freunde zunächst eine Villa zur Verfügung gestellt hatten, von wo er mir berichtete:

39 Elsworthy Road
N W 3
24. 6. 1938

Liebe Lilly. Habe mich sehr über Deinen Brief gefreut, besonders, da ich ihn – ausnahmsweise – lesen konnte. Uns geht es hier gut, sehr gut, so daß man sich vor den vielen Anderen schämt, denen es nicht gut geht. Der angekündigte Omri ist *nicht* bei uns eingetroffen.

Herzliche Grüße für Dich, Arnold und Angela

Onkel Sigm.

Kurz darauf erwarb er das Haus 20 Maresfield Gardens, London NW 3, wo nach seinem Ableben seine Witwe und Tochter Anna und Mrs. Dorothy Burlingham[171], Mitarbeiterin und Freundin des Hauses, betreut von Paula, noch wohnen.

Das Bild zeigt Freud, gealtert, aber lächelnd, auf dem Bahnhof in Paris, begleitet von der getreuen Freundin, Prinzessin Bonaparte, welche auch einige seiner Werke ins Französische übersetzt hatte. Sie und Mrs. Burlingham sowie Dr. Ernest Jones, sein alter englischer Freund und Mitarbeiter, handelten mit dem vollen Einsatz ihrer Nationalität und Position, Freud und seine Familie vor schwerem Schicksal zu bewahren. So stellten die Freunde eine Brücke dar zu ausländischen befürwortenden Gesandtschaften, so

FREUD ARRIVES IN PARIS ON HIS WAY TO LONDON

Ankunft in Paris in Begleitung von Marie Bonaparte und dem amerikanischen Botschafter William Bullitt, 5. Juni 1938

daß Freud und Familie von ganz persönlichen ausschreitenden Angriffen gütig bewahrt wurden.

Mit wieviel Zärtlichkeit die engste Familie ihn umgab, bewies sich wieder bei seiner Ausreise von Wien über Paris nach London. Seine Frau und seine Tochter Anna fuhren mit ihm, in Paris erwartete ihn Ernst, der jüngste Sohn, ein bekannter Architekt, und seine älteste Tochter Mathilde Hollitscher empfing ihn in London. Martin, der älteste

Sohn und Leiter des Psychoanalytischen Verlags in Wien, war auch bereits in London. Er hatte das Werk und die Dokumente seines Vaters teilweise in die Schweiz gerettet, mußte sie aber durch den Druck der Nazis wieder zurück nach Wien bringen, nur um dabei zuzusehen, wie der ganze Schatz vernichtet wurde. Er selbst stand in Gefahr – es war eine bajonettgezückte Nazihorde, welche ihn festhielt. Auch Anna wurde auf Stunden festgenommen, und man kann sich die Bestürzung ihrer Schwester Mathilde vorstellen, als diese durch die innere Stadt heimkehrte und Anna auf offenem Militärauto sieht, umgeben von Nazis. »Und was sich alles im Verlag zugetragen hat«, kopfschüttelnd und schaudernd erinnert sich Tante Martha. »Und all das hat man überstanden, überstanden!«

Und wie gerne betonte er, daß er noch nie ein so schönes Heim gehabt. Er fühlte sich im Londoner Haus und Garten unendlich wohl, und als er das erste Mal seinen schönen friedvollen Garten betrat, atmete er wie erlöst auf und rief sarkastisch aus: »Heil Hitler!«[172] Und so fing er noch jeden Sonnenstrahl ein, gestaltete noch jeden Gedanken, reichte noch jedem Hilfsbedürftigen Ohr und Hand, bis der Tod sich ihm nahte, daß er, wie ein Sokrates, den Schierlingsbecher selbst zur Hand nahm und trank. Der Vertrauensarzt durfte ihm die qualerlösende Spritze geben, daß er hinüberschlief.[173]

Liebe umgab ihn, Liebe bewies sich, Liebe konnte sich nur nicht gegen die Naturgewalt behaupten, die Freuds schweres, fast untragbares Leiden ihm auferlegte. Wie ein Märtyrer, der noch Buße tut für das Leid, welches ihm auferlegt wurde zu ertragen, verbirgt er seine Klage, und schon an der Türe zu seinem Hause erwidert die getreue Paula auf die Frage »Nun, wie geht es Onkel?«: »Ja, Sie wissen ja, der Herr Professor klagt nie.« Nach wenigen Tagen des Ausruhens nach einem schweren Eingriff, das Fortschreiten der Krankheit ein wenig aufzuhalten, sitzt er wieder am

Schreibtisch, gebeugt über seine schöpferische Arbeit. Wie dankbar genießt Freud die neue Atmosphäre, umgeben von der Familie, im Bewußtsein, von Freunden umhegt zu sein und endlich geborgen in diesem freien, gastfreundlichen Lande. Es war ihm nicht vergönnt, wie wir es alle gehofft und gewünscht hatten, daß er die physischen Kräfte seiner Mutter geerbt, obgleich es in den ersten sieben Jahrzehnten seines Lebens so aussah. Nein, es war ihm nur vergönnt, den Boden der Freiheit für kurze Zeit zu genießen, für eineinviertel Jahre. Und doch bedeutete es für ihn so unsagbar viel. »Nur noch ein wenig genießen dürfen«, sagte er zu meinem Mann, während wir über den Rasen seines Gartens gingen. »Ich würde gern noch leben, aber nicht so leiden.« Wie trat er mit leichtem Schritt von seinem Schreitisch in den Garten, von seiner Lieblingshündin Lün begleitet, das Wachsen seiner Pflanzen und Blumen zu beobachten, und wie leicht trat er zurück an den Schreibtisch, die Feder zu führen.

Im Bewußtsein völliger Freiheit und tiefster Dankbarkeit schreibt er in dem Vorwort zu dem Buche, welches das letzte seines Lebens sein sollte:

»In der Gewißheit, jetzt nicht nur meiner Denkweise, sondern auch meiner ›Rasse‹ wegen verfolgt zu werden, verließ ich mit vielen Freunden die Stadt, die mir von früher Kindheit an, durch 78 Jahre, Heimat gewesen war.

Ich fand die freundlichste Aufnahme in dem schönen, freien, großherzigen England. Hier lebe ich nun, ein gern gesehener Gast, atme auf, daß jener Druck von mir genommen ist und daß ich wieder reden und schreiben – bald hätte ich gesagt, denken darf, wie ich will oder muß. Ich wage es, das letzte Stück meiner Arbeit vor die Öffentlichkeit zu bringen.«[174]

Freud an seinem Schreibtisch in London

Im Vestibül seines Hauses hängen zwei Stahlstiche. Guido Renis »Aurora«, der Sonnenaufgang, und »Moses, vom Berge Sinai kommend, zerbricht die Gesetzestafeln«. Und du fühlst: Freuds unerbittliches Werk. Er hat die alten Gesetzestafeln einer bürgerlichen Moral, der Verstellungen und Verhüllungen zertrümmert und gegen eine sich brüskiert fühlende und entlarvte Welt die Pegasusse seiner Geisteswelt vor einen neuen Sonnenaufgang, ein Morgengrauen tiefer, umwandelnder Erkenntnisse gespannt.

»So kann ich denn, rückschauend auf das Stückwerk meiner Lebensarbeit, sagen, daß ich vielerlei Anfänge gemacht und manche Anregungen ausgeteilt habe, woraus dann in der Zukunft etwas werden soll. Ich kann selbst nicht wissen, ob es viel sein wird oder wenig. Aber ich darf die Hoffnung aussprechen, daß ich für einen wichtigen Fortschritt in unserer Erkenntnis den Weg eröffnet habe.« (Freud, »Selbstdarstellung«)

Langsam geht man die bergige Straße hinauf, die Gehsteige sind mit Blumen geschmückt, und wo die Häuser stehen, ist ihr Eingang erst erreichbar durch heckenumzäunte kleine Vorgärten, Vorfrühling atmend. Der Wind weht die rosigen Blüten von den Ästen eines zarten, weitverzweigten Mandelbaumes auf den Rasen. 20 Maresfield Gardens steht das breite einladende Haus des Forschers und seiner Familie. Ein grünfarbenes Holzgatter schwingt vor, und ein schmaler Weg, welcher den Rasen zweiteilt, führt zur Eingangstüre des Wohnhauses, das ein wenig vertieft liegt. Ganz und gar mit wildem Wein bewachsen, mutet es an wie ein trauliches Nest im Grünen. Und nur die blanken Fensterscheiben lugen aus dem Versteck. Das Bild der grünblättrigen Front wird von kreisrunden, buntblumigen Beeten aufgehellt, und ein alpiner Stein- und Pflanzengarten, der in schmalem Streifen den Rasen abschließt, erweckt Erinnerung und Sehnsucht nach der Höhenluft gebirgiger Zonen.

Man läutet die Glocke. Und hört kurz darauf das warnende Gekläff des kleinen, strengen Pekinesen Jumbo. Öffnet nicht gleich die Türe die Hand der langjährigen Stütze des Freudschen Hauses und seiner Bewohner, Paula Fichtls, Juwel aus Verbundenheit und Charakter, so geht man gleich nach rechts den schmalen Pfad ums Eck in den großen Garten zur Veranda an der Rückfront des Hauses. Durch eine geöffnete Glastüre, die mit einer Stufe vom Gartenniveau sich abhebt, erblickt man Sigmund Freuds Arbeitszimmer. Erwartungsvoll tritt man ein. Der Raum atmet Frieden und Stille. Er erstreckt sich in seiner Weite von der Gartenseite des Hauses bis zur Straßenfront hin und wird nur von einem Bogen unterbrochen. Der erste Eindruck ist: das Buch. Regale umstehen die Wände, büchergefüllt. Ein reicher Schatz ist hier geborgen und wartet, immer bereit, von neuem gehoben zu werden. Wissenschaft, Dichtung und bildende Künste und das vollständige Werk des Meisters sowie alle Schriften über sein Werk. Die Bejahung und der Angriff einer Welt. Angesichts seiner Lebensarbeit, seines Werkes erinnere ich mich an einen unserer Besuche. Er wies auf seine Bücher und sagte: »Wenn ich bei aller Bejahung meiner Arbeit soo machen würde«, und er erhob den Kopf, »und bei aller Verneinung sooo«, und er senkte den Kopf tief auf die Brust herab, »dann wäre ich schon ganz soooo«, und er beugte sich zur Erde. Er aber stand über Anerkennung und Ablehnung. Er verfolgte den Widerhall seines Werkes über die ganze Erde, las alles, was ihm sein Werk in dem Lichte und in der Betrachtung eines anderen deutete. Und der große Denker und Bildner eines neuen, gesünderen Menschen läßt sicherlich in der Erfahrung der langsamen Aufwärtsentwickelung und der schweren Rückschläge der Menschheit – die Zeit für sich und die Fruchtbarkeit seiner Arbeit entscheiden. Als man ihm die Nachricht von der Vernichtung seines Werkes bei der Bücherverbrennung in Deutschland brachte, sagte er leise und gefaßt: »Ich verbrenne in guter Gesellschaft.«

Ein antiker Tisch, rechts vor dem Hintergrunde der Bücherregale, trägt eine Schale, mit Blumen gefüllt. Dieser Tisch hat eine rührende Bestimmung. Im Alltag tut er nur schlichten Dienst. Frische Blumen zu tragen, Rosen in leuchtenden Farben oder Gartenblumen, bunt durcheinandergeschnitten, oder die duftende Auswahl befreundeter Menschenhand. Aber an feierlichen Tagen trägt er festliche Bürde. Ein Zauber an Blumen, an Geschmack und sinnvollen Gaben. Die Geburtstagsgeschenke für Sigmund und Martha. Das zarte Fest einer großen Liebe. Der Dank der Kinder, Verwandten, Schüler und Freunde.

Eine Holzskulptur von O. Nemon, ein ernster Kopf Freuds, richtet seinen Blick in die Tiefe des Zimmers. Es ist der Raum, in dem er arbeitete, schöpferisch wirkte, wo er Menschen empfing, wo er lauschend manch tiefes Geheimnis erfahren. Und wo er, vielleicht schon bedrückt von der nicht endenden Tragik der Jetztzeit, vor manchem Geständnis bangte. Es wird mir unvergeßlich bleiben, wie ich nach unserer Ankunft in London, neben ihm sitzend, seine feine, schmale Hand ergriff und sagte: »Dir, Onkel, möchte ich die volle Wahrheit über unseren Fortgang aus der Heimat erzählen.« Da schaute er mich mit seinem ernsten Blick, mit leidendem Ausdruck an und fragte, indem er seine Hand in der meinen ließ, impulsiv und leise: »Ist es etwas Schlimmes?« Und sein Blick schweift zu einer Vitrine mit antiken Figuren ägyptischer Herkunft. Wahrscheinlich dachte er zurück an die tragisch schmerzhaften Erfahrungen unserer alten Geschichte.

Vitrine in Freuds Arbeitszimmer

Immer wieder kehre ich in den Raum zurück, der mir lieb und vertraut ist. Ich stehe an Onkels Schreibtisch, der auf der Gartenseite des Zimmers, in der Nähe des Fensters, im Brennpunkt des Lichts von den Strahlen der Sonne getroffen wird. Davor sein drehbarer Sessel, bequem und altmodisch mit umfassender Lehne. Vor ihm auf dem Schreibtisch das schlichte Werkzeug der Feder. Am Rande des Tisches, umsäumt von seinen Lieblingsplastiken, mildert durch seine Schönheit ein Zweig Orchideen den bitteren Ernst seiner Erkenntnis und Wahrheit. Eine Uhr mahnt den Schlag der Stunde und ein Kalender den Fortlauf der Zeit. Und an der Wand gegenüber dem Schreibtisch, die Sehnsucht nach dem Lande, das er liebte, zu stillen, Italien,

Der berühmte Schreibtisch

das Forum in Rom im Bilde. Daneben eine Radierung aus Freuds junger Studienzeit, aus Paris: »Meister Charcot im Kreise seiner Hörer, an einer nervösen Leidenden seine Lehre dozierend. Une leçon du docteur Charcot à la Salpêtrière à Paris«. Und eine kleine ausgezeichnete Photographie des Arztes mit einer persönlichen Widmung: »M. Charcot à Monsieur le docteur S. Freud en souvenir de la Salpêtrière Paris 1885–86«. Eine Photographie Ernst Brückes erinnert an Freuds Studienjahre von 1876–82, als er in dessen Physiologischem Institut und Laboratorium arbeitete. In dieser Zeit machte er bei Brücke die Doktordissertation und promovierte zum Doktor der gesamten Heilkunde.

Über jene Zeit äußerte sich Freud: »Dort fand ich endlich Ruhe und volle Befriedigung, auch die Personen, die ich respektieren und zu Vorbildern nehmen konnte.«

An der Wand unterhalb der Stiche eine teppichbelegte Lagerstatt und ein Fauteuil zur Rast. Und in Nachdenken versunken, taucht in meinem Gedächtnis ein Erinnerungsbild auf und ein Vergleich.

Ich sehe mich Jahre zurück, einen russischen Film genießend, welcher den Beschauer durch des großen russischen Philosophen und Dichters Tolstoi Wohnhaus führt. An Tolstois Schreibtisch mich erinnernd in Jasnaja Poljana. Er war auch so gehalten, daß der Dichter und Denker nur eintreten brauchte, niedersitzen, die Feder ergreifen und schreiben.

Tolstoi war nicht nur der große Schöpfer der unvergeßlichen »Anna Karenina« und des Romanes »Krieg und Frieden«, sondern er war, was der Außenwelt nicht so geläufig sein mag, ein großer Lehrer, ein großer Pädagoge. Tolstoi liebte das Kind. Er sagte, er wisse, wie das Kind denkt und spricht, er kenne die Großen und die Kleinen, und er ließ »die Kindlein wirklich zu sich kommen«. Von den Jasnaja Poljana umliegenden Dörfern schickten die Bauern ihre Kinder in die Freiklasse zu Tolstoi, und er beobachtete, pflegte ihre Seelen und lehrte sie, unermüdlich nach den günstigsten Methoden suchend. Er versetzte die bäuerlichen Eltern in Erstaunen, daß er jede körperliche Bestrafung, jede Züchtigung verbot, sondern sie mit Märchenerzählungen und Geschichten gewann. Tolstoi sagte: »Wirf deinen Samen hinter dich, ohne dich umzusehen. Wieviel davon aufgeht, wer weiß es. Aber ein Korn wird einen Wassertropfen empfangen und wird wachsen und fruchtbar sein.«

Und hier liegt der Vergleich. Freud hat bei der Tiefenforschung – der Erforschung und Ergründung der Ursache der seelischen und geistigen Erkrankungen des Menschen –

die große Bestätigung dafür gefunden, daß die Keime zur Irritierung der Seele in ihren Verletzungen in frühester Kindheit zurückliegen. In ersten, unbewußt erlittenen Kindheitseindrücken. Aus dieser Erkenntnis heraus ergibt sich bei Freud und seiner Lehre die große Erkenntnis, daß die Achtsamkeit und Wachsamkeit des Erwachsenen, welcher die Aufgabe hat, Kinder zu erziehen, Unterstützung verlangt durch wirkliches Geschultsein zum Erzieher, zum Lehrer, zum Pädagogen. So hat Freud die Lehranalyse für den Erwachsenen geschaffen, welcher die Aufgabe zu lösen hat, Kinder zu erziehen, und er hat die Hoffnung ausgesprochen, daß die Lehranalyse in das moderne Erziehungssystem aufgenommen werde. Und er begründet die Notwendigkeit der Analyse im frühen Kindesalter zur Verhütung späterer seelischer Erkrankungen, welche zu schweren geistigen und körperlichen Störungen und Leiden führen können. Wie gesagt, hier liegt der Vergleich. Es wird wichtig sein, daß die Menschheit begreifen lernt, daß Freud einer der größten Lehrer, einer der bedeutendsten Pädagogen der Neuzeit ist. Es wird den Menschen vertrauter sein, ihn Lehrer und Erzieher zu nennen als Analytiker.

Im Rembrandtschen Halbdunkel des weiteren Raumes, dessen Fenster auf die Straßenseite nach Maresfield Gardens führen, steht auf orientalischem Teppich, einem Geschenk aus meinem Elternhause, vor behaglichem Kamin ein kleiner Tisch. Fauteuils laden zum Sitzen ein. Man sieht einen Stich nach Leonardo da Vincis Anna Selbdritt (Louvre) und darüber das Bild eines Studiengenossen und Freundes Freuds, Prof. Fleischls[175]. Der Blick fällt auf die Wand, wo ihn ein Farbendruck fesselt. Er stellt den Felsentempel von Abu Simbel dar. Ägypten – dunkel bestirnter Nachthimmel am Nil. Vier Könige in sitzender Stellung brüten in erstarrter Verschlossenheit. Auf der gegenüberliegenden Wand ein Rotdruck, die Sphinx und die Pyramiden. Immer wieder taucht in Freuds Arbeitszimmer das

Freuds Couch

Bild der Sphinx auf, und die gleiche Zeichnung, welche in Freuds Arbeitszimmer hängt, Ödipus und die Sphinx, ist auch auf das Titelblatt der Official Psychoanalytic Publications gedruckt. Das große Fragezeichen, das große Rätsel des Lebens und des Todes, um dessen Lösung Freud so hart gekämpft hat: um die Entstehung der Welten, die schöpferischen Kräfte des Urquells, den Wandel der Gestirne, das Werden der Natur und die Lösung des rätselvollen Menschen, in dessen Brust zwei Seelen so konfliktvoll miteinander kämpfen. Und die Worte, die ein Zeitgenosse Tolstois über ihn sagte, sprechen auch für ihn, den großen Forscher und Entdecker Freud: »How he tortured himself about the truth the great old man!« Wie quälte er sich selbst um die Wahrheit, der große alte Mann! In der Ecke, in der Nähe des rechten Fensters, verdeckt durch einen Wandschirm, bereit für ärztlichen Eingriff und ärztliche Hilfe, die Utensilien des Arztes für ihn. Die Schmerzensecke des Forschers, die Mahnung des Leidenden, das memento mori des Weisen.

Aus meiner Versunkenheit erwachend, sehe ich, wie zwei große Lehrer, zwei große Pädagogen einander anblicken und verstehen, und als ob sie ihre Lippen bewegten, höre ich ihre Mahnung an die Welt: »Hütet die Jugend, und helft dem Kind!«

Die Stimmung um Onkels Schreibtisch, so voller Liebe erhalten, tönt tröstend zu mir herüber: »Bleibe nur«, spricht die Stimme des Raumes, »er kommt in wenigen Minuten zurück an den Schreibtisch, zu wirken.«

Und er kommt zurück an den Schreibtisch, zu wirken. Hier, in diesem Raume, hält Anna, seine Tochter und geistige Erbin, regelmäßig ihre psychoanalytischen Zusammenkünfte.

Freud hatte eine grosse Liebe

Ärzte haben häufig als Ausgleich zu ihrer täglichen langstündigen Beschäftigung mit Leidenden und Schwerkranken, zu ihrer so verantwortungsvollen Tätigkeit in ihren Mußestunden die Flucht in die Welt der Musik genommen. So manche von ihnen sind ausgezeichnete, sogar hervorragende Instrumentalisten geworden, und ich erinnere mich, schönen Konzerten, von Ärzteorchestern ausgeführt, gelauscht zu haben.

Freud wählte die Musik der bildenden Kunst, und immer, wenn er das Gefühl hatte, etwas Gutes geleistet zu haben, belohnte er sich selbst mit dem Ankauf wertvoller Plastiken aus der Antike. Er genoß das Glück der Bereicherung durch die Vertiefung in den erdgehobenen Schatz. Seine archäologische Sammlung ist den Sammlungen bedeutender Museen vergleichbar. Ich kann dies aus persönlicher Erfahrung sagen, da ich selbst aus meiner frühen Mädchenzeit eine große Vorliebe für Ausgrabungen hatte und bei meinen frühen und unseren späteren Reisen und Museumsbesuchen stets zunächst in die Abteilungen ging, die Ausgrabungen orientalischer Kulturen beherbergten. Funde und Schätze Griechenlands und Italiens, Dokumente früher Erzeugnisse primitiver Völker, und stumm und gebannt pflegte ich vor den Balsamierten, den Mumien Ägyptens, zu stehen, die hinter Glasvitrinen bast- und leinenumwickelt ruhten, um über das Rätsel von Tod und Leben, die Sphinx, zu sinnen.

Es ist im Monat Mai 1945. Der Himmel ist ruhig. Man weiß, daß die eisernen Waffen des Feindes, die fliegenden, schweigen müssen. Man atmet auf, man fühlt, man hat überstanden. Ein paar im Garten niedergefallene Granatsplitter, ein paar zersprungene Glasscheiben, ein Stückchen abgesprungener Mauerrand, nichts wirklich Zerstörendes ist hier geschehen, keinem Insassen ist auch nur ein Haar gekrümmt, und aufatmend genießt man die friedliche Stille des Freudschen Heims.

In dem Arbeitsraum Onkel Sigmunds hat nun eine wertvolle Wandlung stattgefunden. Die vorsichtig in Vitrinen und auf Gebrauchsgegenständen untergebrachten Kunstschätze waren glücklich während der ganzen schweren Kriegsjahre und Bombardierungen von jeder Beschädigung behütet. Und nur so viele in dem Raum untergebracht, um dem Arzt und nach seinem Tode der Familie die Freude an der Schönheit der Kunstwerke zu gönnen und in düsteren Tagen wachzuhalten. Die wertvollsten Schätze seiner Sammlung aber waren in metallenen Truhen in unterirdischem Raume aufbewahrt. Aber nun, da der große erschütternde Moment zur Wahrheit geworden ist, Friede, Waffenstille in Europa! Okkupierung Deutschlands durch die siegenden alliierten Mächte! Die Menschheit holt tief Atem, bereit, an den Lösungen aller schwerwiegenden Fragen helfend teilzunehmen.

Anna Freud öffnet nun die verborgenen und behüteten, vom Schicksal verschonten Truhen und räumt vorsichtig die Schätze zurück in die Vitrinen, schmückt mit den Kunstwerken den behaglichen Raum. Wie wächst die bezaubernde Fülle zu Reichtum an Schönheit der Formen und Farben! Das Auge kann sich nicht satt sehen und wird trunken angesichts der Früchte so reicher Begabung. Produkte aus großen, schöpferischen vergangenen Tagen, versunkenen Zeiten, verrauschten Jahrtausenden.

»Es fällt mir nur schwer«, sagt Anna zu mir, »für die Dinge den rechten Platz zu finden! Papa hat so genau gewußt, wie und wo jedes Stück hingehört und wo es eingeordnet werden mußte! Ja, Papa fehlt auch hier!« Und ich gehe mit ihr durch den Raum. Ich beobachte und genieße. Mich fesselt die Vitrine mit den bronzenen Funden in Patinagrün. Und die Vitrine mit den antiken Schmückstükken aus Gold, Eisen und Bronze, zahllose Öllämpchen und viel irisierendes römisches Glas. Visionen drängen sich auf von schönen, stolz und aufrecht schreitenden römischen Mädchen und Frauen, die diesen fein gehämmerten Schmuck – Halsbänder und Ringe – aus feinstem Blattgold, Armbänder und Ohrgehänge, Broschen und glitzernden Kopfschmuck tragen. Ihre hohen Gestalten, von schön geschwungenen und reich gefalteten Gewändern umschmeichelt und von schweren verzierten Gürteln und Schulterspangen gehalten. Auf sie herab blickt eine Kopie – es sind nur zwei Kopien in der ganzen Sammlung – der berühmten Eurydike aus dem Museo Nazionale in Neapel. Vielgestaltige Schöpfungen aus Jade, von hellstem Weiß bis zum dunkelsten Grün getönt, leuchten durch die klaren Scheiben der Vitrine und manches zweckdienliche Werkzeug und Kunstwerk römischen Ursprungs. Unter Glas sorgfältig geborgen, träumen zarte, mit Tusche gezeichnete Figuren und Zeichen auf altem Papyrus ihren tausendjährigen Schlaf. Ein edel geformtes Bronzepferdchen hebt seine Silhouette von dem hell getünchten Sockel der Zimmerwand. Herab blickt ein Relief, Gradiva, ein römisches Mädchen, und, als Fries verwendet, die figurenreiche Wand eines antiken Sarkophages.

An den Wänden hängen groteske Masken primitiver Völker, Medizinbeutel, ägyptische Heiligtümer, Reliquien und, eingerahmt, buntfarbige römische Fresken. Die dunklen Augen eines Jünglingsbildnisses schauen den jetzt Lebenden zeitlos durchdringend an. Ein faszinierendes Kunstwerk ergötzt den forschenden Blick, die Freude, selbst zu entdecken, was es bedeutet, verschönt den Augenblick. Es ist ein primitiver Pflug, gelenkt von zwei Bauern, ihre Körper braun und weißleinen umschlungen die Lenden. Zweifellos die Arbeit eines ägyptischen Künstlers wahrscheinlich auf Kreta. In Ägypten selbst stand die bildende Kunst Jahr-

Pflug, ägyptische Holzskulptur

tausende unter dem Diktat der Priesterherrschaft, die nichts anderes als die allgemein bekannte stilisierte Kunst der Darstellung gestattete. Die Kunst, dargestellt an diesen pflügenden Bauern, wäre für das ägyptische Heimatland in ihrem Realismus viel zu wahr und lebensnahe gewesen.

Auf einem Regal allein für sich steht ein schmales Kanu, von dunklen Sklaven gerudert. Antike Vasen von griechischem Ursprung, schwarze Gestalten auf rostrotem Grund, schmücken das Studio des Gelehrten. Es bannen mich die herrlichen Plastiken Chinas, Pferde, Dromedare, Kamele; die Pferde, stehend, fliegend im Trab und im Jagen, laufend und springend. Die beflügelten Pferde, die Pegasusse der Geisteswelt. In weißem, graulichem und rötlichem Ton. Sie sind lebendig in der Bewegung, in ihrer konzentrierten Schönheit, im Schwung ihrer Kraft. Manches Tier unter der kleinen Herde trägt stolz einen Reiter. Die Kunstwerke stammen zum größten Teil aus dem achten Jahrhundert n. Chr., der großen Blütezeit der Dichtkunst und der bildenden Künste in China. Es ist die Zeit des großen Sängers und Dichters und Liebenden Li Tai-peh. Und hier, angesichts von Reiter und Pferd, die, wie zu einem einzigen Geschöpf verwachsen, in einem Guß dastehen, gedenke ich eines der mir lieben und tiefen Liebesgedichte des alten China. Es ist ein Kriegsgedicht:

Abschied

Unruhig scharrt das Pferd des Generals.
Unter den Säulen steht die junge Frau.
Sie reicht ihm das Gewebe eines Shawls;
Purpur auf Grau.
Wie viele Zärtlichkeiten hab' ich drein verwoben!
Lies sie im Zelt …
Betrachtest du den vollen Mond am Himmel droben –
Oh, denk an mich und meine kleine Welt!
Oh, kehre nicht zu spät
An meinen Herd zurück!
Noch ist das Scheit entfacht!
Bedenke, wie von Nacht zu Nacht
Der volle Mond vergeht –
Und wie er endlich, einer Greisin blasse Stirn,
Am Himmel steht.

Zart wie dieses Gedicht ist Jade. Freud liebte Jade. In allen ihren möglichen Farben und Schattierungen ist diese Schöpfung japanischer Erde und japanischen Kunstwerkes in seinen Vitrinen geborgen. Sein Lieblingsstück, ein kleines Kunstwerk aus dunkelgrünem Jadegestein. Er wurde zum Kenner von Ausgrabungen über eine ganze große Erde. Er verfolgte die Literatur über sie, die Berichte, tastete die Fundstücke in seinem Besitze mit Kennerhand und Gefühl, riet und bestimmte und beriet ihre Echtheit, hier und dort die Fälschung und ihren Ersatz in Betracht ziehend. Wie er umfassender Kenner einer großen wissenschaftlichen Weltliteratur wurde, auf mannigfachen Gebieten, so war er auch Kenner und Genießer der bedeutendsten Werke der internationalen Literatur, der Romane, Dichtkunst und dramatischen Schöpfungen der großen Meister von Wort und Schrift. Und so wie zwei große Opern, Bizets »Carmen« und Mozarts »Don Giovanni«, seine unumstrittenen Sympathien genossen, so wurden zwei klassische Tragödien – Shakespeares »Hamlet« und Sophokles' »Ödipus« – die beiden von ihm bevorzugten Dramen. Und als es noch sein Gesundheitszustand erlaubte, versäumte er nicht, einer bedeutenden Theatervorstellung beizuwohnen.

»Eine neue Sprache ist eine neue Welt.« So beherrschte Freud außer seiner Muttersprache die englische, französische, italienische und spanische. Die lateinische und griechische war ja schon in seine frühe Studienzeit mit eingeschlossen, und er genoß die fremdsprachigen Erscheinungen in Wort und Schrift mit gleicher Intensität und Kenntnis wie die seiner deutschen Muttersprache. Zu seinen Sonntagsvergnügen gehörte es, sich in das Lesen ägyptischer Hieroglyphen zu vertiefen.

»Mit einer zeit- und raumumfassenden Geistigkeit« erfreute und beglückte ihn eine kleine Figur aus dem Grabe eines Tutanchamun, Schöpfung einer verschollenen unbekannten Künstlerhand, aus der Tiefe der Erde, aus ihrem Bewahre.

Nie werde ich die kleine zärtliche Geste vergessen, wenn er mit der Daumenkuppe der rechten Hand über die Innenseite des zweiten und dritten Fingers glitt und dann an der Innenseite des vierten Fingers mit kleinen und tastenden Bewegungen seinen Ring befühlte und dessen Besitz genoß. Es war ein schlichter Goldring, ein römisch-griechischer Siegelring, der eine Kamee trug, einen dunkel gravierten Halbedelstein, in welchem ein Jupiterkopf eingraviert war. Diese Bewegung war auffallend in ihrer Stetigkeit, während seine ernsten und durchdringenden Augen einen Menschen anblickten, in leicht kopfgeneigter Haltung, mit etwas vorgebeugter rechter Schulter auf schlanker Figur. Seine Hand, die den antiken Siegelring trug, war auffallend klein und von sensitiver Zeichnung.

Mit unendlicher Geduld und behutsamen Händen versuchte Freud ein verletztes Fresko, welches zerstückelt angekommen war, wieder vollständig zusammenzufügen, was ihm völlig gelang. Glücklich mit seinen Erwerbungen, hütete er sorgfältig jedes Stück und erfreute sich an seiner ganzen reichen Sammlung.

Und wie ich das Arbeitszimmer, das so liebevoll und reich verschönte, durch die Türe, welche zum Garten führt, verlasse, begegnet mein Auge römischen Büsten von carrarischem Marmor und der weitverzweigten großblättrigen Zimmerlinde, »Natur und Kunst« eingefangen in Freuds intimer Welt, in seinem Arbeitszimmer harmonisch vereint und beschlossen.

Der Helfer in der Not

Das Sudentenland war besetzt, die Tschechoslowakei von Nazi-Großdeutschland umklammert. Die Zukunft in völligem Dunkel. Unser Sohn Omri war seit Juni 1938 zu Studienzwecken in England und lebte mit meinen Jugendfreunden Gladys und William Leopold Smith in London, deren Hilfsbereitschaft für ihn, wie sich später erwies, ihm das Leben retten sollte. Die allgemeine Lage war bedrohlich und wir nur von einem Wunsche bewegt, unserem Sohne nach England zu folgen. Onkel Sigi war auf das rührendste um unser Schicksal besorgt und schenkte unseren Bemühungen, nach England zu kommen, viel Aufmerksamkeit und Zeit. Trotz der körperlichen Behinderung und dem spärlichen Schlaf bezwang er jegliche Schwäche und führte die Feder mit vollem Einsatz für seine Hilfsbereitschaft.

Es war selbstverständlich, daß ich hoffte, meine künstlerische Tätigkeit in England wiederaufnehmen zu können. Als ich mein Vorhaben Onkel mitteilte, erhielt ich diesen aufmunternden und hilfreichen Brief:

Prof. Sigm. Freud

20, Maresfield Gardens
London. N. W. 3.
2. XII. 1938

Meine liebe Lilly

Du schreibst mir, daß Du im Begriff bist, Deine frühere Thätigkeit wieder aufzunehmen, wieder versuchen wirst, Werke unserer großen Dichter u Herzenskünder einem aufmerksam lauschenden Publikum vorzutragen und durch Deine Bemerkungen zu erläutern. Ich kann mich sehr gut daran erinnern, mit welchem Genuß ich Dich selbst angehört habe, ich glaube, es waren damals Gedichte von Rabindranath Tagore.

Nun ich zweifle nicht daran, daß Du wiederum denselben Erfolg haben wirst wie damals. Ich weiß nicht woher Du die Begabung hast, Sprache – auch fremde Sprachen – und Ausdruck so zu meistern, daß Du Dein Auditorium beherrschst und sie fühlen und verstehen läßest, was Du beabsichtigst. Vielleicht von väterlicher Seite, denn wir alle verstehen uns ja nicht darauf. Aber genug, Du kannst es, Du hast es gekonnt und wirst es wieder können. Ich hoffe, Du schickst uns Karten von den verschiedenen Stationen Deiner Vortragsreise u läßt uns so theilnehmen an den Erfolgen Deiner Kunst.

Herzlich Dein alter Onkel
Sigm.

Grüß mir Deinen lieben Mann herzlich, Dein Sohn Omri ist jedesmal bei uns ein gern gesehener Gast.

Prof. Sigm. Freud

20 Maresfield Gardens,
London, N. W. 3.
28. 1. 1939

Mein lieber Arnold,

Ich beeile mich Dir u Lilly zu versichern, daß ich bereit bin alles zu Deinem Vorteil zu unternehmen, was Du mir nahe legst, und warte Deine speziellen Weisungen und Vorschläge ab. Dein Brief enthielt ja nicht die angekündigte Adresse und die erwähnten Nachrichten. Ich werde es thun, obwol meine Erwartungen auf Erfolg weit unter Deinen bleiben. Wie soviele andere überschätzest Du meinen Einfluß hier und das Maß meiner Berühmtheit. Ich kenne keine der in Betracht kommenden Personen und weiß nicht, ob sie etwas von mir wißen. Aber ich werde es gewiß versuchen. Ich zweifle eigentlich nicht, daß es Euch irgendwie gelingen wird, herauszukommen; man muß jede Möglichkeit verfolgen.

Omri ist auf gutem Wege, sein Zeugnis ist sehr ehrenvoll. Dafür daß er hier nicht Not leidet werden wir sorgen. Nun erwarte ich Eure weiteren Nachrichten.

Mit herzlichen Grüßen
Dein Onkel Sigm.

Prof. Sigm. Freud

20 Maresfield Gardens,
London, N. W. 3.
2. 2. 1939

Lieber Arnold,

Ich habe Deinen zweiten Brief erhalten und warte nun auf die Verständigung durch Omri, an welche Adresse ich mich wenden soll.

Zu meiner Überraschung finde ich, daß sich die meisten der eingeschickten Belege auf Lilly beziehen, kaum etwas [auf] Dich. Damit konnte ich nichts machen. Nichts von Deinen Stellungen in München, Hamburg, Deinem Kontrakt fürs Burgtheater; nicht einmal die Versicherung, die unentbehrlich ist, daß Du die verd. englische Sprache beherrschst, könnte ich nach diesen Belegen von mir aus geben.

Ich bitte Dich, diese Mängel rasch zu beheben u grüße Euch beide herzlich Dein Onkel

Sigm.

Dieser Briefwechsel betraf alle die nötigen Informationen für Onkel, um sich für uns beim Home Office zu verwenden.

20 Maresfield Gardens,
London, N. W. 3.
February

Dear Sir,

Although I am probably unknown to you I take the liberty of approaching you on behalf of two persons who are related to me, but whose fate would have claimed my respect and sympathy in any case. They are the actor Arnold Marlé of the German Theatre in Prague and his wife Lilly, a niece of mine. From the enclosures you can see where and how Marlé has worked until now. As a Jew he lost his position after the German invasion and he believes that he and many others will have to leave Prague – his home-town – very soon. My niece Lilly was famous as »diseuse« and has accompanied Rabrindanath Tagore on his European tour as interpreter.

I would therefore be most grateful if you could get a permit for them both from the Home Office and if you could find some work for them. The enclosures show the wide range of their abilities and the many types of work for which they would be suitable.

Thanking you in anticipation,
Yours truly,
Prof. Sigm Freud

Onkel hatte recht. Er mußte wirklich dem Leser des Briefes im Home Office unbekannt gewesen sein, denn unter unseren dem Home Office eingereichten Schriftstücken, die wir zurückerhielten, befand sich auch Freuds Brief. Kein »Kenner« hat sich sein Autogramm zurückbehalten.

Freud und das Schicksal

»Das Leben zu ertragen, bleibt ja doch die erste Pflicht aller Lebenden.«[176]

Freud

»Ich will da leben, wo Friede ist.«

Freud

Dante, aus seiner Vaterstadt Florenz verbannt, sucht Zuflucht in einem Kloster in Ravenna. Frater Ilario, Arrivalune, Convento Storico, schreibt:

»Hither he came passing through the diocese of Luni, moved either by the religion of the place or by some other feelings. And seeing him, as yet unknown to me and to all my brethren I questioned him of his wishings and his seekings there. He moved not but stood silently contemplating the columns and arches of the cloister. And again I asked him what he wished, and whom he sought. Then slowly turning his head and looking at the friars and at me he answered: ›PEACE.‹«

»Hierher kam er, schreitend durch die Diözese Luni, ergriffen von der Weihe des Ortes oder von irgendwelchen anderen Empfindungen. Und als ich ihn sah, mir und allen meinen Brüdern noch unbekannt, fragt' ich ihn nach seinen Wünschen und was er hier suche. Er bewegte sich nicht, aber stand schweigend in Betrachtung der Säulen und Bogen des Klosters. Und wieder fragte ich ihn, was er wünsche und wen er suche. Und während er langsam den Kopf wandte und die Mönche und mich anblickte, antwortete er: ›FRIEDEN‹«, dem Pater eine Handschrift überreichend. Es war ein Teil seiner »Göttlichen Komödie«.

Arm an weltlichen Gütern, findet er Zuflucht in einer Klosterzelle, nimmt wieder seine Feder zur Hand, und mit dem Reichtum seines Geistes vollendet er in Stille sein Werk. In einem Briefe an einen seiner Freunde schreibt er: »What, shall I not everywhere enjoy the light of the sun and stars and may I not seek and contemplate in every corner of the earth under the canopy of heaven consoling and delightful truth!« »Wie soll ich mich nicht überall am Leuchten der Sonne und der Sterne erfreuen, und darf ich nicht die tröstende und ergötzliche Wahrheit in jedem Winkel der Erde unter dem Baldachin des Himmels suchen und betrachten!«

In Ravenna, der Stadt, die Freud liebte, steht unter vielen Denkmälern byzantinischer Baukunst eine Grabkapelle aus unserer Zeit, dem Andenken Dante Alighieris gewidmet. Dort liest der Wanderer die tapferen Worte des Dichters: »His non cedo malis« – »Dem Unheil weiche ich nicht«.

Nicht aus seinem Werke entnehme ich den Beweis von Freuds Einstellung zum menschlichen Schicksal, aus seinem eigenen Leben als Mensch, Forscher und Lehrer, aus lebendiger Erfahrung versuche ich, das edle Bild von seiner tapferen Beherrschung der großen Aufgabe zu formen, die dem Menschen, dem vergänglichen Geschöpf, von der Natur zur Lösung zuerteilt worden ist. Unerbittliche Pflichterfüllung ist ihm der Werktag. Unbeeinflußt im Formulieren seiner Erkenntnisse, beweist er, daß ihm das Leben Erkennen, Überwinden und Bestehen bedeutet.

Schon in den jungen Menschen will Freud die Kraft des Widerstandes, der Entwicklung zur eigenen Gestaltung des Schicksals legen, und so schreibt er einem Jüngling, welcher Angst hatte, ein nicht bestandenes Examen zu wiederholen: »L. hat mir schon von Deiner Absicht erzählt, und ich konnte nur sein Urteil teilen, daß es jetzt das beste für Dich scheint, ohne Zeitverlust an die Arbeit zu gehen, daß es aber für die Zukunft ein schlechtes Präjudiz gibt, einer

Schwierigkeit aus dem Wege gegangen zu sein, anstatt sie überwunden zu haben. Das heißt also, Du hättest Dir die ganze Sache ersparen können. So viel Sprachbegabung als fürs Durchkommen durchs Gymnasium notwendig ist, traue ich Dir ohne Prüfung zu ... Daß Du nicht das Verlangen hattest, das Examen zu bestehen, indem Du es wiederholen wolltest, ist kein gutes Zeichen für Dich und Deine Zukunft. So viel Klugheit muß man von Dir erwarten, so viel Glauben an Deine Kraft, Schwierigkeiten nicht aus dem Wege zu gehen, sondern sie zu überwinden.«[177]

Ein andermal schreibt er an eine reifende Frau: »Wenn es Dich erleichtert, sprich zu mir, beklage Dich, aber Du wirst einsehen, daß Klagen nur wenig helfen und daß sie nur die Widerstandskraft schwächen. Auch ich werde nicht ewig leben. Du selbst halte Dich weiter in Deiner schweren Situation. Im gewissen Sinne beeinflußt man sein Schicksal selbst, indem man ihm widersteht.«[178]

Selbstmord verurteilte er. Es war für ihn ein Ausweichen, eine Flucht, das Schicksal überwinden zu lernen, ihm aus allen eigenen Kräften standzuhalten und es zu besiegen. Stärker sein als der unüberbrückbar scheinende Augenblick des Schicksals, ihn bezwingen, bis wir ihn umwandeln in das für uns Ertragbare. Die Geschichte des Märtyrertums so vieler großer Gestalten lehrt uns, daß Freuds Schule hart ist, fast hätte ich gesagt, er verurteilt uns unter allen Umständen zum Leben. Eines der stärksten Beispiele vom Bezwingen eines tragischen Krankheitszustandes bis zu einem heroischen Ausmaß entnehme ich dem Buche Robert Wälders »Freud«. Der Autor befand sich mit Freud und einem anderen Herrn im Gespräch über alle Arten von Problemen und Grenzfällen der Psychoanalyse. So kam man auch auf Franz Rosenzweig zu sprechen, den so jung verstorbenen Philosophen und Bibelübersetzer. Rosenzweig büßte durch eine Verletzung im ersten Weltkriege den Gebrauch aller seiner Gliedmaßen ein. Nur seine Gehirntätigkeit bewahrte er klar. Nur den Muskel eines Auges konnte er bewegen. Man ließ ihm eine besondere Schreibmaschine konstruieren, mit großen Typen, und er diktierte, indem er das eine Auge auf die besonders großen Typen richtete. Auf diesem außergewöhnlich schwierigen und zeitraubenden Wege mit der aufopferungsvollen Hilfe seiner Frau gestaltete er noch, wirkte schöpferisch. »Was ist ihm sonst anderes übriggeblieben«, meinte Freud. Nur der enge Weg, sich und sein Schicksal zu besiegen.

Freud selbst ist ein überzeugendes Beispiel für seine Lebenstheorie. Über eineinhalb Jahrzehnte hat er mit dem Damoklesschwert über seinem Haupte gelebt. Eine schwere Erkrankung, ein Karzinom des Kiefers in fortschreitendem Krankheitsprozeß, von fast übermenschlichen Schmerzen begleitet, vollendet er klaglos ein großes Gedankenwerk, eine große Arbeit. Er sieht seinen harten und schweren Tod voraus, hätte sich, wie er selbst einmal erwähnt, nicht gerade diese qualvolle Art der Erkrankung erwählt, aber er nimmt es schweigend hin als Los, welches ihm seine Natur zu erdulden auferlegt hat. Wer bis zuletzt das Haus, das Heim, die Menschen, die darin aus und ein gingen, beobachtete, konnte nur das große Beispiel sehen, das es gab, eine Harmonie aufrechtzuerhalten, die jeden Augenblick durch den Tod zerstört werden konnte. Er wehrte jedes Betäubungsmittel ab, er wollte seine Denkfähigkeit nicht beeinträchtigt wissen. Er erduldete lieber die Schmerzen. Unser Sohn Omri erzählt, wie Onkel einmal in seinen allerletzten Lebenstagen in seiner Gegenwart besorgt über seine Stirne strich und sagte: »Ich kann nicht mehr so denken wie früher.« Als sein Bruder Alexander ihn zum letztenmal vor seinem Tode, ganz kurz nach Ausbruch des Krieges, besuchte, sagte Freud auf seinem Sterbebett: »Ich kämpfe an zwei Fronten.«

Beerdigung

Nach der Einäscherung fuhren wir in sein verlassenes Heim. Die Blumen, welche er zu seinem Abschied empfing, waren dem Verbrennungstod entrissen, und schweigend und seiner gedenkend, füllten stille behutsame Hände Schalen und Vasen. Er ist fort! Unwiederbringlich fort! Er hat uns verlassen! Nie wieder sein dunkles, gütiges, strenges und blitzendes Auge auf uns gerichtet zu sehen! Prüfend der Blick, daß man seiner Erkenntnis standhalten mußte! Man hat das Gefühl, sein Leben ändern zu müssen, besser zu werden, reiner, befreiter, und mit ihm den Flug zur »Reinigung« unternehmen zu können!

Nie wieder seinen leichten Schritt, seinen hurtigen schwingenden Gang zu empfinden und das erhobene Spiel seiner Finger, der schmalen zarten Hand, zum Abschied oder Willkommgruß geboten.

Tiefe Einsamkeit in uns ergibt den Wunsch, sterben zu wollen und mit ihm und denen zu sein, die den Tod überwunden haben, das Leben, das Tor hinter Schatten und Licht des Lebens zuschließend.

Das Leben, das er so tief, so sehr geliebt.

Die Stimmung im Heim ist: als warten die Wände, die Dinge, die ihn umgaben, umhegten, die nächsten Lieben, die ihn bis zuletzt umsorgten, auf das stille Öffnen der Türe, daß er nur eintreten möchte, uns allen zunickend, den innigen Willkommgruß zu empfangen. Bleibe bei uns! Bleibe mit uns! Enteile uns nicht wieder! – ruft unsere Seele.

Aber der Armsessel am Kopf des Tisches, welcher ihn zu allen täglichen Mahlzeiten empfing, bleibt leer.

Anna steht gebeugt und schweigend, mit dem Rücken

der Tafel, der gedeckten, abgewandt. Die engste Familie sitzt sinnend, versunken im Rund.

Prinzessin Bonaparte, die treue Freundin Freuds und seiner Familie, erfüllt das Nahesein der Freundschaft. Und Tante Martha steht aufrecht, als Wirtin die Pflicht des Austeilens zu erfüllen. Und ohne das leiseste Zittern der Hände füllt sie den Teller dem traurigen Gast.

An einem Spätsommernachmittag stehen Mathilde und ich bei Tante Martha im Speisezimmer plaudernd. Unser Gespräch führt uns nach Golders Green vor die Urne des Onkels. Da wendet Tante Martha sich von uns ab und macht sich mit behutsamen Fingern an ihren Blumen zu schaffen, und während sie uns abgewandt bleibt, hören wir beide ihr bestimmtes, leises Wort, ihren ausgesprochenen, uns anvertrauten Wunsch, ihre innige Bitte: »Seine Urne? Es wird doch noch ein Platz in ihr für mich sein?«[179]

Tage des Gedenkens

Ein regenfeuchter Maitag, es ist der sechste, Freuds Geburtstag. Flieder, Goldregen und Rotdorn blühen, der weiche grüne Rasen auf dem Friedhof in Golders Green trägt hier und dort einen in Farben aufleuchtenden Blumenstrauß, Zeichen, daß hier irgendwo an erdiger Stelle die Asche eines geliebten verstorbenen Menschen zur Erde geworden und in die Erde versunken ist. Der Wunsch eines Menschen, eingeäschert und zur Erde zu werden, ohne den langsamen Verwesungsprozeß im Grabe. Hier und dort ein weißgraues Mausoleum, Familiengräber der Wohlhabenden. Ein langer, breiter Säulengang, Steintafeln an den Mauerwänden tragen die Namen der Verstorbenen und auf den Steinfliesen Blumenkränze und Sträuße in dichter grüner und farbiger Fülle. Liebeszeichen der Sehnsucht. Der weite Rasen ist blumen- und bäume- und sträucherumzäunt, formen- und farbenreich, fliederdurchwachsen, goldregendurchleuchtet. Sorgfältig gepflegt und gehegt vom Gärtner des Friedhofs und vom himmlischen Gärtner, »dem Regen und Wind«. Wasserrosen und Blätter schwimmen auf glitzernder Oberfläche eines Bassins, und der leichte Regenwind kräuselt die Fläche zu kleinen, gleitenden Wellen. Im Kolumbarium, welches eine wohlgelungene Kopie der antiken Kolumbarien in Rom ist, auf einem Ehrenplatz, steht auf dunkler Säule Sigmund Freuds Urne. Eine griechische Vase. Ein Lieblingsstück aus seiner archäologischen Sammlung beherbergt seine Asche. Schlicht trägt die Säule die Inschrift:

Sigmund Freud
1856–1939

Iris und Rosen, Feldblumen und Gartensträuße stehen in Vasen zu Füßen des Sockels, und zärtlich schmiegen sich gelbe Stiefmütterchen, in eine kleine Schale gefüllt, und eine zarte, helle Orchidee an die Urne.

Ich bin allein mit ihm. Der Frühlingswind trägt Rasenduft vom frisch geschnittenen Gras herauf, friedlich und kühl weht er um die Aschenurne, um die Säule, die Blumen und um seinen Namen, der im fremden Lande heimisch klingt.

Anders ist die Stimmung um ihn an seinem Todestage, am 23. September. Spätsommerstimmung und frühe Herbststimmung wirken harmonisch ineinander. Die gelb werdenden Blätter rascheln im Winde, und die Bäume und Sträucher des Friedhofes neigen und beugen sich und schwingen im Wehen. Herbstblumen, Rosen und Astern, Reseden und Georginen. Farbenpracht und Glanz des Herbstes leuchten im Frieden der Stille.

Es war am 26. September 1939, als wir, die allerengste Familie, nahe Verwandte, Freunde und ein kleiner Kreis Zugehöriger, im Krematorium in Golders Green um den schlichten dunklen Sarg Sigmund Freuds schweigend und geneigt in den Bankreihen saßen, ihm das letzte Lebewohl, unseren letzten Liebesdienst zu bezeugen. Blumenkränze und Rosenfülle. Und im Gedächtnis haften mir zwei Nachrufe. Der eine von Dr. Jones, welcher in mehr als dreißigjähriger Freundschaft Freud und seiner Familie verbunden war, Wissenschaftler auf gleichem Gebiete, und derjenige Stefan Zweigs als Repräsentanten der Schriftsteller, Dichter und der edlen Künste. So vorbildlich er gelebt hat, ohne Prunk und Aufwand, so schlicht war sein Abschied. Wie ein ehrlicher Mann nach harter getaner Arbeit am Ende des

Freuds Urne in Golders Green

Werktages, am Abend seinen Arbeitsrock ablegt und den Spätabend genießt, so legte Freud seinen langen, harten, steinigen Arbeitsweg zurück, Meilensteine und Wegweiser hinter sich lassend, die er der Menschheit in schwerem Ringen um die Erfahrung auf der Erde abgezwungen hat, auf daß sie stehenbleibe und lerne und weiterwandere, seiner Lehre folgend, gemäß ihrer Einsicht.

Er hat sich den erlösenden Schlaf des Todes verdient. Nach einem Leben, welches ihn durch alle innigen Freuden des Daseins wie durch alle Schatten des Leidens und der Trauer geführt hat, bedurfte er der Ruhe. Und die Menschheit der aufmerksamen Betrachtung seines Werkes. Er hat der Welt manches Rätsel gelöst, manches verschleierte und verhüllte Bild ihres Angesichts zur Freiheit gelüftet.

Im vierundachtzigsten Lebensjahre nach unüberwindbaren Schmerzen seines körperlichen Leidens endete sein Leben.

Sein Tod, allzufrüh für die Liebe, die ihn umgab, war für ihn, den Schmerzerfüllten, Qualdurchtränkten, eine Erlösung, eine Gnade.

Die Familie Freud und England

»Sigmund Freud was a cardinal figure in human thought. He was a turning point. He opened a new door. I rank him with Darwin, Newton, Galileo and Roger Bacon.« With these words Mr. H. G. Wells[180] paid tribute to the late Professor Sigmund Freud. He was speaking at a memorial meeting in London. Mr. Wells spoke of the great influence of Freud's theories on every aspect of life, and of his personal knowledge of him. Freud, he said, had »a curious quality of directness and simplicity«.

An den Namen Newton knüpfe ich ein wertvolles Erinnerungsbild. In jenen schweren Tagen des Krieges wurde ich eingeladen, meinen ersten Vortrag für das Educational Department of the British Army in einer Unit in Aylesbury zu halten. Heimkehrend, war es schon zu spät, noch ein Fahrzeug zu finden, und ich ging ein großes Stück meines Weges zu Fuß. Ermüdet und unbeholfen mußte ich, mit beiden Händen Koffer, Mantel und Bücher tragend, in der Verdunkelung allein die Straße gehen. Ich mag laut geseufzt haben, denn plötzlich stand eine Frauengestalt vor mir und nimmt mir schlicht und wortlos meinen Ballast ab. Duldet keinen höflichen Widerspruch, sondern geht mit mir plaudernd dem Ziele meiner Wohnung zu. Unser Gespräch, voller Fragen und Antworten und Sympathie erfüllt, endet, indem wir beide das Gefühl haben, uns einander vorzustellen. »Ich bin«, sagt die freundliche Fremde, »ein direkter Nachkomme des großen Newton, mein Mädchenname ist der gleiche.« »Ich kann mich«, sage ich, indem ich ihre Hand dankbar zum Abschied ergreife, »auf gleicher Ebene revanchieren. Sigmund Freud, der große Gelehrte, ist der

Bruder meiner Mutter und der Vetter meines Vaters, und auch mein Mädchenname ist der gleiche.«

STERNE LEUCHTEN IN DIE DUNKLE NACHT, UND WIR BLICKEN VOLL HARMONIE UND HOFFNUNG NACH DEN GESTIRNEN DROBEN.

JAHRHUNDERTE ZWISCHEN NEWTON UND FREUD WERDEN DURCH DIESE BEGEGNUNG ZUR GLEICHZEITIGKEIT.

Die Schwestern

Auf einem frühen Bilde sieht man den elfeinhalbjährigen jungen Sigmund Freud mit einem Buch in der Hand. Neben ihm sein Schwesterchen Dolfi. Das Buch, aus dem Wissen und Erkenntnis stammen, an dem man wächst und sich bildet, seine Gedanken übt, Stellung zu nehmen zu dem Gelernten und Kritik zu üben an dem Vernommenen, spielte natürlich eine bedeutende Rolle auch im Leben des heranreifenden Knaben. Er liebte das Buch. So war es eine zärtliche Assoziation, daß er eines Tages, als er sich in der Mitte seiner Geschwister befand, fünf Mädchen und ein jüngerer Bruder, sich als Ältester und Beschützer fühlte und zu seinem Vater sagte: »Wir sind wie ein Buch. Alexander und ich sind die beiden Deckel, Anna, Rosa, Mitzi, Pauli, Dolfi sind die fünf Blätter.« »Ja, das ist zärtlich gedacht«, empfindet der Vater, »und Mädchen sollen auch etwas lernen«, und das ist im alten Wien und in der alten Welt noch selten und ungewöhnlich, daß Eltern, namentlich jüdischer Häuser, ihre Töchter praktisch und selbständig zum Geldverdienen erziehen. Das tun die alten Freuds.

Anna, die älteste Tochter, ist eine der ersten jüdischen Lehrerinnen Wiens, und mit freudigem Stolz erzählt sie später, daß sie mit ihrem selbstverdienten Gelde zum Studium ihres älteren Bruders und zur Führung des großen Haushaltes der Eltern beiträgt. Rosa, die zweite der Töchter, ist eine berühmte Kunststickerin der Stadt und darf sich rühmen, einen Orden für ihre geschmackvolle Arbeit verliehen bekommen zu haben. Der Geber, der unglückliche Sohn des Kaisers Franz Joseph, Kronprinz Rudolf. Meine Mutter Maria (Mitzi), die dritte der Schwestern, lernt doppelte Buchführung, da begabt für das Rechnen, und ihre bezaubernden Gaben erlöst sie in wundervollen Handarbeiten voller Phantasie und Grazie. Feinstgefädelte Dekken in Farben und Formen und alte Gobelins, so daß Kunstkenner sie kaum von antiken unterscheiden können. Pauli, die jüngste, folgte den Talenten der älteren Schwester mit Nadel und Faden, und ihr Stickrahmen wird vielbewundert gereicht. Und Dolfi, die zweitjüngste Tochter, ist ganz Sorgende und Hütende der Mutter und des Vaters, welcher, von ihr betreut, im 82. Lebensjahre stirbt. Ich erinnere mich eines Sommertages in Baden bei Wien, wie mein ältestes Schwesterchen und ich vor seinem Rollwagen im kastanienbeschatteten verschollenen Garten viele Stunden verspielt und wie ich, von der welkenden Stimmung bedrückt, hockend mit einem kleinen Zweig Figuren in den Sandboden zeichne.

Jede seiner Schwestern – Anna ging als Frau Bernays nach Amerika – lebte ein Menschenleben mit allen Freuden und Leiden eines Familienlebens, mit viel Licht und mit viel Schatten, wie es das Los des irdischen Daseins mit sich bringt. Doch umhüllt ein Trauerflor die Bilder und die Erinnerungen von und an vier seiner Schwestern. Frau Rosa Graf, Frau Maria Freud (meine Mutter), Fräulein Adolfine Freud (Dolfi) und Frau Paula Winternitz.

In gutem Glauben, daß so alten Menschen nichts Böses zugefügt werden könne, hinterließen die beiden Brüder, als sie sich in die Emigration begaben, ein Vermögen zur Erhaltung ihrer Schwestern in Wien. »Sie hätten, wenn das Schlimmste zu verhüten gewesen wäre, hundertundzwanzig Jahre alt werden können. So wohl und reichlich haben wir für sie gesorgt«, sagte mir schon in England ihr jüngerer Bruder Alexander. Wenn Sigmund durch starke ausländische Protektion Österreich verlassen konnte, wenn Alexander es heimlich verließ, so war es technisch einfach nicht möglich, diese vier Frauen aus dem Lande zu bringen. Wer rechnete mit den unabsehbaren Folgen des Nazi-Regimes, der Vernichtung der Judenschaft Europas?! Seinen barbarischen Methoden fielen auch die vier sehr alten Schwestern zum Opfer.

Lange, bange Monate des Nachforschens vergingen. Nun ist die authentische Nachricht über ihr Schicksal in unseren Händen. Nachdem die Schwestern ihres gesamten Vermögens beraubt worden waren und man in ihre Wohnung so viele Menschen pferchte, daß schließlich 21 Menschen in ihr lebten, wurden sie zunächst in einem Altersheim in Wien untergebracht. Dr. Benno Fürst, ein ehemaliger Patient Freuds und Überlebender, schreibt in seinem traurigen Bericht von Wien nach London, daß er sich auf dem Transport von Wien nach Theresienstadt mit den Schwestern im selben Waggon befand. Er berichtet, daß ihr letztes Hab und Gut, zwei Köfferchen, auch noch »verschwunden« seien, und er schreibt voll Bewunderung von dem menschlichen Adel und der Resignation, mit denen sie ihr Schicksal trugen. Schicksalsgenossen haben von ihrem wenigen zur Verfügung gestellt, als sie erfuhren, wer sie waren. Eine Freundin der Familie, Frau Eugenie Moser, ebenfalls eine Überlebende aus Theresienstadt, schreibt aus Wien vom 12. Juni 1946: »Nun komme ich zur Beantwortung Ihrer traurigen Anfragen. Als ich am 11. September 1942 in Theresienstadt ankam, erkundigte ich mich gleich nach den vier Schwestern und suchte zuerst Dolfi, weil sie krank war, auf. Ich fand sie trostlos, sterbend. Nach einigen Tagen trat auch der Tod ein. Sie hatte schwerste Durchfälle und war rettungslos verloren. Am selben Tag suchte ich die anderen drei Schwestern auf und fand Rosa auch sehr elend, aber resolut zum Unterschied von Ihrer guten Mutter, die ich sehr resigniert und apathisch fand, ebenso Pauli. Sie kamen alle drei mit einem der nächsten Transporte fort … Es hieß nach Auschwitz-Birkenau. Etwas Sicheres wußte niemand.«[181]

An meine Mutter

Nelken, Nelken, Nelken!
Stehen in gebundenen Garben
In meinen fülligen Beeten und welken!
Farben!
Weiß-lila gesprenkelt und dunkelrote.
Gebote der Unschuld und Liebe.
Ihre knospigen Triebe
Jagen dicht und grün gegen den Gewitterhimmel.
Blühen!
Drohend graue Wolken ziehen.
Regentropfen schütten Perlen auf euch hernieder,
Trotzig erhoben beben eure Köpfe
Und kräftig stengeligen Glieder.
Wie eilt' ich als Kind, klein, mit gebücktem Rücken,
Pflückend in warmer Kinderhand,
Mit buntfarbigem Band euch zu binden
Und jauchzend einen duftigen Kranz
Meiner Mutter Maria
Um ihre gefalteten Hände zu winden.

Wie war Großmutter bedacht, daß kein Härchen unbedacht sich der geordneten Frisur enthebt, wenn sie eine ihrer Töchter besuchte – und wenn sie einer von ihnen mit den schlanken Händen über die Stirne fuhr, so war dieses kleine Haar nur ein Symbol für das Mutterherz, das alle Wolken, alles Schwere am liebsten wegstreichen wollte von dem Leben ihrer Kinder. Aber indem sie es tat, wußte sie auch, daß es keine Flügel gibt, seine Kinder vor Ungemach zu schützen.

Tatsachenbericht vom Nürnberger Naziprozeß: Unmittelbar vor Schluß der Beweisaufnahme vor dem Nürnberger interalliierten Gericht hat es der russische Ankläger, Oberst Smirnow, noch zuwege gebracht, einige Zeugen zu präsentieren, die über das spezielle jüdische Martyrium aussagten.

Der dritte Zeuge, Samuel Rajzman, ein Wissenschaftler aus Warschau, der ein Jahr lang im Totenlager von Treblinka (Ober-Maidanek) mit dem Sortieren der Kleider der Vergasten beschäftigt gewesen war, erzählte, wie eines Tages ein vollbepackter Zug aus Wien eingetroffen war, dessen »Fracht«, meist den intellektuellen Schichten angehörende Menschen, sofort in die Gaskammern befördert wurde. Das Entkleiden und Marschieren zur Gaskammer dauerte bei Männern zehn, bei Frauen aber fünfzehn Minuten, denn den Frauen wurden die Haare – zwecks späterer Verwertung – abgeschnitten.

Vorsitzender Lord Justice Lawrence unterbrach den Zeugen: »Sie sagten 10 Minuten?« »Ja, zehn bis fünfzehn Minuten«, antwortete der Zeuge. Lord Justice Lawrence atmete tief und sagte: »Fahren Sie fort.« »Im Anfang waren drei Gaskammern in Treblinka, dann dreizehn, und zwölf weitere sollten aufgestellt werden«, setzte der Zeuge fort. »Als ich einem SS-Mann sagte, da seien keine Juden mehr, antwortete er: ›Es gibt noch andere Nationen in Europa.‹« Und der Zeuge fuhr fort: »Eine alte Frau zeigte dem Vize-Kommandanten von Treblinka, Kurt Frank, ein Dokument. Sie sagte, sie sei eine Schwester von Professor Freud, sie bitte, man möchte ihr mit Rücksicht auf ihre geschwächte Gesundheit nur leichtere Arbeit anweisen. Sarkastisch führte Frank eine Szene untertänigster Höflichkeit auf: ›Ist das so, gnädige Frau! Da muß ein Irrtum geschehen sein – ein schrecklicher Irrtum! Man wird Sie noch um Verzeihung bitten müssen, Gnädigste! Und zu arbeiten werden Sie überhaupt nicht brauchen. Da, sehen Sie‹, und er deutete auf einen Fahrplan für Ankünfte und Abfahrten der Züge, ›in zwei Stunden geht ein Zug nach Wien.‹« »Hören Sie, Herr Zeuge«, wurde Rajzman unterbrochen, »auf dem Bahnhof waren Aufschriften von der Ankunft der Züge und ähnliches?« »Ja«, sagte Rajzman, »die ganze Station war aus psychologischen Gründen wie ein normaler Bahnhof ausgestattet. Nur daß dort, wo Restauration oder Telephon stand, sich das Lager für die Kleider der Ermordeten befand. Und Kurt Frank fuhr fort: ›Zuerst aber, Gnädigste, begeben Sie sich bitte dorthin (er wies in die Richtung einer als Badehaus markierten Gaskammer), dort werden Sie ein schönes Wannenbad bekommen …‹ Ein Wannenbad für die Rückfahrt? wollte die Frau fragen. Doch dann begriff sie …« Am gleichen Tage hatte Rajzman die Kleider der Schwester Freuds zu sortieren.

Mutter, wie gedenke ich dein und aller Liebe und Sorgfalt, die uns überschüttete, und wie armselig stehe ich jetzt vor dir, wissend, wie unüberbrückbar die Versäumnisse und die Vergehen von Kindern sind, immer nicht reif genug für die volle Erwiderung aller mütterlichen Gaben. Aber die Natur tilgt unsere Kindesschuld aus. Unsere Nachkommen sind gleich jung, gleich unerfahren und nehmen, im vorübergehenden Sturm und Drang mitreißend, alle unsere Liebe mit.

Mutter, wo hast du und wie dein Auge auf immer geschlossen?

Wen sahst du noch vor dem inneren Auge vor dir? Wohin, in welches Gesicht hast du noch im allerletzten fürchterlichen Augenblick Zuflucht genommen, dein Bewußtsein abzulenken? Wem galt dein letzter Gruß?

Oder reichte dir aus der anderen Welt von dem jenseitigen Ufer eine gütige Hand ihren Schutz? Der Vater vielleicht, dein Mann?

Oder dein Sohn, der dir so viele Jahre vorausgegangen? Oder einer der vielen geliebten Menschen und Freunde? Die dich auf Erden geliebt und geehrt?

Haben sie einen Herzenskreis um dich geschlungen und eine wolkige Barriere erhoben zwischen dich und das gräßlich zu verschmähende Ende?

Mutter!

Eine Mutter von Millionen.

Mutter!

Ein Kind von Millionen.

Mutter – eine von all den vielen Müttern, die gleich dir auf dem Misthaufen einer entwürdigten Erde verkommen sind.

Wer rächt euch? Urspender alles Werdens. Schirmende alles Vergehens. Mütter der Väter, Mütter der Söhne, Mütter der Töchter, Mütter aller Kinder.

Mütter, ruchlos geschändete Harmonien, Wohllaute, Herbergen der Erde!

Mutter, du meine Mutter!

Geschächtete eine von Millionen.

Wie raucht nicht alles rote Blut, wie tönen nicht alle Schreie und Seufzer der lebendig verbrannten Kinder zum Himmel!

Welche Sphäre hat die Schwanengesänge, die kleinen Lieder der verbrennenden Knaben und Mädchen in Trauerchören aufgefangen?

Wer sammelt die kleinen Kinderschuhe, zu Bergen getürmt, in den Gaskammern der Nazis?

Welche Museen werden als abschreckendes Beispiel die Folter- und Marterwerkzeuge der lebendig gewordenen Teufel mit Abscheu vorweisen?

Wer hat die Bluthunde geschlachtet, die hungrig auf unschuldige verdurstende Menschenkinder losgelassen wurden?

Wohin sind die Spuren aller anderen, nicht zu nennenden Greuel?

Fäulnis, Herr, Greuelnis, Herr, auf deiner Erde, auf der gleichen Welt, die das vertrauensvolle Lallen des Säuglings in kosenden Armen hält!

Ich fordere, Herr, endlich dein Zeichen!

Wo warst du, wo bist du? Wir rufen dich, wir wollen dich

glauben. Wann ziehst du mit Sturmwinden und Orkanen, wann kommst du und machst in vielen, vielen Regentagen alle Erde zu wasserwelliger Ebene, still, gleichmäßig und gut? Wann sendest du, Herr, deine Boten als Anzeichen für die willkommene Lohnung der Sünden – die Flut – unaufhaltsame, düstere Flut!

Anna Freud
Impression

Kaum habe ich sie an den englischen Sonntagen ihres Lebens anders gesehen als gebückt. Tief gebückt den Rücken und das Gesicht zur Erde. Ihre Hände, dunkel vom Boden des Gartens, Pflanzen auslösen, die ihre Zeit vollendet haben, Setzlinge pflanzen, Unkraut entfernen. Gefallene Blätter und Zweige zusammenzukehren. Junges Wachstum sorgfältig zu nässen, es mit Stab und Bastfäden zu lenken und zu stützen. Neuen Samen in sorgfältig aufgelockertem Erdboden zu nisten. Und dann eines Tages, von himmlischem Regen und Sonnenschein begünstigt, blühenden Garten zu ernten. Blumen, Pflanzen, Frucht und Gemüse. Rosen auf Stielen, Busch und Girlanden. Und an der Front ihres Vaterhauses alpiner Stein- und Pflanzengarten, überschattet von einem Mandelbaum. »Wir sind stolz auf ihn«, sagt Anna lächelnd zu mir, »und er spendet der Familie auch jetzt im Krieg die lang vermißten köstlichen Mandeln.«

Und dies, ihre Arbeit, ihr Werk, übertragen auf menschliche Wesen, ihr erfolgreiches Revier. Die Kriegsjahre hindurch leitet sie Heime für Kinder von der Geburt bis zur Schulpflicht.[182] Als London heimgesucht war von allnächtlichen Bombenangriffen, Häuser zerstört wurden und Menschen ihre Heime verloren und Kinder ihre Eltern, fühlte Anna die Notwendigkeit, ein Heim zu schaffen für Kinder, die keines mehr hatten oder deren Eltern in die Fabriken gingen, um zu arbeiten für den Sieg ihres Landes. Ein Haus für die Kleinen und Kleinsten, wohlversorgt mit allem Bedarf an Hilfen und Dingen. Ein zweites Haus beherbergt die zahlreichen Hilfskräfte und ein Haus auf dem Lande die größeren Kinder. Bürger Amerikas fanden sich bereit, die Stelle der Pflegeeltern anzunehmen mit allen Verpflichtungen an Lebensmitteln, Kleidung, Sachwerten und Geld. Welch Aufwand an Kraft und Zeit neben Annas nie verminderter Arbeit in ihrem Beruf. Im Elternhaus selbst voller Wachsamkeit über die größten und kleinsten Geschehnisse des Alltags, bewegt sie sich auf den Bahnen des Vaters. Analysen und Lehranalysen, Erziehung zum Fach. Und nun, in der Reife, selbst weiterführend das Wissen und die Lehre des Vaters, zur Feder gegriffen. Zur Formulierung. Zum Buche. Und zum Unmittelbarsten – dem Vortrag. Der Brücke zum Hörer.

Dabei ihre Hände von größter Geschicklichkeit zaubern Handarbeiten in Form, Farbe und Erfindung, die der Frauen Wiens alte Kultur in sich bergen. Nie werde ich die schneeweißen Babyschuhchen vergessen, die sie auf den Geburtstagstisch ihrer Freundin, der Prinzessin Bonaparte, legte, deren Enkelkind zugedacht. Oder Socken und Söckchen für klein und für groß. Jumper und Pullover, bis zum Teppich, dem gewebten, der ein Treppenhaus naher Freunde nun schmückt. Eingelegt das Gemüse und Erdbeeren in Gläsern. Das Auto selbst gelenkt. Allem Lebendigen klarer Blick und Entscheidung verbürgt, so vererbt sich hier schöpferisches Wesen, von Beginn bei des Vaters zärtlichster Führung bedacht. Menschlichen Verfehlens und Irrtums bewußt. Auch im Werden zur eigenen Vollendung wächst am Scheitern die Kraft der Erfahrung.

Und die Mütterlichkeit ihres Wesens verschenkt sie verschwenderisch an Freundschaft und Pflicht.

Zu meinen frühen Erinnerungen gehört das Bild Onkel Sigmunds, mit seinem jüngsten Kind, seinem Töchterchen Anna, fest angefaßt, zur rechten Hand spazierengehend.

Nimmermehr verlöschendes Vertrauen.
Inniges Gebundensein
Über Zeit und Raum,

Sicher und unwandelbar ist mein Glück
Eng an deiner warmen Vaterhand.
Ohne Angst und Furcht
Gehe ich, an dich gelehnt,
Durch mein gehegtes Kinderland.

Und Jahre später, ich war siebzehn und in Wien eingeladen bei meiner Großmutter zu Gast, und ich sollte mit ihr und Tante Dolfi nach Ischl im Salzkammergut in die Sommerfrische fahren und mit ihnen sein, bis meine Mutter und meine Geschwister nachkamen. Ich ging in die Berggasse zu Freuds, um Abschied zu nehmen. Onkel Sigi und Anna kamen mit mir zurück. In der Grünen Thorgasse, vor Großmutters Wohnhaus, stand schon der kofferbeladene Wagen, und Großmutter und Dolfi saßen schon zur Abfahrt nach dem Bahnhof bereit. Ich stieg rasch ein, zärtliches Händeschütteln zum Abschied, und wir drei winkten Onkel Sigi und Anna zu, als sie kehrtmachten und Hand in Hand wieder ihrem Heim in der Berggasse zugingen.

»Application of Psychoanalysis to Education. One subject is of immense importance, and rich in hopes for the future; perhaps, indeed, it is the most important of all the activities of analysis. I refer to the application of psychoanalysis to education, to the upbringing of the next generation. I am at least glad to be able to say that my daughter, Anna Freud, has made this her life-work, and is in this way making good my own neglect of the subject.« (Robert Wälder, »Freud«)[183]

Anna hält ihrem Vater und Freund das Wort.

In die »Anwendung der Analyse auf die Pädagogik«, in die Aufgabe also »der Verwendung der Analyse zur vorbeugenden Erziehung des gesunden und zur Korrektur des noch nicht neurotischen, aber in seiner Entwicklung entgleisten Kindes« vertieft sie sich mit mütterlicher Geduld.

Einer ihrer bemerkenswertesten Erfolge, den sie mit

solcher Behandlung erzielt hat, ist die völlige Heilung eines Kindes, eines kleinen Knaben in einem ihrer Kinderheime, worüber Louise Morgan im »News Chronicle« vom 16. Oktober 1942 und 12. Januar 1943 so ergreifend berichtet:

Johnny ist noch nicht fünf. Ein schlanker, kleiner Junge von zarter Erscheinung und bezauberndem Benehmen. Aber er drückte in unvergeßlichen Worten all den Kummer, alle Furcht und alles Leiden aus, welche kleinen Kindern vom Kriege auferlegt wurden. Während er Freunde beobachtete, die mit ihren Eltern spielten, sagte er: »I am Nobody's Nothing – Ich bin Niemandes Nichts.« Diese Worte erschütterten Anna Freud und gaben den Impuls zu einer Untersuchung über das Ausmaß von psychologischen Kriegsschäden, Kindern im Alter von zwei bis fünf Jahren zugefügt. Ich habe Monat für Monat, seit Januar 1940, die Berichte über diese Untersuchung studiert und in ihnen die Offenbarung gefunden von etwas, das bis heute mehr oder weniger ein Mysterium war – dem Gemüt des jungen Kindes. Der totale Krieg gibt Möglichkeiten für die Entdeckung der wirklichen Natur der Kinder ohne Präzedenz, die unter normalen Umständen verborgen bleibt.

Johnny war den Pflegerinnen ein Rätsel, als er ankam. Er war »zu brav«. Er tat alles, was man von ihm verlangte, aber ohne jeden Ausdruck in seinem Gesicht. Er war weder scheu noch frech, heiter oder traurig. Er schloß sich niemand an, noch vermied er irgend jemand. Wurde er nicht aufgefordert, sich in Bewegung zu setzen, so stand er still wie eine mechanische Puppe. Wochenlang schien es, daß niemand imstande war, mit ihm in menschlichen Kontakt zu kommen.

Der erste Aufschluß zu seinem Seelenleben war in jenen vier tragischen Worten gegeben: »I am Nobody's Nothing – Ich bin Niemandes Nichts.«

Seine Geschichte, bisher völlig im dunkeln, wurde schließlich zusammengestückelt. Er hatte zu einer sehr glücklichen vereinten Familie von dreien gehört. Dann wurde der Vater zum Militär abgerufen, und nach mehr als einem Jahr bekam seine Mutter einen Tuberkuloseanfall, mußte in ein Sanatorium und ließ Johnny in einer Unterkunft auf dem Lande.

Als sie sich sechs Monate später wohl genug fühlte, kam sie ihn besuchen. Sie fand ihn völlig verändert. Von dem glücklichen, sorgenfreien Kinde, das sie verlassen hatte, zu einem geduckten, furchtsamen, das bei jeder Kleinigkeit um Erlaubnis bat. Die Pflegemutter war gerecht, sauber und tat ihr möglichstes für ihn, aber hatte nicht das geringste Verständnis für das Leben eines Kindes.

Die Mutter nahm ihn zu ihren Verwandten, aber sie alle waren in der Kriegsindustrie beschäftigt, und niemand konnte Johnny aufnehmen. Sie mußte ins Sanatorium zurück, und Johnny begann eine Serie von Wanderungen, von Unterkunft zu Unterkunft, und in keiner von ihnen schien er irgendwelche Liebe oder ein Verständnis zu finden.

Glücklicherweise kam er schließlich zu dem Kinderheim, wo der Ernst seines Zustandes sofort bemerkt wurde. Zu dieser Zeit war sein Gemütszustand derart, daß er der Aufmerksamkeit eines Fachmannes bedurfte. Ihn zu heilen, hätte es wohl vieler Monate bedurft, wäre nicht eine kleinere körperliche Erkrankung eingetreten.

Die ihn pflegende Schwester versuchte ihn auf ihrem Schoße zu halten, während sie seine Temperatur nahm. Das wirkte. Er bat wiederholt, gemessen zu werden, damit er ihre Arme um sich geschlungen fühlen konnte. Sie »nahm seine Temperatur« – stundenlang. Er wurde zutraulich zu ihr, und sein erstarrtes Gefühlsleben erwärmte sich zum Leben. Liebe zur Schwester, in Einklang gebracht mit der »verlorenen« Liebe zu seiner Mutter, stellte ihn wieder her.

Nach den Worten Anna Freuds ist Johnny durch das Niemandsland der Liebe hindurchgegangen. Eine Periode von Schreck, Verlust und Sehnsucht, die imstande gewesen wäre, ihn für den Rest seines Lebens abnormal zu machen, wäre es noch ein weiteres Jahr so fortgegangen.

»Alle Kinder zwischen eineinhalb und fünf Jahren, die durch Tod, Krankheit oder Evakuierung von ihren Eltern getrennt wurden, sind durch dieses Niemandsland hindurchgegangen«, sagt Anna Freud. Die »künstlichen Waisenkinder« durch Erkrankung oder Evakuierung leiden genauso wie die wirklichen Waisenkinder, weil die Abwesenheit der Eltern, auch für ein paar Tage, für kleine Kinder gleichbedeutend mit dem Tode ist. »Weggegangen« bedeutet für sie »für immer weggegangen«.

Bomben sind für die Seele des Kindes verhältnismäßig harmlos; sie verstümmeln nur ihre Körper. Kinder plappern in den Kinderheimen über die Bomben ganz heiter, sie scheinen die schrecklichen Einzelheiten wohl zu beobachten, aber sich deren ohne Entsetzen zu erinnern. Mary ist eine von vielen, die nach vielen Monaten oder gar nach einem Jahre Bombenszenen beschrieb.

Sie sagte, zwölf Monate nachdem ihr Heim gebombt war: »Mein Bad und meine Fenster waren zerbrochen. Meine Katze wurde verletzt und hing am Feuerschutzgitter. Ich nahm sie auf, und sie sprang wieder herum. Meine Mutter und ich waren unter dem Tisch, und meine arme kleine Schwester war allein im Bett, ganz und gar mit Steinen bedeckt, und meine Katze war weggeschleudert.«

Aber die Reise durch das Niemandsland der Liebe mußte von vielen tausend kleinen Kindern durchgemacht werden. Das traurige daran ist, daß es hätte vermieden werden können. Es kann eine qualvolle Reise sein wie bei Johnny oder auch ohne jeden wirklichen Schmerz, das hängt eben von der Art der Trennung ab. Das Kind kann dafür in solcher Weise vorbereitet werden, daß es ihm keinen Schaden zufügt. Es kann eine Brücke gebaut werden für das Kind zwischen seiner Mutter und seinem Muttersatz. Und sie kann erhalten werden durch häufige Besuche der Mutter.

Anna Freud warnt uns vor der Gefahr durch neue Trennungen am Ende des Kriegs, daß es außerordentlich wichtig sei, die Kinder für die Rückkehr in ihre alten Elternheime vorzubereiten. Elternbesuche sind von ungeheurer Wichtigkeit.

Als die Nachricht vom Tode seiner Muter das Kinderheim erreichte, wurde beschlossen, daß Johnny es von seinem Soldaten-Vater erfahren sollte. Und als Johnny es erfahren hatte, war seine erste Bemerkung zu Schwester Mary, der Helferin, die ihm beigebracht hatte, wieder zu lachen, zu spielen und die Welt wieder zu lieben: »Mein Vater schleuderte einen großen Stein auf mich, und ich weinte, und ich mag meinen Vater nicht mehr, und nie wieder werde ich ihn mögen.«

Schwester Mary, die ihn immer als einen Gleichwertigen behandelte, sagte: »Das ist so eine Geschichte, die du gerade erfunden hast, nicht wahr, Johnny?« Er lachte und stimmte zu.

Die Feindseligkeit gegen seinen Vater dauerte viele Tage an. Er konnte sagen: »Ich will nicht, daß mein Vater wiederherkommt. Jemand anders kann meinen Vater haben.« Da war wohl nichts Abnormales in dieser Reaktion. Die wahrscheinlichen und natürlichen Gründe dafür waren:

1) Johnny hatte Gegenempfinden gegen den Überbringer schlechter Nachricht.

2) Johnny hatte Gegenempfindung zu dem Versuch seines Vaters, ihm die Mutter zu ersetzen, ebenso wie alle Kinder Ersatz nicht leiden mögen.

3) Er beschuldigte im Augenblick seinen Vater für den Tod seiner Mutter.

Der Stein in seiner Erzählung war das Symbol für die Wunde, welche die schlechte Nachricht verursachte.

»Lügen wie diese, für welche Kinder so oft bestraft werden, sind ihre Ausdrucksmittel für etwas, das sie nicht anders ausdrücken können.«

Andere Nachrichten kamen ins Kinderheim – Johnnys Vater verletzte seinen Fuß bei einem Lastkraftwagenunfall und war im Militärspital. Alle seine Liebe wendete sich nun seinem Vater zu.

Wenn ein Kind fiel und weinte, sagte er: »Derselbe Lastwagen, von dem mein Vater herunterfiel.« Und wenn Schwester Mary bei seiner kleinen Zehe anfing, die Fußnägel zu schneiden, rief er: »Nein, nein, zuerst die vom Vater.«

Er war außer sich vor Freude, als sein Vater sich wohl genug fühlte, ihn zu besuchen, und er stellte Blumen ins Zimmer und einen kleinen Sessel zum Bett, wo er auf seinen Vater warten konnte, wenn er morgens aufwachte.

Der Vater kam mit einem sehr charmanten Mädchen an, das er als »die junge Dame« vorstellte und den Pflegerinnen als »meine zukünftige Frau«.

Johnny war so ekstatisch glücklich, daß er sie kaum bemerkte, aber er schien nicht im geringsten eifersüchtig, saß auf ihrem Schoß und antwortete auf alle ihre Fragen. Als sie fortging, sagte er: »Vati, ich habe jetzt keine Mammy, ich habe nur dich und dann meine Mary.«

Sie verbrachten alle Zeit zusammen, besprachen Dinge, als wären sie zwei Erwachsene. Beim letzten Tee sagte der Vater: »Die junge Dame mag dich sehr gerne leiden. Würdest du es gern sehen, wenn sie mit uns lebte? Bei meinem nächsten Urlaub werden wir dich beide besuchen kommen.« Johnny wendete sich zu Schwester Mary und sagte glücklich: »Die junge Dame ist schön, nicht wahr? Denn mein Vater sagt, sie ist es.«

Als der Vater Johnny zum letztenmal badete, bemerkte er: »Warte nur, mein Junge, bis der Krieg vorüber ist. Vati wird eine hübsche junge Frau heiraten – und er hat wirklich schon eine.«

»Sie?« fragte Johnny. »Ja«, antwortete der Vater. Und beide lachten wie Freunde, die einander verstanden. Und so wurde Johnny, ein völliger Mißgriff der Evakuierung, den niemand haben wollte, ein charmantes, anziehendes, wohlausgeglichenes Kind mit dem Versprechen, sich zu einem verantwortungsvollen, furchtlosen Erwachsenen zu entwickeln. Er ist so sicher seiner selbst, daß er sogar imstande ist, den Tod seiner Mutter hinzunehmen und die Ankunft einer Stiefmutter.

Wie ist dieses Wunder geschehen? Einfach, weil Anna Freud in Johnny das »STAY PUT«-Kind – das krankhaft unbewegte Kind ohne jede Initiative – entdeckt hatte.

Anna Freud gehört zu den Gestalten, welche in ernster Mitarbeit zu den Lösungen neuerwachsener Heilungs- und Erziehungsprobleme herangezogen werden. So erhielt sie u. a. eine Berufung, eine Reihe von Vorträgen zu halten, welche The National Council For Mental Health organisiert hatte. Im Herbst 1946 wurde sie im Namen von UNESCO (United Nations Educational, Scientific and Cultural Organization) von Dr. Julian Huxley eingeladen, an der Sorbonne in Paris zu sprechen. Bei dieser Gelegenheit nahm sie auch eine Einladung an, im Hause Rothschild einen Vortrag zu halten.

Ihre Hilfsbereitschaft zu erleben ist eine echte Freude, denn sie ist nicht nur aus einem impulsiven Herzen, sondern aus einer lichtklaren Erkenntnis und Überzeugung geboren. Und darum erweckt sie das Vertrauen, welches sie bei so vielen Menschen genießt, bei Erwachsenen und bei Kindern.

Ein Gespräch mit meiner Cousine Anna, dessen Inhalt ein Leitmotiv für jede Kinderstube sein könnte, möchte ich am Ende meiner Impression niederschreiben.

Als ich Anna von der Unerfahrenheit einer jungen Mutter erzählte, welche ihr kleines Kind häufig und heftig schlug, sagte sie erzürnt zu mir: »Wenn die Mutter kein Mitleid mit dem Kinde hat, so braucht man auch kein Mitleid mit der Mutter zu haben.« Und sie fügte hinzu: »Viel mehr Schaden entsteht, ihr Mütter, durch das, was ihr euern Kindern versagt und verbietet als durch das, was ihr ihnen zubilligt und erlaubt. Nicht zu streng sein zu euern Kindern, Eltern!«

Anna Freud ist britisch geworden. Sie hat dieser wichtigen Tatsache auch ein äußeres Zeichen gesetzt. Nach ihrer schweren Erkrankung im Jahre 1946 mußte sie einsehen, daß sie dieses unermüdliche Leben, diese pausenlose Hingabe an und für andere auf die Dauer nicht würde durchhalten können. Und wie sie ihrer Mutter Mahnung, gelegentlich doch auch einmal an sich selbst zu denken, Folge geleistet, indem sie sich entschloß, eine Wanderung durch die Hampstead Heath zu machen, so brachte sie die Erkenntnis, daß sie nun im Mittage ihres Lebens steht, und die Tatsache, daß sie in dem Lande, das ihr und den Ihren Zuflucht gegeben, Mitbürgerin geworden ist, dazu, einen Sommersitz in Suffolk zu erwerben, wo sie nach der schweren Arbeit des Jahres Zeit finden kann, die verbrauchten Kräfte wiederzuersetzen. Und so wie bei ihrem Vater die Erholungspause und der Landaufenthalt in seinem Leben und Schaffen eine große Rolle gespielt haben, so folgt nun Anna auf ihrem Lebenswege auch hier ihrem Vater.

In Walberswick liegt das heimische Haus Annas, in der Nähe der See. An ihre Heimat erinnern die farbigen schweren Bauernmöbel. »Nur die Kücheneinrichtung mußte ich neu anschaffen, alle anderen Gegenstände belebten einst mein kleines Bauernhaus in der Nähe Wiens, ›Hochrotherd‹.« Das Geschenk einer verstorbenen Freundin, eine Holzhütte, lehnt sich an das Haus, in ihrer Schlichtheit und Stille so geeignet. Dort, in der lebenserneuernden Atmosphäre von Natur und Kultur, schenkt Anna ihren Patienten, die ihre Hilfe gar nicht entbehren können, ihre heilende Kraft.

Kaleidoskop um Tante Marthas Erinnerungen

Wenn ich meine Wege zu Tante Martha überschaue, denke ich, wieviel Landschaft hat sich in meine Berichte verwoben. Da kommt mir zum Bewußtsein, daß diese große, im Winter graue Stadt, die doch so wenig strahlende Sonne hat, im Sommer mit ihren weitausladenden Parkanlagen, mit ihren tausenden und abertausenden Hausgärten, ihren Millionen Bäumen, mit ihren Blumen und Pflanzen, Wiesen und Waldungen, Beeten eine einzige zauberhafte Landschaft ist, überwältigend in den kurzen Monaten von Sonnenlicht, Frühling und Sommer und herbstlichen Tagen. Von den Zedern des fernen Libanon, den Feigenbäumen Italiens bis zu den nordischen Moosen und Gräsern der kälteren Regionen. Und du kannst wandeln im Frühling unter den Blütenbäumen zartrosa japanischer Kirsche, und stehst du auf der Höhe der Hampstead Heath, der großen, von Gärtnerhand unberührten Landschaft inmitten der Stadt, so siehst du zu deinen Füßen meilenweit ein grünendes Land. Irgendwo weit in der Ferne siehst du die Kuppel von St. Pauls, den Big Ben mit dem Parlament, die Westminster Abbey, und stark in den Himmel stößt der Wolkenkratzer der Universität. Wiewohl noch sehr weit, scheinen die Hügel von Surrey sich um dieses einmalige Bild zu schließen. Diese Harmonie zu vollenden, weiden dichtwellige Schafherden grasend und ruhend durch die Schönheit der Natur. England, eigenartiges, so karg und so reich, so verschlossen und so offen hingegeben, so wortkarg und so zärtlich, so zurückhaltend und so überschwenglich. Wie deine Natur, so ist dein Mensch – Geheimnis von Kargheit und Überfluß.

Wie im Kaleidoskop, das wir als Spielzeug in unserer Kindheit hatten, mit neugierigen Augen und hastigen Händen es drehten und sahen, wie innen die kleinen bunten Glasscherben sich zu immer neuen Bildern zusammentaten und wie aus kleiner Unordnung ein harmonisches Ganzes entstand. Es war ein Wunder. So fallen auch im Kaleidoskop des Lebens aus scheinbarer Ungeordnetheit kleine Besonderheiten in mein Gedächtnis. Wie kleine Sterne, bunte Vierecke, farbige Rechtecke, die sich zu Figuren zusammenschließen, so zwingen sie mich, sie zu bannen und niederzuschreiben.

Das Kaleidoskop dreht sich:

»Ich entsinne mich noch, wie ich mit noch nicht acht Jahren mit meinen Eltern und Geschwistern von Hamburg-Wandsbek nach Wien fuhr. Ein kleines Lager wurde mir auf dem Coupéboden bereitet, wo ich die Nacht über schlief.« Eigentlich ist sie nicht sehr viel gereist in ihrem Leben, aber die gezählten Male haben doch tiefe Eindrücke bei ihr hinterlassen. Um so tiefer war der Eindruck dieser Reise, als sie damals mit ihren Eltern völlig nach Wien übersiedelte und diese Tatsache sich für ihr ferneres Leben entscheidend auswirkte. Denn ohne diese Lebensänderung wäre sie wohl nie Sigmund Freud begegnet.

Das Kaleidoskop dreht sich:

Und das Bildchen der Scherben ist hell und weiß. Linnen, weißes Linnen. »Ja, ich habe so sehr gerne gebügelt. Erst daheim unter Mutters Aufsicht und später in meinem eigenen Haushalt viele kleine Kinderwindeln. Unter drei bis vier Dutzend hatte man ja zu unserer Zeit nicht. Und als ich mit meinen ›sechsen‹ auf der Obertressen bei Altaussee einen Sommer verbrachte und Anna noch ein Baby war, da fragten die Leute im Dorf, ›Ja, wer ist denn die junge Frau, die immer bügelt?‹«, und sie fährt fort: »Alle sechs Kinder habe ich im Hause zur Welt gebracht, aber sowie ich nur konnte, stand ich auf, und dann ging's an meinen vertrauten Wäscheschrank, keiner konnte mir so Ordnung halten wie ich.« Aber auch heute noch finde ich sie am Bügelbrett eifrig stehen, im 86. Lebensjahre das schwere Eisen hantieren, und wenn sie fertig ist, räumt sie alles selbst weg, ordnet es ein, immer darauf bedacht, ihren Hilfen so manche Arbeit zu ersparen. »Mein Rolls Royce ist mein Trolley, und Selbstbedienung ist die größte Selbstverwöhnung«, sagt sie abwehrend, wenn man ihr helfen will, und es bleibt einem nichts übrig, als ihr zuzuschauen, wie sie die Anstrengung, fast möchte ich sagen, eigenwillig und fast trotzig genießt. Sie putzt das Gemüse, im Kriege verdunkelte sie die zahlreichen Fenster des großen Hauses, sie gestattet niemandem, ihr eigenes Bett zu richten, und dort schleppt sie selbst eine Leiter, klettert hinauf, um über den Sommer die Kleider einzumotten, und dabei hat sie das alles nicht nötig.

Das Kaleidoskop dreht sich:

Da liegen schöne rote Äpfel auf dem Buffet, daneben braungelbe Birnen. »Hol dir zwei herunter«, meint sie, »für dein Enkelkind.« Es hat nämlich Masern. Und sie erzählt: »Wenn bei uns die Kinderkrankheiten auftraten – ich erinnere, Martin legte sich mit Masern. Onkel Sigi fand es so richtig, daß alle anderen fünf Kinder mit ihm spielen sollten, um ihn sein, damit sie alle die Krankheit zu gleicher Zeit bekommen sollten. Sie spielten mit seinem Spielzeug, waren um ihn, saßen auf seinem Bett. Aber wer bekam die Masern nicht? Die vollen fünf. Pünktlich ein Jahr darauf legten sie sich mit Masern nieder. Ich erinnere mich noch an ein anderes Jahr. Es war gerade am Karsamstag, Onkel Sigi wollte auf ein paar Tage zu Ostern zur Erholung ins Freie fahren, da legte sich jede halbe Stunde eines der Kinder mit Schafblattern zu Bett. Onkel gab es auf. »Ich fahre nicht, ich bleibe«, entschloß er sich, »ich kann dich doch nicht mit fünf kranken Kindern allein zu Hause lassen.« Anna, das sechste, war damals noch nicht geboren.

Das Kaleidoskop dreht sich:

»Ja, die Krankheiten! Und der arme gute Onkel selbst! Professor Pichler hat sein Leben durch seine ärztliche Kunst um sechzehn volle Jahre verlängert. Aber«, und sie neigt ihren Kopf herab, und während sie mich mit ihren großen grauen Augen anblickt, sagt sie: »Aber was das für sechzehn Jahre waren, das weiß nur der, der mit ihm gelebt hat. Klagen tat er nie, nicht einmal seine Laune auf jemand anders hat er ausgelassen, aber wenn es ganz schlimm wurde, dann schwieg er. Man weiß so wenig vom Leben und vom Tode, und nie hätte ich gedacht, daß ich meinen Mann um so viele Jahre überleben würde. Wie man sich täuscht! Als Onkel noch ganz junger Doktor war, da nahm er mich in Wien in die Josefstadt mit, wo im Riedhof in der Schlösselgasse die jungen Ärzte zusammenkamen und ihre Zusammenkünfte hatten. Da sollen die Ärzte erstaunt gesagt haben: ›Wie konnte nur der junge Freud ein so zartes Mädchen heiraten!‹ Gewiß, ich war schmal, blaß und schmächtig.« Und nun im Sechsundachtzigsten! – Das spricht wortlos für sich.

Das Kaleidoskop dreht sich:

Und das Buch. »Am Tage habe ich keine Zeit zu lesen, aber des Abends freue ich mich schon auf die Stunde im Bett. Meine Ruhestunde und das Buch.« Und immer wieder werden die alten Lieblinge hervorgeholt – Fontane, Storm, Heyse. »Paul Heyse war ein Freund von Jakob und Michael Bernays, meinen Onkeln, und ich erinnere mich, als ich Onkel Michael eines Tages in München besuchte und Heyse, ein wirklich stattlicher und schöner Mann, sich freundlich und tief vor mir verneigte, als mein Onkel mich ihm vorstellte.« Und sie liebt die Geschichten der großen Familien, wie die der Rothschild, Mendelssohn, der Humboldt und Schlegel, das Leben Albert Schweitzers und Helmholtz', Königin Victorias von Lytton Strachey und ein Buch über ihren Onkel Jakob Bernays – ein Lebensbild in Briefen von Michael Fränkel. »Aber ich lese keine Liebesgeschichten mehr, dazu bin ich schon zu alt«, meint sie, schelmisch lächelnd. Immer rege ist ihr Geist beschäftigt, immer fesselnd ihre Gespräche, selbstwillig in ihrer Kritik und die Formulierung ihrer Gedanken druckreif. In seltsamem Kontrast steht mindestens für eine gewisse Zeit seines Lebens die Bettlektüre Onkel Sigis. In der Nadlergasse in Wien war eine Leihbibliothek, die ausschließlich englische Bücher verlieh. Eine Zeitlang kam fast täglich Tante Minna, um für Onkel Bücher einzutauschen. Da er allnächtlich eines der Bücher auslas, war es gar nicht so leicht für die Anstalt, das gewünschte Quantum der besonderen Spezies von Büchern zur Verfügung zu stellen, nein, es war wirklich nicht einfach. Um seinen Geist von dem sehr langen, bis in die Nacht ausgedehnten Arbeitstag auszuruhen, las nämlich Onkel des Nachts – Detektivromane.

Aussprüche Freuds

In einem schwerwiegenden Falle eines jungen Mädchens bat man Freud zu intervenieren. Er lehnte es ab mit der Begründung: »Nicht daran rühren. Es ist wie ein Spinngewebe. Es kann mit Selbstmord enden.«

»Man kann nicht mit dem Edelmut seines Herrn Gegner rechnen. Man muß einen Gegner nicht überzeugen.«

Als man ihm zu einer Zeit, da er noch kein Vermögen besaß, ein Grundstück für ein Psychoanalytisches Institut anbot, sagte er: »Das kommt mir so vor, als ob mir einer Kniehosen schenkt. Die nackten Knie habe ich schon selbst.«

»Philosophie kommt mir manchmal so vor, als ob einer seine Brillengläser putzt und putzt, und sie bleiben doch trüb.«

»Laß dir nicht imponieren!«

»Es gibt nicht nur Neurotiker, es gibt auch schlechte Charaktere.«

Als ein Kollege sich mit ihm über einen seiner neurotischen Patienten unterhielt und Freud um Rat befragte, erwiderte er, der den Betreffenden kannte: »Lassen Sie ihm doch seine Neurose. Das ist das einzige Interessante an ihm.«

Meine Familie und England

Die Beziehungen der Familien Freud zu dem britischen Eiland gehen zurück bis in Großvaters Zeiten. Jakob Freud hatte eine Tuchfirma im mährischen Städtchen Freiberg. England hatte sich als Land der Tuche und Textilien einen Weltruf erworben. Die regengraue Stadt Manchester galt als einer der wichtigsten Mittelpunkte der Stoffabrikation. Die Tweedstoffe, ein Kleid oder ein Anzug aus Homespun, erinnere ich aus meiner Kindheit, von einem Familienmitglied getragen, wurde mit Daumen- und Zeigefinger der rechten Hand vorsichtig betastet, und voller Bewunderung trug der Geruch des feinen, weichen Wollstoffes einen fremdartigen Hauch und die Sehnsucht nach einem Eiland da oben im Norden der Welt.

Beide Söhne, Emanuel und Philipp, aus der ersten Ehe Jakobs gingen nach Manchester, waren beide in der Stoffbranche tätig, lebten dort, gründeten Familien. Onkel Emanuel heiratete ein Mädchen, Maria mit Namen, aus guter bürgerlicher Familie in Birmingham,[184] hatte zwei Söhne und zwei Töchter aus dieser Ehe. Onkel Philipp, der zweite Sohn Jakobs aus erster Ehe, heiratete ein Mädchen von russischer Abstammung, und dieser Ehe entsprossen zwei Kinder, ein Knabe und ein Mädchen. Keine Urenkel sind Erben des Namens Jakob Freud aus seiner ersten Ehe. Ein Bild, das Großvater Jakob Freud mit zwei Enkeln zeigt, ist bei seinem Aufenthalt in Manchester bei seiner Familie aufgenommen. Das kleine Mädchen, Poppy genannt, ist zu einem tüchtigen Menschen herangewachsen und leitet mit Geschmack und sehr praktischem Sinn ihr eigenes Unternehmen. Ihr Mann, Fred Hartwig, ist Fabrikant medizinischer Gläser. Ganz in England beheimatet, hat man Haus,

Garten, Katze, und der eigene Wagen führt das alternde Paar jeden Morgen in die Stadt zur Arbeit und des Abends zurück in das Heim. Sie sind gastlich, von Freunden geliebt, und ihre Naturliebe führt sie in all ihren Ferien hinaus in die englische Landschaft.

Auf den Spuren der in England ansässigen Familie. Ein regenfeuchter Tag im Oktober des Jahres 1944. Central Station Liverpool. Ich steige in den Zug. Auf nach Manchester. In meiner Handtasche ein winziges vergilbtes Kinderbriefchen. Steile, klare Buchstaben auf Bleistiftlinien, von Mutters fürsorglicher Hand mit Lineal gezogen, eigen und sauber. Die Worte auch von Mutter diktiert, viel zu erwachsen für ein Kindergehirn, aber ein Liebeszeichen für den Vater. Rechts oben in der Ecke des kleinen Briefbogens ein Sträußchen roter Mohn und auf dem Briefumschlag in Miniatur das gleichfarbige Bild. Das Datum des Briefes vor fast einem halben Jahrhundert – mein Vater war auf Geschäftsreisen in Manchester gewesen, und mein Briefchen hat ihn dort erreicht. Nach seinem Tode fand es meine Mutter in seiner Brieftasche, wo er es ein Leben lang bewahrte, meinen Kinderbrief aus Wien.

Drei viertel Stunden später bin ich an meinem Bestimmungsort. Manchester! Wie verabredet, erwartet mich meine Cousine Poppy an der Bahn. Blut ist stärker als Wasser, sagt ein altes Sprichwort. Schnell sind wir miteinander vertraut. Plaudernd durchwandern wir die innere Stadt. Ich frage nach Sam, dem letzten noch lebenden Sohne Emanuels, ihrem Vetter. »Ich muß dich enttäuschen«, sagt sie, »Sam ist alt und skurril geworden. Er ist über achtzig Jahre, er will niemand in seinem Heim empfangen, auch dich nicht. Aber ich rufe ihn an, vielleicht verläßt er doch seine Klause, und wir treffen ihn in einer kleinen Teestube.« Es gelang. Sam erscheint. Klein, zart und sehr gepflegt, mit einem runden steifen Hut und einem Schirm mit runder Krücke. Es fehlt auch nicht die schwere goldene Kette, an der Weste baumelnd, um ein vollendetes Bild eines Mannes aus dem 19. Jahrhundert zu geben. Freundlich begrüßen wir einander, und bald sitzen wir zu dritt in einer kleinen Teestube im Zentrum der Stadt. Vergangene Bilder tauchen vor Sams Gedächtnis auf aus seinen jungen Jahren. Seine Besuche bei den Familien Freud in Berlin und Wien und die Gegenbesuche seiner Halbgeschwister aus Wien und Berlin in Manchester. »Ja und die Rosa, die Rosa!« Ein bewunderndes Lächeln spielt einen Augenblick auf seinem alten Gesicht. »Ja, als wir jung waren, jung! Lilly, ich rate dir, werde nicht alt. Ich erinnere mich eines sehr jungen Mädchens in deinem Elternhause.« »War sie schön«, frage ich, »dann bin ich es gewesen.« Er lächelt: »You are fishing for compliments.« Ich brachte ihm eine alte Photographie mit, welche seinen Vater Emanuel mit meiner Mutter in unserer Berliner Wohnung zeigte. »Ich selbst habe Onkel Emanuel mit seiner Familie sowie Onkel Philipp bei ihren Besuchen in meinem Elternhaus kennengelernt«, sage ich zu ihm, »hast auch du noch Photographien aus alter Zeit? Für mich?« »Ja, da muß ich erst überlegen, was meine Eltern in dem Falle getan hätten«, erwiderte das achtzigjährige Kind, indem es die große goldene, altmodische Taschenuhr zog, ein Erbstück seines Vaters. Ich lasse mit meiner Bitte nicht locker, suche ihn zu bewegen. Da spricht er freundlich, mit den Augen zwinkernd: »Lilly, you are a poet I will consider it.« Die Erfüllung meines Wunsches sollte werden, aber nicht von seiner Seite. Poppy besitzt aus dem Nachlaß ihrer Eltern eine Kassette, bis an den Rand mit Photographien gefüllt, die die Wiener und Berliner Familie den Anverwandten nach Manchester geschickt hat. Namen stehen nicht darauf, Poppy weiß nicht, wen sie darstellen. Ich lasse viele der alten Bilder durch meine Hände gleiten und finde viele von meinen Familienmitgliedern darunter, auch ein frühes Mädchenbild von mir. Da halte ich plötzlich ein Bild in Händen: der junge neunzehnjährige Sigmund, an seinen

Halbbruder von Wien nach Manchester geschickt mit einer Widmung. Er unterschrieb sich damals noch mit *Sigismund*, seinem eigentlichen Vornamen.

Er war achtzehn Jahre alt, als er seine erste Reise nach England machte.[185] Er war unternehmungslustig, voll Erwartung, aber arm. In Hamburg mußte er einen Tag lang auf den Schiffsanschluß nach England warten. Begeistert erzählte er, wie er den Hamburger Hafen genoß. Das bunte, reiche Bild von Wasser und Schiffen, Dampfern und Booten, und über allem kreischten die Möwen und kreisten, nach Fischen und Abfällen tauchend. Es bedeutete ihm nichts, daß er bei seiner großen Geldknappheit den ganzen lieben langen Tag nur von einem einzigen Hamburger Hering lebte.

Lange nach dieser Episode Onkel Sigis war ich nun selbst in Manchester zusammen mit den beiden Überlebenden der Familien von Emanuel und Philipp, die Sigi damals besuchte, mit Sam und Poppy. Wir verlassen die Teestube, um Sam zum Bus zu begleiten, denn Poppy ist seines hohen Alters wegen besorgt. Aber gerade das will Sam nicht wahrhaben, und verärgert hängen sie sich beide in mich ein, zu meiner Rechten und zu meiner Linken. Voll Angriffslust flüstert jeder von ihnen mir erregte Worte über den andern ins Ohr. Ich versuche auszugleichen, und tatsächlich gelingt es uns, den eigenwilligen Sam bis an den Bus zu bringen. Beim Abschied von mir ließ Sam seine englische Reserve fallen: »Ich dachte, ich würde nicht glücklich mit dir sein, aber ich war es. Lilly, gib mir einen Kuß!« Gesagt – getan, ich küßte ihn auf die Wange. Er stieg ein, und während der Bus sich in Bewegung setzte, lüftete er seinen Hut und winkte uns lächelnd zum Abschied. Poppy strahlt: »Isn't he charming, Lilly, you saw him at his best.« (Ist er nicht charmant, Lilly, du hast ihn von seiner besten Seite gesehen.) Guter alter Sam. Ich sollte ihn nicht wiedersehen. Ein Jahr darauf hat er sich zu seinen Vätern versammelt. Mit ihm ist die Linie von Jakob Freuds ältestem Sohn aus erster Ehe, Emanuel, ausgestorben.

Viel, sehr viel haben wir Kinder unserem Vater zu verdanken und unserer klugen, verständigen Mutter. Vater war in Bukarest geboren. Er war ein schöner, intelligenter, wissensdurstiger, reichveranlagter Knabe. Er war goldblond und hatte strahlende blaue Augen. Oft erzählte er uns aus seiner frühen Kindheit. Sein Vater war Landstraßenbauunternehmer und zog sich auf einer anstrengenden Baubesichtigung eine Krankheit zu, die ihn sehr schwer leidend machte. Er kam zu uns nach Wien, wo ihn meine Mutter bis zu seinem Tode pflegte. Meine Mutter erwartete damals ihr drittes Kind, meine Schwester Martha (Tom). Ich entsinne mich, wie er das erstemal in unsere Wohnung in die Grüne Thorgasse trat. Vaters Mutter erkrankte ebenfalls in jungen Jahren. Als mein Vater zehn Jahre alt war, starb sie mit 33 Jahren. Sie hinterließ drei Kinder, zwei Knaben und ein Mädchen, Maurice, Blanche und Philipp.

Vierzehn Jahre war mein Vater alt, als er seine Familie ernähren mußte. Er zeichnete, las gern, liebte Theater. Geld verdienen hieß Brot schaffen für die Seinen zu Hause. Er erinnerte sich, gerade in jener Zeit die Glocken geläutet zu haben in einer Kirche in Bukarest. Bezeichnend für sein Pflichtbewußtsein und seinen zielbewußten Willen ist die kleine Geschichte, wie er mit vierzehn Jahren nach Paris ging mit einer Empfehlung an eine Geschäftsfirma in der Tasche, aber die erste Nacht nach seiner Ankunft in Paris auf einer Bank in der großen Stadt verbrachte. Doch vom nächsten Morgen an arbeitete er von der Pike auf, wie man zu sagen pflegte, und bei seiner Begabung und Intelligenz machte er einen großen Weg als Kaufmann. Dazu gehörte viel Geschick und Menschenkenntnis, und diese Eigenschaften waren ihm eingeboren. »Mit freundlich geneigtem Kopf durch die Welt gehen«, sagte er immer zu uns Kindern. »Man braucht Menschen, und man wird gebraucht.«

Schon in seiner Jugend war er viel auf Geschäftsreisen, und während seiner harten Lehrjahre, so erzählte er, trieb ihn der Wissenshunger, die Schiffsbibliotheken »zu verschlingen«. Am liebsten hatte er die französische und englische Literatur, und eine wertvolle Sammlung internationaler Literatur barg ein gepflegter Bücherschrank in unserem Elternhaus. Er beherrschte ein gutes halbes Dutzend Sprachen. Ja, er reiste viel in seinem Leben und war bei der Geburt seiner Töchter nicht daheim. Als meine älteste Schwester geboren wurde, befand er sich gerade in Ägypten, bei der Geburt der jüngsten war er in Griechenland, und als ein kleiner Liftboy vom Hotel in St. Petersburg in eine Loge des Zirkus Salomonski[186] trat und meinem Vater ein Telegramm überreichte, das ihm meine Geburt mitteilte, telegrafierte er zurück nach Wien: »Nennt sie Elisabeth nach meiner Mutter.«

»Ich hatte eine schwere Wahl, als ich von Bukarest nach Wien in die Familie Jakob und Amalia Freud als ›Cousin Maurice‹, wie man mich nannte, kam. Fünf fesche, heiratsfähige junge Wiener Mädchen! Welche sollte ich heiraten?« Da griff das Schicksal helfend ein. Maria, Mitzi genannt, die dritte der Töchter, war nach Paris gegangen, um sich in der französischen Sprache zu vervollkommnen. Auf einer seiner Geschäftsreisen kam auch mein Vater nach Paris, besuchte meine Mutter, und als er sie allein, ohne ihre Schwestern, wiedersah, war der Würfel gefallen.

Schon als junger Kaufmann, aber auch später kam mein Vater nach England. Er hatte bald Fühlung mit großen Kaufleuten Schottlands – er hatte auch ein Büro in London sowie in Paris und Berlin – und gewann sich durch persönlichen Zauber die Freundschaft so mancher englischer und schottischer Familie. Da er sehr weltklug war, gab er seinen Kindern eine polyglotte Erziehung. So ließ er aus Leeds eine junge Engländerin kommen, die mit uns lebte und der wir zugetan waren wie einer Schwester. Wir kleinen Mädchen sprachen nach kurzen Wochen ein akzentfreies Englisch. Vater regte uns an, englische Verse zu lernen, und Hamlets Monolog über »Sein oder Nichtsein« auf dieser Erde trug mir als Kind ein Goldstück ein. Er pflegte auf seine Reisen häufig eine seiner Töchter mitzunehmen, damit sie das lebendige Buch des Lebens mit seinen vielfarbigen Illustrationen, seinen großen und kleinen Lettern lesen und begreifen. Das war Vaters Erziehung für seine Kinder. Jedem Kinde das zu geben, was für dessen Veranlagung und Entwicklung notwendig erschien. Und so kam auch ich eines Tages an die Reihe. Über Holland auf nach England und Schottland. Amsterdam – Freunde besucht. Und zum erstenmal Rembrandt als großes Gesamterlebnis und die ganze große flämisch-holländische Malerschule des einzigartigen siebzehnten Jahrhunderts. Holland – das einzige mir bekannte Land, das schön nicht durch sich selbst, sondern durch jahrhundertelange emsige, nie ermüdende Arbeit der dort lebenden Menschen – ein einziger großer Garten.

England! Viele Wochen in London. Tägliche Museumsbesuche, Galerien, Bibliotheken – das Britische Museum! Jeden Abend im Theater verbracht, einige Male in der Woche noch eine Matinee. Zu spät, um Ellen Terry[187] und Irving[188] zu bewundern, aber unvergessen die Shakespeare-Aufführungen eines Beerbohm Tree[189] und zum erstenmal in meinem Leben die hervorragenden englischen Ballette und die großen, verschwenderisch inszenierten Shows mit dem großen Reichtum überwältigend schöner Jugend. Es war die internationale Season, und ich hatte Gelegenheit, Frankreichs damalige größte Schauspielerin, die große Sarah Bernhardt, als Kameliendame zu erleben. Damals war auch der erste Serienerfolg der berühmt gewordenen Geisha.

Mit schrankenloser Generosität erfüllte Vater jeden Wunsch, lenkte das Interesse des jungen Menschen auf die

Fährte, die seiner Veranlagung gemäß schien. So genoß meine jüngste Schwester Tom Seidmann-Freud (Martha) einen Teil ihrer künstlerischen Ausbildung an der Akademie in London, wo sie Jahre später mit ihren Kinderbilderbüchern ungewöhnlichen Erfolg erzielte.

Nach den erlebnisreichen Wochen in London ging es nach Manchester, die englische Familie zu besuchen, von dort an einem sonnigen Tage ein Ausflug nach Southport, gemeinsam den Strand und das Meer zu genießen.

Nach diesem familiären Zwischenspiel reiste ich voll Erwartung mit meinem Vater nach Schottland. Unsere lange Fahrt nach dem Norden war nicht eintönig. An dem erlebnisdurstigen Blick des jungen Mädchens eilten immer neue, abwechslungsreiche Bilder vorüber. Gelbblühender Ginster, Strecken saftigen Grüns mit weidenden Schafherden und die ganze große Mannigfaltigkeit der englischen Landschaft, langsam übergehend in das hügelige Vorland des schottischen Gebirges. Der Zug donnert über die neue Tay-Brücke. Dunkelblauer Nachthimmel. Scharf glitzernd standen die Sterne über uns, im zurückjagenden Rauch der Lokomotive entsteht für mich das Bild eines tragischen Ereignisses, das zum Neubau dieser Brücke führte. Es war eine Christnacht. Ein Zug, vollgepackt mit Menschen, die zu den Ihren eilen, das Weihnachtsfest zu feiern, jagt über die alte, nicht mehr tragfähige Brücke, schrill tönt das Ventil der Lokomotive, den Wartenden drüben das Nahen mitzuteilen. Der Zug sollte das andere Ufer nicht erreichen. Die Brücke bricht zusammen, aufzischend verschwindet der Zug in den Wellen des Tay-Flusses. Erschüttert schließe ich die Augen vor dieser Vision der Vergangenheit. Als ich die Augen wieder öffnete, sah ich uns aufatmend am andern Ufer.

Angenehme Tage folgen nun in dem Dundee nahe gelegenen Broughty Ferry im Patrizierhause von Vaters Freunden. Dann ein leuchtender Tag über Edinburgh. Auf der berühmten Princess Street erstehen wir in einem Buchladen einen umfangreichen Band aller populären Volkslieder Englands und Schottlands, ein Reisesouvenir, meiner Schwester Grete mitzubringen. Es war vielleicht der schönste Ertrag meiner Reise, daß wir Kinder alle später gemeinsam mit unserer englischen Erzieherin, Elsie Cobb, die längst unsere Freundin geworden war, ungezählte Lieder daraus sangen und uns vollständig zu eigen machten. Natürlich war ich auch in Holyrood Castle, denn wer liebte nicht Schillers Tragödie »Maria Stuart« und versäumte die so nahe Gelegenheit, ihr Schloß zu besuchen.

Viel zu weit würde es führen, alle die Fäden aufzuzeigen, welche die verschiedenen Linien der Familie Freud immer wieder mit England verbunden haben und immer wieder verbinden. Fünf Generationen sind von dieser Beziehung erfaßt, denn mein eigenes Enkelkind Lilian Eleonora wurde hier geboren.

Meine Familie und England? Jakob Freuds beide Söhne aus erster Ehe, Emanuel und Philipp, lebten von ihrer Jugend an in England und liegen in englischer Erde begraben. Jakob Freuds Söhne aus zweiter Ehe: Sigmund emigrierte fünfzehn Monate vor seinem Tode nach England, erwarb in London ein Haus, setzte seine Arbeit hier fort, vollendete hier sein letztes Buch, seine sterblichen Reste ruhen in England. Jakobs Jüngster, Alexander, emigrierte gleichfalls nach London, ging dann nach Kanada, starb in Toronto, und auch er liegt begraben in einem britischen Dominion.

Zwei Freundesstimmen

Dr. Ernest Jones am Sarge Prof. Sigmund Freuds

Als einer in enger Freundschaft in mehr als dreißig Jahren mit Professor Freud und seiner Familie verbunden, ist es mein Vorrecht, unserer letzten Ehrerbietung Ausdruck zu verleihen. Ich spreche für seine hier versammelten Freunde, und ich denke auch der Freunde, die weit entfernt sind, an Brill[190], Eitingon, Hanns Sachs u. a. Und der Schatten von Abraham und Ferenczi. Unser erster Gedanke muß sicherlich dem Toten selbst gelten. Alle, die die Qualen kennen, die er dulden mußte, Qualen, die in den letzten Monaten eine unaussprechliche Intensität erreichten, müssen sich um seinetwillen zu einem Gefühl der Erleichterung bekennen. Er leidet nicht mehr. Es war schwer, ihm auch nur einen Tag längeres Leben zu wünschen, da sein Leben zu einem Nadelpunkt persönlicher Marter reduziert war. Auch fürchtete er in keiner Weise den Tod. Und das, trotzdem das Gefühl, das in anderen sich in der Religion ausspricht, in ihm als ein überragender Glaube in dem Wert der Liebe zum Ausdruck kam. So kann man von ihm sagen, so wie kein Mensch das Leben mehr liebte, so fürchtete niemand den Tod weniger. Er lebte ein reiches Leben, erfuhr und fühlte die Höhen und Tiefen des Daseins. Er wärmte beide Hände am Feuer des Lebens, und das Leben hatte ihm nichts mehr zu bieten. Er starb, umgeben von jeder liebenden Sorge, in einem Land, das ihm jeden Respekt, mehr Achtung und mehr Ehre erwies als sein eigenes oder irgendein anderes, ein Land, das auch er, wie ich glaube, höher achtete als jedes andere. Er wird heute bestattet in einer Atmosphäre, die er gewünscht hätte, einer Atmosphäre von absoluter Wahrheit und Realismus in lauterer Einfachheit ohne den geringsten Mißklang von Pomp oder Zeremonie. Der Tod hat ihm nichts geraubt. So können wir um seinetwillen nicht wahrhaft trauern. Aber wir. Eine Welt ohne Freud! Eine Welt ohne seine lebensvolle Persönlichkeit, ohne sein bezauberndes und wohlwollendes Lächeln, ohne jene weisen und scharfsichtigen Betrachtungen über die kleinen und großen Dinge des Lebens, ohne die Großzügigkeit in seiner sofortigen Bereitschaft zu helfen. Es ist noch nicht lange her, seit er mir über einen traurigen Fall so schrieb: »Leider kann ich hier nur mit Geld helfen.« Wie klein erschien diese Art der Hilfe, die er gewohnt war zu geben. Bei meinem ersten Zusammentreffen mit ihm, so lange her, waren drei Eigenschaften, die besonders großen Eindruck auf mich machten, einen Eindruck, der sich nur vertiefte, als die Jahre schwanden. Zuerst sein edler Charakter, seine Erhabenheit; es war unmöglich, sich vorzustellen, daß er je eine Kleinlichkeit begehen, je einen kleinlichen Gedanken fassen könnte. Vor vielen Jahren stand er mit Putnam[191] in privater Korrespondenz über den Begriff der Ethik. Putnam zeigte mir die Korrespondenz, und ich erinnere mich an zwei Sätze: »Ich betrachte das Moralische als etwas Selbstverständliches. Ich habe eigentlich nie etwas Gemeines getan.« Wieviel von uns, wenn wir unser Herz erforschen, können das wahrhaftig sagen? Diejenigen unter uns, die eine besondere Kenntnis von den Unzulänglichkeiten der Menschheit haben, sind manchmal entmutigt, wenn wir uns selbst und unsere Mitmenschen betrachten. In solchen Augenblicken erinnern wir uns der seltenen Geister, welche die Kleinheit des Lebens überragen, dem Leben seinen Glanz geben und uns ein Bild wirklicher Größe zeigen. Sie verleihen dem Leben seinen vollen Wert. Es gibt nicht viele dieser seltenen Geister, und Freud war einer der höchsten. Und dann seine spontane und instinktive Liebe zur Wahrheit, seine Abscheu vor jeder Täuschung, Zweideutigkeit und Ausflucht. Man hatte das Gefühl, daß niemand je imstande war, ihn anzulügen. Nicht nur wäre es nutzlos gewesen, aber jeder Wunsch, es zu tun, würde in seiner Gegenwart zerfließen.

Mit der Liebe zur Wahrheit ging Liebe zur Gerechtigkeit und Rechtlichkeit Hand in Hand: »Fairness« war eines der englischen Worte, die er besonders gerne hatte. Zuletzt sein Mut und seine unbeugsame Entschlossenheit. Das betrifft besonders sein wissenschaftliches Leben, an das wir hier nicht an erster Stelle denken; doch wenn man sich an die erinnert, die in diesem Gebiet sein Verdienst zu schmälern suchten und seiner Gleichgiltigkeit ihren Angriffen gegenüber gedenkt, dann fällt vielen von uns eine Stelle in Shelleys »Adonais« ein:

He wakes or sleeps with the enduring dead;
Thou canst not scar where he is sitting now.

Ein großer Geist ist aus der Welt gegangen. Wie kann das Leben seine Bedeutung für uns behalten, für jene, denen er Mittelpunkt des Lebens war? Jedoch wir fühlen nicht, daß dies eine wirkliche Trennung im vollen Sinne des Wortes ist, denn Freud hat uns so mit seiner Persönlichkeit, seinem Charakter und seinen Ideen erfüllt, daß wir uns wirklich von ihm nie trennen können, bis wir endlich von uns selbst uns trennen, in denen er noch lebt. Sein schöpferischer Geist war so stark, daß er sich in andere ergoß. Wenn man je von einem Manne sagen konnte, daß er den Tod selbst bezwungen habe, fortlebte, dem König der Schrecken zum Trotz, der doch für ihn keine Schwächen hatte, solch ein Mann war Freud.

Und so nehmen wir Abschied von einem Mann, dessengleichen wir nie wieder kennen werden. Aus tiefem Herzen danken wir ihm, daß er lebte, daß er wirkte, daß er liebte.

Stefan Zweig
Worte am Sarge Sigmund Freuds

Erlauben Sie mir angesichts dieses ruhmreichen Sarges einige Worte erschütterten Dankes im Namen seiner Wiener, seiner österreichischen, seiner Weltfreunde in jener Sprache zu sagen, die Sigmund Freud durch sein Werk so großartig bereichert und geadelt hat. Lassen Sie sich vor allem ins Bewußtsein rufen, daß wir, die wir hier in gemeinsamer Trauer versammelt sind, einen historischen Augenblick durchleben, wie er keinem von uns wohl ein zweitesmal vom Schicksal verstattet sein wird. Erinnern wir uns – bei andern Sterblichen, bei fast allen, ist innerhalb der knappen Minute, da der Leib erkaltet, ihr Dasein, ihr Mitunssein für immer beendet. Bei diesem einen dagegen, an dessen Bahre wir stehen, bei diesem Einen und Einzigen innerhalb unserer trostlosen Zeit bedeutet Tod nur eine flüchtige und fast wesenlose Erscheinung. Hier ist das Vonunsgehen kein Ende, kein harter Abschluß, sondern bloß blinder Übergang von Sterblichkeit in Unsterblichkeit. Für das körperlich Vergängliche, das wir heute schmerzvoll verlieren, ist das Unvergängliche seines Werks, seines Wesens gerettet – wir alle in diesem Raume, die noch atmen und leben und sprechen und lauschen, wir alle hier sind im geistigen Sinne nicht ein tausendstel Teil so lebendig wie dieser große Tote hier in seinem engen irdischen Sarg.

Erwarten Sie nicht, daß ich Sigmund Freuds Lebenstat vor Ihnen rühme. Sie kennen seine Leistung, und wer kennt sie nicht? Wen unserer Generation hat sie nicht innerlich durchformt und verwandelt? Sie lebt, diese herrliche Entdeckertat der menschlichen Seele als unvergängliche Legende in allen Sprachen und dies im wörtlichsten Sinne, denn wo ist eine Sprache, welche die Begriffe, die Vokabeln, die er der Dämmerung des Halbbewußten entrungen, nun wieder missen und entbehren könnte? Sitte, Erziehung,

Philosophie, Dichtkunst, Psychologie, alle und alle Formen geistigen und künstlerischen Schaffens und seelischer Verständigung sind seit zwei, seit drei Generationen durch ihn wie durch keinen zweiten unserer Zeit bereichert und umgewertet worden – selbst die von seinem Werk nicht wissen oder gegen seine Erkenntnisse sich wehren, selbst jene, die niemals seinen Namen vernommen, sind ihm unbewußt pflichtig und seinem geistigen Willen untertan. Jeder von uns Menschen des zwanzigsten Jahrhunderts wäre anders ohne ihn in seinem Denken und Verstehen, jeder von uns dächte, urteilte und fühlte enger, unfreier, ungerechter ohne sein uns Vorausdenken, ohne jenen mächtigen Antrieb nach innen, den er uns gegeben. Und wo immer wir versuchen werden, in das Labyrinth des menschlichen Herzens vorzudringen, wird sein geistiges Licht weiterhin auf unserem Wege sein. – Alles, was Sigmund Freud geschaffen und vorausgedeutet als Finder und Führer, wird auch in Hinkunft mit uns sein; nur eines und einer hat uns verlassen – der Mann selbst, der kostbare und unersetzliche Freund. Ich glaube, wir alle haben ohne Unterschied, so verschieden wir sein mögen, in unserer Jugend nichts so sehr ersehnt, als einmal in Fleisch und Blut vor uns gestaltet zu sehen, was Schopenhauer die höchste Form des Daseins nennt – eine moralische Existenz: einen heroischen Lebenslauf. Alle haben wir als Knaben geträumt, einmal einem solchen geistigen Heros zu begegnen, an dem wir uns formen und steigern könnten, einem Mann, gleichgültig gegen die Versuchungen des Ruhms und der Eitelkeit, einem Mann mit voller und verantwortlicher Seele einzig seiner Aufgabe hingegeben, einer Aufgabe, die wiederum nicht sich selbst, sondern der ganzen Menschheit dient. Diesen enthusiastischen Traum unserer Knabenzeit, dieses immer strengere Postulat unserer Mannesjahre hat dieser Tote mit seinem Leben unvergeßbar erfüllt und uns damit ein geistiges Glück ohnegleichen geschenkt. Hier war er endlich inmitten einer eitlen und vergeßlichen Zeit: der Unbeirrbare, der reine Wahrheitssucher, dem nichts in dieser Welt wichtig war als das Absolute, das dauernd Gültige. Hier war er endlich vor unseren Augen, vor unserem ehrfürchtigen Herzen, der edelste, der vollendetste Typus des Forschers mit seinem ewigen Zwiespalt – vorsichtig einerseits, sorgsam prüfend, siebenfach überlegend und sich selber bezweifelnd, solange er einer Erkenntnis nicht sicher war, dann aber, sobald er eine Überzeugung erkämpft, sie verteidigend gegen den Widerstand einer ganzen Welt. An ihm haben wir, hat die Zeit wieder einmal vorbildlich erfahren, daß es keinen herrlicheren Mut auf Erden gibt als den freien, den unabhängigen, des geistigen Menschen; unvergeßlich wird dieser sein Mut sein, Erkenntnisse zu finden, die andere nicht entdeckten, weil sie nicht *wagten* sie zu finden oder gar auszusprechen und zu bekennen. Er aber hat gewagt und gewagt, immer wieder und allein gegen alle, sich vorausgewagt in das Unbetretene bis zum letzten Tage seines Lebens; welch ein Vorbild hat er uns gegeben mit dieser seiner geistigen Tapferkeit im ewigen Erkenntniskriege der Menschheit!

Aber wir, die wir ihn kannten, wissen auch, welch rührende persönliche Bescheidenheit diesem Mute zum Absoluten nachbarlich wohnte, und wie er, dieser wundervoll Seelenstarke, gleichzeitig der Verstehendste aller seelischen Schwächen bei anderen war. Dieser tiefe Zweiklang – die Strenge des Geistes, die Güte des Herzens – ergab am Ende seines Lebens die vollendetste Harmonie, welche innerhalb der geistigen Welt errungen werden kann: eine reine, klare, eine herbstliche Weisheit. Wer ihn erlebt in diesen seinen letzten Jahren, war getröstet in einer Stunde vertrauten Gesprächs über den Widersinn und Wahnsinn unserer Welt, und oft habe ich mir in solchen Stunden gewünscht, sie seien auch jungen, werdenden Menschen mitgegönnt, damit sie in einer Zeit, wenn wir für die seelische Größe dieses

Mannes nicht mehr werden zeugen können, noch stolz sagen könnten –: ich habe einen wahrhaft Weisen gesehen, ich habe Sigmund Freud gekannt. Dies mag unser Trost sein in dieser Stunde: er hatte sein Werk vollendet und sich innerlich selbst vollendet. Meister selbst über den Urfeind des Lebens, über den physischen Schmerz durch Festigkeit des Geistes, durch Duldsamkeit der Seele, Meister nicht minder im Kampf gegen das eigene Leiden, wie er es zeitlebens im Kampf gegen das fremde gewesen, und somit vorbildlich als Arzt, als Philosoph, als Selbsterkenner bis zum letzten bitteren Augenblick. Dank für ein solches Vorbild, geliebter, verehrter Freund, und Dank für Dein großes schöpferisches Leben, Dank für jede Deiner Taten und Werke, Dank für das, was Du gewesen und was Du von Dir in unsere eigenen Seelen gesenkt – Dank für die Welten, die Du uns erschlossen und die wir jetzt allein ohne Führung durchwandeln, immer Dir treu, immer Deiner in Ehrfurcht gedenkend, Du kostbarster Freund, Du geliebtester Meister, Sigmund Freud.

Man hätte glauben dürfen, daß Freuds Kraft, allem Schicksal zu widerstehen und seiner selbst Herr zu werden, auch auf Zweig hätte ausstrahlen müssen, ihm tragende Kraft und Rettung hätte sein können. Nun aber hat er doch allen Mut zum Leben fallengelassen und den großen Mut, aus eigenem Entschluß den Tod auf sich zu nehmen, aufgebracht. Hätte er, in England geblieben, unter dem Vorbilde Freuds diese Tat getan? Ich glaube es nicht. Er hat Meere zwischen sich und seine Verwurzelung gelegt. Er, der Europäer und Weltfreund, hat sich durch das Fortgehen von England, also einem Teil seiner europäischen Heimat, völlig jedes Heimatgefühl genommen, sich entwurzelt. Die zartesten Fasern der Wurzel erdbefreit – so fällte sich selbst der Stamm.

Innerlich so unendlich nahe dem Wesen, der Lehre und dem Vorbilde Freuds und doch unterlegen.

Nach Zweigs Gedenkrede am Sarge Freuds reichten wir ihm ergriffen die Hand. Ich dachte, wie er unserem Kreise entschwand: Abschiednehmer, Heimatloser.

Hier erinnere ich mich meiner Begegnung mit Professor Worringer[192], dem bekannten Kunsthistoriker, als er zu mir sagte: »EHE ICH MIR DAS LEBEN NEHME, GINGE ICH ERST ZU FREUD.«

Im Herbst 1947 erzählt mir eine Stefan Zweig nahestehende Persönlichkeit: »Jahrzehnte trug sich Stefan Zweig mit dem nicht ruhenden Vorhaben, aus eigenem Entschlusse aus dem Leben zu gehen.«

So beweist eine so lebensvolle, fruchtbare und erfolgreiche Wesenheit wie Stefan Zweig, daß auch in ihm der Todestrieb Eros besiegte.

Zusammenfassung

Wie ungewöhnliche Menschen nicht nur in ihrem schöpferischen Werke, sondern auch in ihrem Alltagsleben durch eingeborene genialische Intuition geführt werden, beweist Freud in seiner Lebensführung. Er spannte alle seine Kräfte an, daß sie im Tageswerk zu einer Spitzenleistung, zu einer Vollendung führen mußten. Heiß umstritten und feurig verneint und glühend bestätigt. Wie um einen von Stürmen umtobten Bergesgipfel kreisten und kreisen die forschenden Gehirne um die geistige Schöpfung Freuds.

Und manchmal kommt ein ernster Hergereister,
geht wie ein Glanz durch unsre hundert Geister
und zeigt uns zitternd einen neuen Griff.

Diesem Wort Rainer Maria Rilkes in seinem »Stundenbuch« reihe sich ein Ausspruch von ihm an in einem Gespräch: »*Freud hat den Menschen die* UNSCHULD *wiedergegeben*.«

Ausklang

Das ozeanische Gefühl, wie Freud es nannte, das Undefinierbare, das Gehobensein über die real zu fassende Welt, das Bereich des Künstlers, vor allem des Musikers – Freud wehrte sich dagegen, denn das Wesentliche an ihm war, er verschmähte es, sich den Träumen hinzugeben und aus einer Stimmung heraus etwas auszusprechen, was seinem unbestechlich kritischen Verstand gegenüber sich nicht als gesicherte, unerschütterliche Tatsache auszuweisen vermag. Klar sehen, fühlen und denken fordert er vom Menschen. Aber ohne selbst gestaltender Künstler zu sein, hätte er nicht *seine* Sprache schreiben können, wäre er nicht dieser Einfühlung in alles Erhabene, von Künstlergeist und Künstlerhand Geschaffene fähig gewesen, wenn nicht auch in ihm der schöpferische Mensch lebendig gewesen wäre.

Nicht die Wahrscheinlichkeit, sondern die Wahrhaftigkeit, soweit man zu ihren Quellen vordringen kann, galt unerbittlich für seine Forderung an uns. Wenn seine unbestechliche Erkenntnis, lange vor der Zeit, die wir miterlebt haben, seiner Mitwelt zuruft: »Our culture and civilisation is merely a thin layer liable at any moment to be pierced by the destructive forces of the ›underworld‹«: »Unsere Kultur und Zivilisation ist nur eine dünne Schicht, jeden Augenblick ausgesetzt, durchstoßen zu werden von den zerstörenden Kräften der Unterwelt«[193], so steht dieser seiner Behauptung auch seine großangelegte prophetische Formulierung als Hoffnungsstrahl für die Zukunft der Menschheit gegenüber:

»Wir mögen noch so oft betonen, der menschliche Intellekt sei kraftlos im Vergleich zum menschlichen Triebleben, und Recht damit haben. Aber es ist doch etwas Besonderes um diese Schwäche; die Stimme des Intellekts ist leise, aber sie ruht nicht, ehe sie sich Gehör geschafft hat. Am Ende, nach unzählig oft wiederholten Abweisungen, findet sie es doch. Das ist einer der wenigen Punkte, in denen man für die Zukunft der Menschheit optimistisch sein darf, aber er bedeutet an sich nicht wenig. An ihn kann man noch andere Hoffnungen anknüpfen. Der Primat des Intellekts liegt gewiß in weiter, weiter, aber wahrscheinlich doch nicht in unendlicher Ferne.«[194]

Anhang

Chronik zu Sigmund Freud

1856 *6. Mai:* Freud wird in dem mährischen Städtchen Freiberg (heute Příbor) als Sohn von Amalia (1835–1930) und Jakob Freud (1815–1896) geboren.

1858 *31. Dezember:* Geburt der Schwester Anna (gest. 1955 in New York).

1859 *August – 16. Oktober:* Die Familie verläßt Freiberg und zieht nach einem Aufenthalt in Leipzig nach Wien in die Weißgärberstraße 3, wo sie bis zum Frühjahr 1861 wohnt.

1861 *22. März:* Geburt der Schwester Maria (siehe Zeittafel zu Lilly Freud-Marlé).

1862 *23. Juli:* Geburt der Schwester Adolfine, genannt Dolfi (1942 in Theresienstadt umgekommen).

1864 *3. Mai:* Geburt der Schwester Pauline Regine, genannt Paula (ermordet 1942 in Treblinka).

1865 *September:* Eintritt in das Leopoldstädter Realgymnasium.

1866 *19. April:* Geburt des Bruders Alexander (gest. 1943 in Toronto).

1873 *April:* Freud beschließt, »Naturforscher« zu werden und nicht Jurist. An seinen Freund Emil Fluß schreibt er: »Ich werde Einsicht nehmen in die jahrtausendealten Akten der Natur, vielleicht selbst ihren ewigen Prozeß belauschen und meinen Gewinst mit jedermann teilen, der lernen will.«

9. Juni: Schriftliche Matura: Deutsch, Latein, Griechisch und Mathematik. Das Aufsatzthema lautete: »Welche Rücksichten sollen uns bei der Wahl des Berufes leiten«.

Oktober: Immatrikulation an der Medizinischen Fakultät der Universität Wien.

1875 *Juli – August:* Besuch in Manchester bei den Halbbrüdern Emanuel und Philipp, Jakob Freuds Söhnen aus erster Ehe.

1876 *27. März – Ende April:* Aufenthalt in der zoologischen Meeresstation in Triest, wo Freud über die Geschlechtsorgane des Aals forscht. Ergebnis dieses und des folgenden Aufenthalts sind die »Beobachtungen über Gestaltung und feineren

Bau der als Hoden beschriebenen Lappenorgane des Aals«, Freuds erste Publikation überhaupt.

1876 *2. September – 1. Oktober:* Zweiter Aufenthalt in Triest.

Oktober: Assistent im Physiologischen Institut bei Ernst von Brücke; möglicherweise begegnet Freud hier zum erstenmal dem bekannten Arzt und Physiologen Josef Breuer, seinem späteren väterlichen Freund und Mentor.

1880 *November:* Josef Breuer beginnt mit der Behandlung der Anna O. (Bertha Pappenheim).

1881 *30. März:* In der Aula der alten Universität Promotion zum Doktor der gesamten Heilkunde.

1882 *April:* Erste Begegnung mit seiner späteren Frau Martha Bernays (1861–1951), als diese zusammen mit ihrer Schwester Minna die Familie Freud besuchte, mit deren Töchtern sie befreundet war.

17. Juni: Verlobung mit Martha Bernays.

31. Juli: Beginn der ärztlichen Ausbildung in den verschiedenen Abteilungen des Allgemeinen Krankenhauses in Wien (bis 1886).

1884 *9./10. November:* Selbstversuche mit Kokain. Freud dokumentiert den Einfluß der Droge u. a. auf Ermüdung und Reaktionszeit in seiner Schrift »Beitrag zur Kenntnis der Cocawirkung«.

1885 *5. Juli:* Die Medizinische Fakultät beschließt die Verleihung des Universitäts-Jubiläums-Reisestipendiums an Freud.

5. September: Der Minister für Kultus und Unterricht bestätigt Freuds Ernennung zum Privatdozenten.

13. Oktober: Ankunft in Paris zu einem knapp fünfmonatigen Studienaufenthalt bei Jean-Martin Charcot, dem berühmten Direktor der Nervenklinik der Salpêtrière.

1886 *3. März – 3. April:* Aufenthalt in Berlin.

25. April: Eröffnung einer nervenärztlichen Praxis in der Rathausstraße 7.

13. September: Eheschließung mit Martha Bernays im Rathaus von Wandsbek (Ziviltrauung), der tags darauf die jüdische Trauung folgt.

Anfang Oktober: Umzug in das Kaiserliche Stiftungshaus (»Sühnhaus«) in der Maria-Theresien-Straße 8, das an der Stelle des abgebrannten Ringtheaters errichtet worden war.

1887 *16. Oktober:* Geburt der Tochter Mathilde (gest. 1978 in London).
24. November: Beginn eines intensiven Briefwechsels mit dem Berliner Arzt Wilhelm Fließ.

1889 *7. Dezember:* Geburt des Sohns Jean Martin (gest. 1967 in London).

1890 Signora Benvenisti, eine dankbare Patientin, schenkt Freud eine Couch, die er seitdem für seine Analysen benutzt und die als solche Berühmtheit erlangt.

1891 *19. Februar:* Geburt des Sohns Oliver (gest. 1969 in North Adams, Mass.).
12. September: Umzug in die Berggasse 19, wo die Familie bis zum 4. Juni 1938 wohnt.

1892 *6. April:* Geburt des Sohns Ernst (gest. 1970 in London).
2. November: Freuds Schwester Anna und ihr Mann Eli Bernays wandern nach Amerika aus.

1893 *12. April:* Geburt der Tochter Sophie (gest. 1920 in Hamburg).

1895 *24. Juli:* Freud analysiert zum erstenmal einen eigenen Traum: »Irmas Injektion«.
22. September – 1. August: Reise nach Venedig mit Bruder Alexander.
3. Dezember: Geburt der Tochter Anna (gest. 1982 in London).

1896 *15. Mai:* Zum erstenmal Verwendung des Begriffs »Psychoanalyse« in dem Aufsatz »Weitere Bemerkungen über die Abwehr-Neuropsychosen«.
23. Oktober: Tod des Vaters.

1897 *19. August – 18. September:* Reise durch Südtirol und Oberitalien zunächst mit seiner Frau, dann mit Bruder Alexander und dem Berliner Arzt Felix Gattel.
Mitte Oktober: Entdeckung des Ödipuskomplexes.

1898 *10. Mai:* Das Unterrichtsministerium schlägt Kaiser Franz Joseph eine Reihe von Privatdozenten zur Ernennung zum a. o. Professor vor; Freud wird übergangen.
August: Reise durch Bayern, Tirol und die Schweiz mit Schwägerin Minna Bernays.
31. August – 18. September: Reise nach Dalmatien mit seiner Frau; anschließend reist Freud allein durch Oberitalien.

1899 *4. November:* Die »Traumdeutung« erscheint (mit der Jahreszahl 1900) in einer Auflage von 600 Exemplaren bei Franz Deuticke, Leipzig und Wien.

1900 *August:* Freud ist bei der Beförderung zum Professor wieder übergangen worden.
26. August – 10. September: Reise durch Südtirol mit Schwägerin Minna.

1901 *Juli/August:* Veröffentlichung der »Psychopathologie des Alltagslebens«.
1. – 14. September: Reise nach Rom mit Bruder Alexander.

1902 *5. März:* Ernennung zum außerordentlichen Professor durch Kaiser Franz Joseph. Freud schreibt an Wilhelm Fließ: »Die Teilnahme der Bevölkerung ist groß. Es regnet [...] Glückwünsche und Blumenspenden, als sei die Rolle der Sexualität plötzlich von Sr. Majestät amtlich anerkannt, die Bedeutung des Traums vom Ministerrat bestätigt und die Notwendigkeit einer psychoanalytischen Therapie der Hysterie mit $^{2}/_{3}$ Majorität im Parlament durchgedrungen.«
26. August – 15. September: Reise nach Rom und Neapel mit Bruder Alexander.
Oktober: Gründung der »Psychologischen Mittwoch-Gesellschaft« (ab 8. April 1908 »Wiener Psychoanalytische Vereinigung«) mit den Mitgliedern Alfred Adler, Wilhelm Stekel, Max Kahane und Rudolf Reitler. Die Sitzungen finden jeden Mittwochabend in Freuds Wohnung statt.

1903 *6. – 20. September:* Reise durch Bayern und Südtirol mit Schwägerin Minna.

1904 *28. August – 10. September:* Reise durch Griechenland mit Bruder Alexander.

1905 Veröffentlichung der »Drei Abhandlungen zur Sexualtheorie« und des Buches »Der Witz und seine Beziehung zum Unbewußten«.
3. – 23. September: Reise durch Oberitalien und die Schweiz mit Schwägerin Minna.

1906 *6. Mai:* Zu seinem 50. Geburtstag erhält Freud von seinen Schülern eine von Karl Maria Schwerdtner angefertigte Medaille mit seinem Bildnis; auf der Rückseite steht der griechische Vers aus dem Schlußchor des »König Ödipus« von Sophokles: »Der das berühmte Rätsel löste und ein gar mächtiger Mann war.«
15. Juli – Mitte September: Urlaub in Lavarone und Riva, für Freud »eine Art Paradies«.

1907 *3. März:* Beginn der engen Beziehung zu dem Schweizer Psychiater C. G. Jung.
14. Juli – Mitte August: Urlaub in Lavarone.
12. – 29. September: Reise durch die Toskana und nach Rom, zum Teil mit Schwägerin Minna.

1908 *4. März:* Verleihung des Heimat- und Bürgerrechts durch das Magistratische Bezirksamt für den IX. Bezirk der Stadt Wien.
15. Juli – 30. August: Urlaub in Berchtesgaden. Freud korrigiert die 2. Auflage der »Traumdeutung«.
30. August – 15. September: Zu Besuch bei den Halbbrüdern Emanuel und Philipp in Manchester.

1909 *7. Februar:* Freuds ältester Tochter Mathilde heiratet den zwölf Jahre älteren Kaufmann Robert Hollitscher.
14. Juli – 19. August: Urlaub bei Reutte in Tirol.
19. August – 30. September: Vortragsreise nach Amerika auf Einladung des Präsidenten der Clark University in Worcester, Stanley Hall, anläßlich des Universitätsjubiläums.
10. September: Verleihung des Ehrendoktorats der Rechte.

1910 *16.–31. Juli:* Reise durch Holland mit den Söhnen Oliver und Ernst.
31. Juli – 30. August: Urlaub in Noordwijk und Leiden.
31. August – 27. September: Reise nach Sizilien mit Sándor Ferenczi.
27. Oktober: Tod von Freuds Schwiegermutter Emmeline Bernays (geb. 1830 in Hamburg).

1911 *31. Juli – 16. September:* Urlaub und Silberhochzeit in Klobenstein (Collalbo) in Südtirol.
29. August: Tod des Halbbruders Philipp in Manchester (geb. 1834 in Tysmenitz).

1912 *Sommer:* Ernest Jones gründet das »Geheime Komitee«, das inoffizielle Führungsgremium der Internationalen Psychoanalytischen Vereinigung, mit den Mitgliedern Freud, Sándor Ferenczi, Otto Rank, Karl Abraham, Hanns Sachs, Ernest Jones und ab 1919 Max Eitingon.
Anfang Juli – 12. August: Kur in Karlsbad, wo Max Halberstadt, der Verlobte von Freuds Tochter Sophie, die Familie besucht.
12. – 30. August: Urlaub in Karersee.
8. – 14. September: Urlaub in San Cristoforo.

1912 *15. – 28. September:* Reise nach Rom, täglicher Besuch der Moses-Statue des Michelangelo in der Kirche San Pietro in Vincoli.

1913 *26. Januar:* Freuds »Sonntagskind« Sophie heiratet den Porträtfotografen Max Halberstadt und zieht nach Hamburg.

Juni: Veröffentlichung von »Totem und Tabu«.

13. Juli – 11. August: Kur in Marienbad.

13. August – 5. September: Urlaub in San Martino di Castrozza.

8. September: Bekanntschaft mir Rainer Maria Rilke, vermittelt durch Lou Andreas-Salomé.

9. – 29. September: Reise nach Bologna und Rom mit Minna Bernays; täglicher Besuch der Moses-Statue des Michelangelo in San Pietro in Vincoli.

1914 *11. März:* Geburt von Enkel Ernst Halberstadt, dem Sohn der Tochter Sophie.

Juni: Veröffentlichung der Schrift »Zur Geschichte der psychoanalytischen Bewegung«, der ersten historiographische Arbeit zur Psychoanalyse.

28. Juni: Ermordung des österreichisch-ungarischen Thronfolgers Franz Ferdinand in Sarajevo.

13. Juli – 25. August: Kur in Karlsbad.

1. August: Beginn des Ersten Weltkriegs.

1915 *17. Juli – 12. August:* Kur in Karlsbad.

13. August – 13. September: Urlaub in Schönau bei Königssee

20. Dezember: Besuch von Rainer Maria Rilke.

1916 *16. Juli – 20. August:* Urlaub in Badgastein und Salzburg.

1917 *25. April:* Freud vermerkt in seinem Kalender: »Kein Nobelpreis 1917.«

Ende Juni: Hermann Graf, der Sohn von Freuds Schwester Rosa, fällt an der Front.

1. Juli – 30. August: Urlaub in Csorbató in der Hohen Tatra.

1918 Freud verliert sein ganzes in österreichischen Staatspapieren angelegtes Vermögen (150000 Kronen) und 100000 Kronen der Lebensversicherung seiner Frau.

1919 *Mitte Januar:* Gründung des Internationalen Psychoanalytischen Verlags.

23. Dezember: Verleihung des Titels eines ordentlichen Professors durch den Präsidenten der österreichischen Nationalversammlung.

1920 *25. Januar:* Tod von Freuds Tochter Sophie Halberstadt.
30. Juli – 26. August: Kur in Badgastein mit Schwägerin Minna; Arbeit an »Massenpsychologie und Ich-Analyse«.
13. – 28. September: Reise durch Holland mit Tochter Anna.
Anfang Oktober: Freud erhält von Stefan Zweig dessen Buch »Drei Meister« mit der Widmung: »Herrn Professor Siegmund Freud/Dem großen Wegweiser ins Unbewußte/In immer wieder neuer Verehrung/ Stefan Zweig / Salzburg 1920«.

1921 *3. April:* Geburt von Enkel Anton Walter, dem Sohn Martin Freuds.
15. Juli – 13. August: Kur in Badgastein mit Schwägerin Minna.
31. Juli: Geburt von Enkel Stephan Gabriel, dem Sohn Ernst Freuds.
14. August – 14. September: Urlaub in Seefeld in Tirol.

1922 *1. Juli – 1. August:* Kur in Badgastein mit Schwägerin Minna; Arbeit an der Schrift »Das Ich und das Es« und Niederschrift der »Bemerkungen zur Theorie und Praxis der Traumdeutung«.
1. August – 13. September: Urlaub auf dem Obersalzberg bei Berchtesgaden.
18. August: Cäcilie (»Mausi«) Graf, die Tochter von Freuds Schwester Rosa, begeht Selbstmord mit Veronal.
8. Dezember: Geburt von Enkel Lucian Michael, dem Sohn Ernst Freuds.

1923 *28. April:* Freud konsultiert den Rhinologen Markus Hajek und den Dermatologen Maximilian Steiner wegen einer Geschwulst am Gaumen; er wird von Hajek in dessen Klinik operiert.
19. Juni: Tod des Lieblingsenkels Heinz Rudolf (»Heinele«) Halberstadt, des Sohns von Freuds Tochter Sophie.
30. Juni – Ende Juli: Kur in Badgastein mit Schwägerin Minna.
Anfang August – 31. August: Urlaub in Lavarone.
1. September – Mitte September: Reise nach Verona und Rom mit Tochter Anna; im Zug bekommt Freud eine starke Blutung im Mund.
11. Oktober: Hans Pichler führt im Sanatorium Auersperg eine radikale Operation an Oberkiefer und Gaumen aus.

Seitdem ist Freud gezwungen, eine Prothese zu tragen, die ihn beim Sprechen und Essen schwer behindert. In den nächsten 16 Jahren folgen über dreißig weitere Operationen.

1924 *24. April:* Geburt von Enkel Clemens Raphael, dem Sohn Ernst Freuds.

25. April: Verleihung des Ehrentitels »Bürger der Stadt Wien«.

14. Mai: Besuch von Stefan Zweig und Romain Rolland.

1925 *30. September:* Erster Besuch von Marie Bonaparte, einer Urgroßnichte Napoleons I. (Urenkelin von Lucien Bonaparte) und Schwiegertochter König Georgs I. von Griechenland.

1926 *6. Mai:* 70. Geburtstag. Sándor Ferenczi hält die Festansprache. Der sozialdemokratische Bürgermeister von Wien, Karl Seitz, überbringt Freud das Diplom zu dem ihm vor zwei Jahren verliehenen Ehrentitel »Bürger der Stadt Wien.« Der österreichische Rundfunk strahlt eine Würdigung aus.

25. Oktober: Freud besucht Rabindranath Tagore in einem Wiener Hotel.

25. Dezember – 2. Januar: Besuch bei den Söhnen Ernst und Oliver in Berlin. Freud wohnt im Hotel »Esplanade« und trifft sich am 29. Dezember mit Albert Einstein und dessen Frau.

1927 *18. März:* Arnold Zweig bittet Freud, ihm sein Buch »Caliban oder Politik und Leidenschaft« widmen zu dürfen.

1928 *Ende April:* Freud bekommt als Geschenk von Stefan Zweig dessen Buch »Drei Dichter ihres Lebens. Casanova – Stendhal – Tolstoi« mit der Widmung: »Professor Sigmund Freud / In unveränderlicher Liebe / und Verehrung / Stefan Zweig / 1928«.

1929 *11. März – 23. März:* Freud hält sich zu Konsultationen bei dem Berliner Kieferchirurgen Hermann Schröder im Psychoanalytischen Sanatorium Tegel auf; er wird von seiner Tochter Anna begleitet.

Frühjahr: Auf Empfehlung Marie Bonapartes wird der 32jährige Max Schur Freuds Hausarzt.

14. September – 26. Oktober: Erneuter Aufenthalt in Tegel in Begleitung Anna Freuds.

Mitte September: Freud bekommt als Geschenk von Stefan Zweig dessen Buch »Joseph Fouché. Bildnis eines politischen Menschen« mit der Widmung: »Dem Meister der Seelenkunde / Unserm Lehrer im Wissen / um den Menschen / Siegmund Freud / Dieses Bildnis eines Politikers / In Verehrung / Stefan Zweig«.

1929 *31. Oktober:* Notiz im Tagebuch: »im Nobelpreis übergangen«.

1930 *5. Mai – 24. Juli:* Zur Prothesenanpassung bei Hermann Schröder in Tegel.

29. Juli: Erhält die Nachricht von der Verleihung des mit 10000 Reichsmark dotierten Goethe-Preises der Stadt Frankfurt.

12. September: Tod der Mutter Amalia Freud.

6. November: Eintrag im Tagebuch: »Im Nobelpreis endgiltig übergangen.«

1932 Briefwechsel mit Einstein über die Frage »Warum Krieg?«. Einsetzende Massenemigration von Psychoanalytikern aus dem faschistischen Deutschland. Freud beginnt mit der Arbeit an dem Buch »Der Mann Moses und die monotheistische Religion«.

1933 *10. Mai:* Bücherverbrennung in Berlin. Freuds Bücher werden unter folgender Parole ins Feuer geworfen: »Gegen die seelenzerstörende Überschätzung des Sexuallebens – und für den Adel der menschlichen Seele – übergebe ich den Flammen die Schriften eines gewissen Sigmund Freud!«

1934 *9. Oktober:* Die Universität Wien teilt dem Dekanat der Medizinischen Fakultät mit, daß Freuds Lehrbefugnis erlischt.

1935 *21. Mai:* Wahl zum Ehrenmitglied der »Royal Society of Medicine«.

1936 *8. Mai:* Thomas Mann spricht vor dem Akademischen Verein für medizinische Psychologie in Wien über »Freud und die Zukunft«.

14. Juni: Thomas Mann wiederholt seinen Vortrag für Freud persönlich in dessen Sommerhaus in Grinzing.

30. Juni: Wahl zum auswärtigen Mitglied der »Royal Society of Medicine«.

1937 *November:* Der französische Analytiker René Laforgue versucht vergeblich, Freud zur Emigration zu bewegen.

1938 *22. März:* Freuds Tochter Anna wird mehrere Stunden von der Gestapo verhört und auf Intervention des amerikanischen Generalkonsuls John Wiley nach zwölf Stunden freigelassen.

28. März: Eintrag im Tagebuch: »Aufnahme in England gesichert –«
Mai: Der Fotograf Edmund Engelmann macht Fotos von Freud und der Wohnung in der Berggasse 19.
23. Mai: Die Antiquitätensammlung wird von den Nazis zur Ausfuhr freigegeben.
4. Juni: Freud verläßt Wien in Begleitung seiner Frau Martha, seiner Tochter Anna, der Haushälterin Paula Fichtl und der Ärztin Josefine Stroß und reist mit dem Zug über Paris nach London, wo er am 6. Juni eintrifft.
19. Juli: Besuch von Stefan Zweig und Salvador Dalí.
August: Veröffentlichung von »Der Mann Moses und die monotheistische Religion«.

1939 *Februar:* Inoperables Krebsrezidiv.
23. September: Tod nach Koma infolge einer Morphiuminjektion.
26. September: Einäscherung im Krematorium Golders Green. Ernest Jones hält die Grabrede und Stefan Zweig die Trauerrede.

Chronik zu Lilly Freud-Marlé

1857 *29. Juli:* Geburt von Lillys Vater Moritz Freud in Bukarest; er ist ein weitläufiger Verwandter seiner späteren Frau Maria Freud, wahrscheinlich ein Großcousin.

1861 *22. März:* Geburt von Lillys Mutter Maria Freud in Wien; sie ist die dritte Schwester Sigmund Freuds.

1887 *22. Februar:* Hochzeit von Moritz und Maria Freud in Wien.
4. August: Geburt der älteren Schwester Margarethe (Gretl, gest. 1984) in dem mährischen Kurort Rožnau.

1888 *22. November:* Geburt von Elisabeth (Lilly) in Wien.

1892 *Februar:* Lilly erlebt im Carltheater in Wien die große italienische Schauspielerin Eleonora Duse.
17. November: Geburt der jüngeren Schwester Martha Gertrud (Tom) in Wien.

1896 *23. Oktober:* Tode des Großvaters Jakob Freud (geboren 1815).

1898 *Anfang:* Übersiedlung der Familie nach Berlin, in die Ansbacher Straße 6, unweit des Zoos.

1904 *10. Oktober:* Geburt der Zwillingsbrüder Theodor und Georg; letzterer kommt tot zur Welt.

1905 Besuch in Wien.

1908 Umzug der Familie in die Bamberger Straße 5.

1911 *18. März:* Lillys Debüt als Schauspielerin in Berlin.

1916 *April:* Auftritt in Wien und erste Begegnung mir Rainer Maria Rilke.
Herbst: Engagement an den Münchner Kammerspielen durch Vermittlung Oskar Sauers. Zweite Begegnung mit Rilke.

1917 *4. Juli:* Heirat mit dem Schauspieler Arnold Marlé (geb. 1887) in München.

1919 *9. Januar:* Geburt von Sohn Omri (gest. 1977).
Mitte Januar: Letzte Begegnung mit Rilke.

1920 *7. September:* Tod des Vaters Moritz nach Herzanfall in Berlin.

1921 Erster großer Bühnenerfolg.
10. Januar: Sohn Benjamin kommt tot zur Welt.

1922 Übersiedlung von München nach Hamburg, wo Lillys Mann Arnold Oberspielleiter am Schauspielhaus wird.

1923 *10. Juli:* Bruder Theodor ertrinkt in einem See bei Eberswalde.

1925 *Sommer:* Besuch in Sigmund Freuds Sommerfrische auf dem Semmering.

1926 *13. September:* Auftritt mit Rabindranath Tagore in der Philharmonie in Berlin.

25. Oktober: Lilly ist mit Rabindranath Tagore in Wien und vermittelt ein Treffen mit Freud in einem Hotel.

1929 *19. Oktober:* Selbstmord des Mannes ihrer Schwester Tom, Jankew Seidmann.

1930 *7. Februar:* Selbstmord der Schwester Tom. Lilly und ihr Mann adoptieren deren Tochter Angela.

12. September: Tod der Großmutter Amalia Freud.

1931 *6. Mai:* Aufenthalt in Wien aus Anlaß des 75. Geburtstags Sigmund Freuds. Anschließend stellt Lilly die Fotos, die sie an diesem Tag gemacht hat, in einem Album zusammen, das sie dem Onkel schenkt.

1932 Auf Einladung der Deutsch-Dänischen Gesellschaft Goethe-Abend in Kopenhagen.

1933 *Mitte April:* Vortragsreise nach Kopenhagen; Besuch bei Charlotte Melchior, die Hans Christan Andersen noch gekannt hat.

Übersiedlung von Hamburg nach Prag, wo Lillys Mann am Neuen Deutschen Theater engagiert wird.

Lillys Mutter Maria zieht zurück nach Wien.

1936 *6. Mai:* Lilly schenkt Sigmund Freud zu dessen 80. Geburtstag vier Essays (siehe S. 308).

8. Mai: Lilly spricht zum 80. Geburtstag von Sigmund Freud ihren Essay »Sigmund Freud in seinem Heim« für den Großsender in Prag.

14. November: Besuch des jüdischen Museums in Nikolsburg.

1937 Auf Einladung der Sorbonne spricht Lilly im Rahmen ihres Programms »Internationale Poesie und Prosa« ihren Essay »Sigmund Freud in seinem Heim«.

1939 Emigration nach London.

1942 *24. September:* Ermordung der Mutter in Treblinka.

1943 Plan einer Biographie Sigmund Freuds in Form von persönlichen Erinnerungen.

1944 *Herbst:* Besuch der Verwandten in Manchester.
November: Beginn der Niederschrift ihrer Erinnerungen.

1947 *Herbst:* Abschluß des Manuskripts, das den Titel »Sigmund Freud. Aus den Memoiren seiner Nichte Lilly Freud-Marlé« trägt.

1958/1959 Auseinandersetzung mit Freuds Sohn Ernst über die Vernachlässigung von Lillys Familie in der Freud-Biographie von Ernest Jones und der Ausgabe von Freuds ausgewählten Briefen.

1970 *21. Februar:* Tod Arnold Marlés.
1. August: Tod Lillys in London.

Söhne Jakobs aus erster Ehe

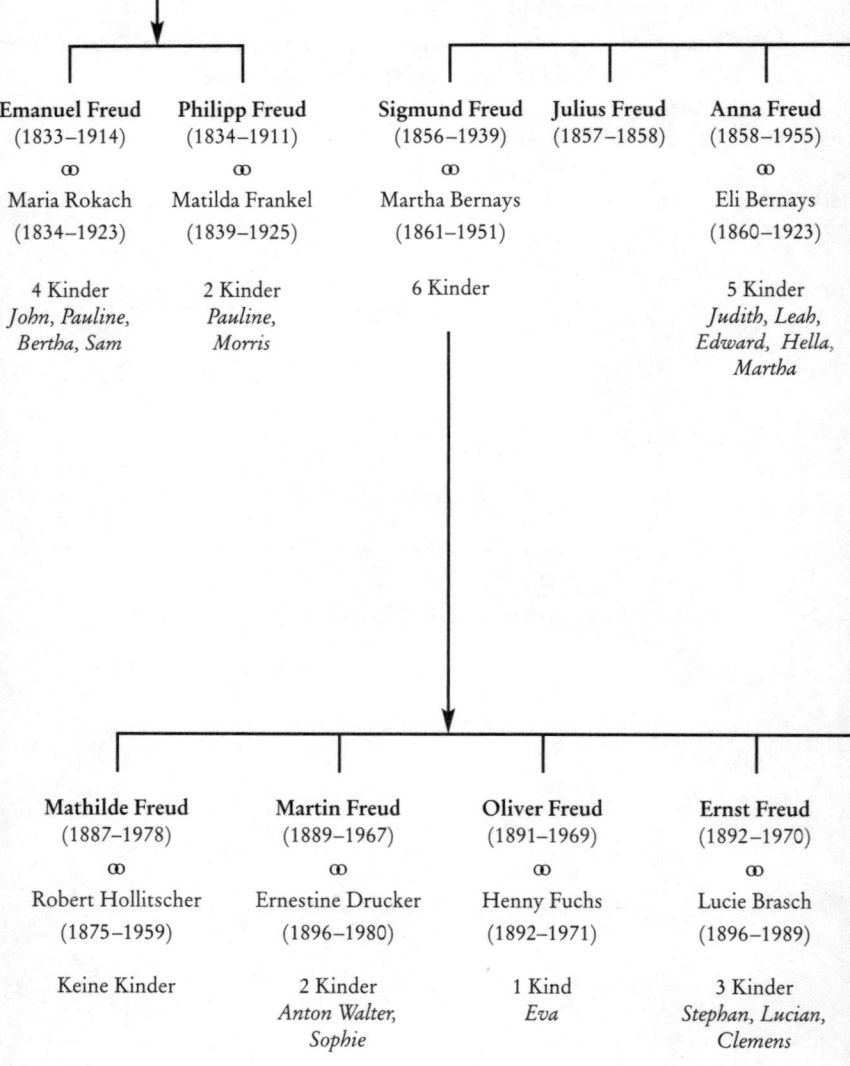

Emanuel Freud	Philipp Freud	Sigmund Freud	Julius Freud	Anna Freud
(1833–1914)	(1834–1911)	(1856–1939)	(1857–1858)	(1858–1955)
∞	∞	∞		∞
Maria Rokach	Matilda Frankel	Martha Bernays		Eli Bernays
(1834–1923)	(1839–1925)	(1861–1951)		(1860–1923)
4 Kinder *John, Pauline, Bertha, Sam*	2 Kinder *Pauline, Morris*	6 Kinder		5 Kinder *Judith, Leah, Edward, Hella, Martha*

Mathilde Freud	Martin Freud	Oliver Freud	Ernst Freud
(1887–1978)	(1889–1967)	(1891–1969)	(1892–1970)
∞	∞	∞	∞
Robert Hollitscher	Ernestine Drucker	Henny Fuchs	Lucie Brasch
(1875–1959)	(1896–1980)	(1892–1971)	(1896–1989)
Keine Kinder	2 Kinder *Anton Walter, Sophie*	1 Kind *Eva*	3 Kinder *Stephan, Lucian, Clemens*

Stammbaum der Nachkommen von Jakob und Amalia Freud

Rosa Freud	**Maria Freud**	**Adolfine Freud**	**Paula Freud**	**Alexander Freud**
(1860–1943)	(1861–1942)	(1862–1942)	(1864–1942)	(1866–1943)
∞	∞		∞	∞
Heinrich Graf	Moritz Freud	unverheiratet	Valentin Winternitz	Sophie Schreiber
(1852–1908)	(1857–1920)		(1859–1900)	(1878–1970)
2 Kinder *Cäcilie, Hermann*	5 Kinder		1 Kind *Beatrice*	1 Kind *Harry*

Margarethe Freud	**Lilly Freud**	**Martha (Tom) Freud**	**Theodor Freud**	**Georg Freud**
(1887–1978)	(1888–1970)	(1892–1930)	(1904–1923)	(1904 tot geboren)
∞	∞	∞		
Erwin Magnus	Arnold Marlé	Jankew Seidmann	unverheiratet	
(1881–1947)	(1887–1970)	(1892–1929)		
1 Kind *Max*	2 Kinder *Omri, Angela (adopt.)*	1 Kind *Angela*		

Sophie Freud	**Anna Freud**
(1893–1920)	(1895–1982)
∞	
Max Halberstadt	unverheiratet
(1882–1940)	
2 Kinder *Ernst, Heinele*	

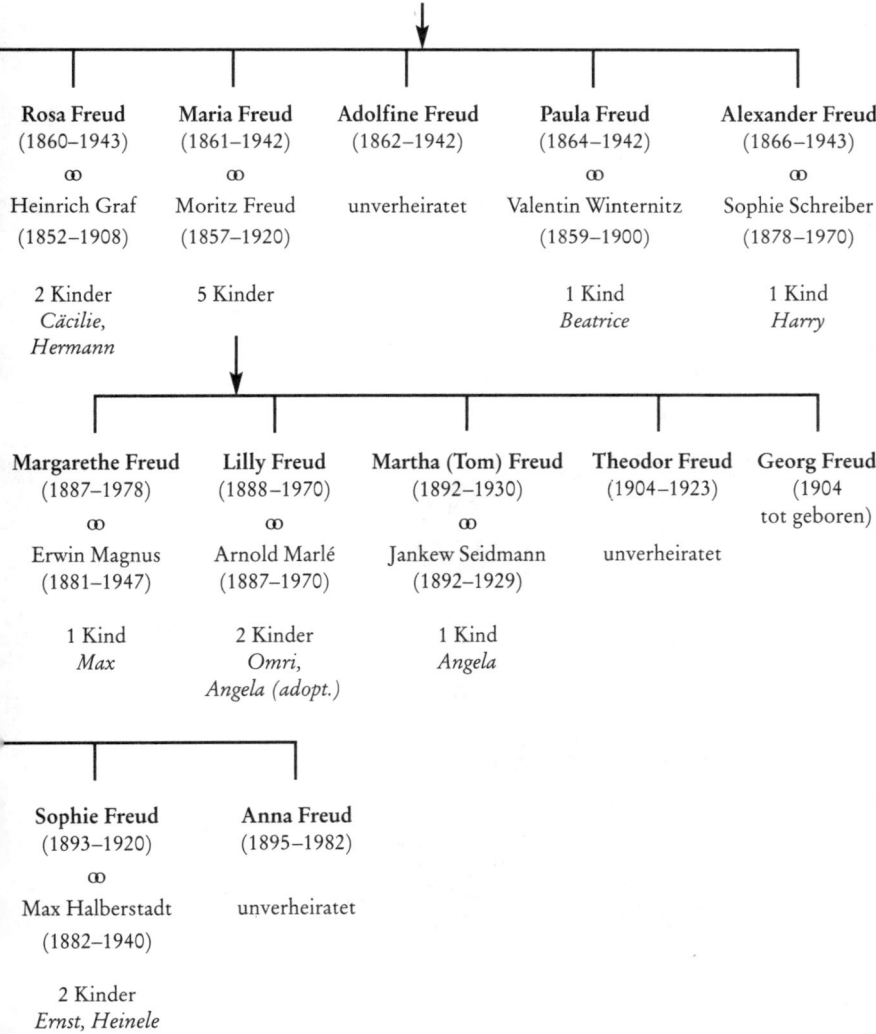

Essays zu Freuds 80. Geburtstag

Medaillon I
Sigmund Freud in seinem Heim

Zum 80sten Geburtstag am 6. Mai 1936,
gesprochen auf Einladung des Großsenders in Prag
am 8. Mai, 6 Uhr 10 Min. abds.

Wie war ich ergriffen und freudigst bewegt, als ich im Vorjahr auf meiner Vortragsreise von freundlichen Menschen mit einem Wagen in das Städtchen Příbor geführt wurde, wo auf hügeligem Boden quer im Licht und der Freiheit einer kleinen Straße *das erste Heim* des großen lieben Denkers steht. Příbor, Freiberg, Zámečnická ulice 117. – Ein großer vergoldeter Schlüssel schmückt das weißgetünchte freundliche Haus, hängt an der Seite des Fensters, an das ihn sicherlich unzählige Male seine Mutter hinauf an die Sonne hob.

Onkel und Nichte im Sommerquartier der Freuds in Pötzleinsdorf, einem Wiener Vorort, 1931; aufgenommen von Lux Freud, der Frau von Sohn Ernst

Ich schau die Gedenktafel am Haus, von der Hand des Freiberger Bildhauers Juráň[195] verfertigt, zum 75. Geburtstag des Meisters gewidmet, und denke: »Der schwere goldene Schlüssel« – es bewohnt eine achtbare

Schlosserfamilie jetzt den größten Teil des Hauses, welch tiefes Symbol an der Seite der gedenkenden Tafel!!!

Ich werde herzlich willkommen geheißen, steige langsam genießend die schmale, reinliche Treppe hinauf, eine freundliche Hand öffnet mir die Türe, und ich stehe in der Stube, die ihn als *erste* Wohnstatt empfing. Seltsam inniges Gefühl! Also hier, in dieser traulich hellen, rechteckigen Stube mit den vielen Fenstern und der noch balkenerhaltenen Decke, brachte ihn mein geliebtes Großmuttel zur Welt! Jetzt bewohnt dieses kleine, wohnlich eingerichtete Gemach der sympathische Lehrer der Stadt.

Sie war noch nicht 18 damals,[196] als sie *diesen* Erstgeborenen in ihren jungen mütterlichen Armen hielt. Es sollen liebe gute frühste Jahre gewesen sein, die *dieses* Kind hier in Příbor umhegten!!!

Und nun zu dem heutigen Heim in Wien, in der Berggasse 19, welches er mit seiner Familie seit Jahrzehnten bewohnt.

Was waren das noch für gute geborgene Stunden, als ich mit meinen Geschwistern als Kind, an der Hand von Vater und Mutterl eng angefaßt, zu den Kindern der Berggasse ging, denn waren wir drei, so waren dort sechs, und waren wir drei Mäderln, so waren dort noch drei Buben dazu, also neun. »Alle neune« im großen Spielzimmer, wo Freiheit des Tuns und der Stimmen herrschte, und da erinnere ich mich an die Türe, die aufging, und »er« hereinkam und mit zärtlicher Gebärde über unsre Köpfe und Zöpfe strich.

Nie ein überlautes Wort ein Leben lang aus seinem Munde, eine sanfte, aber ernste sichere Bestimmtheit ging und geht von seinem Wesen aus. Heute sind wir Kinder fast alle ausgeflogen, längst verstreut in die Welt, mit eigenstem Tun. Ganz nah ihm – Anna Freud – Tochter und Kameradin zugleich, besonders geehrt als Heilende erkrankter Kinderseelen.

Aber das Haus in der Berggasse steht unerschütterlich da und beherbergt wie in meiner Kindheit den großen Verwandten und sie, Tante Martha; dieser leisen, stillen, behutsamen Frau mit den zarten Händen sei innigst gedacht, die mit sanfter Bewegung fernhält vom Gatten die Überlaute des Alltags; gekennzeichnet am schönsten durch Worte, die eine Verwandte jüngst zu mir sprach: »Tante Martha? – Tante Martha darf doch nicht sterben. Kannst du dir denken, daß ein andrer den Tee einschenkt als sie?« – Kein Modernsein des Hauses, eine wohlig warme Behaglichkeit, die alte liebe erinnerungsgesättigte Gegenstände mit Sorgfalt behutsam umschmeichelt.

Zwei Zimmer tragen ganz das Gesicht und Gepräge des Arztes.

Umgeben von seinen Lieblingen, die ihn lebendig umstreichen, seinen Hunden, den Chows, wie gute Freunde gehalten, umgeben von seinen Blumen und Pflanzen, wo jede Blüte und Knospe seine Beobachtung und Freude genießen, umgeben von seinen Sammlungen antiker Ausgrabungen, ägyptischen, griechischen, römischen und andren Schätzen, umringt von Büchern, arbeitet mit gewohnter Hingabe noch heute mit schönster klarster Handschrift an seinem Schreibtisch der Dichter des Worts und der Psyche.

Es fesselt das Auge ein letztes Geschenk an den Forscher: eine javanische Figur, aus hellstem Holz geschnitzt, ein Kunstwerk der Hand und des Geistes. Der träumende Mensch, gefesselt von seinen Gewalten und Trieben, dargestellt, wie Arm und Hand, Bein und Fuß, teuflisches Gesicht und saugender Skorpion umklammern das menschliche Geschöpf. –

Und nun zum Abschied einige Erinnerungsbilder:

Mit »ihm« durch den sommerlichen Garten!

Leise sprechend wandeln wir im Abend, ich genieße dankbar die Nähe eines ungewöhnlichen Menschen, eines einmaligen Geistes – und

Er drückt mein Gesicht in einen blühenden Strauch – und
Wir gucken nach den Sternen droben – und
Ein Wort fällt aus seinem Mund ohne Trost: »Altwerden ist so schwer. Es gilt für uns alle.«

Hier ist in einem Wesen die große Forderung an den Menschen: schärfste rückhaltloseste Wahrheitsbedingung, vereint mit der innigsten Höhe des Gefühls.

Dank, daß er ist
Dank, daß du bist.

Medaillon II
Meine Begegnung mir Rainer Maria Rilke

»... ich bin ihm öfter und seltsamer begegnet ...«[197]

Wir beginnen ... zu erzählen, daß es im April 1916 war, in meinem Mädchentum, nach meinen ersten warmen und schönen Erfolgen als Sprecherin fernöstlicher und heimatlicher Lyrik. Ein Telegramm aus Wien, unerwartet, von Hugo Heller, dem feinsinnigen Verleger und mutvollen Veranstalter künstlerischer Abende in unvergeßlich harmonischem Rahmen in verständnisvoller Sphäre. Die Anregung, mich zu berufen, ging damals von einer Persönlichkeit des Wiener Burgtheaters aus. Wie war ich glücklich, als Künstlerin heimkehren zu dürfen in die Stadt, die ich als kleines Schulmädel mit meinen Eltern und Geschwistern verlassen hatte. Wie war ich erregt und erschüttert in der Erwartung, daß alle dasein werden, alle, die mich als kleines »Wiener Liesl« gekannt hatten. Und die, die mit ernster Kritik ihre »Maß-Feder« anlegen werden. Und so hieß es: Rilke kommt, Freud kommt, Peter Altenberg, Raoul Auernheimer, dein altes Großmuttel und ja sogar deine Amme! Unvergleichbare Persönlichkeiten, nicht wahr, würden mir

Rainer Maria Rilke

zuhören kommen. Alle, alle – – – Ach, wie war ich gelöst, daß der Abend so gelungen, so leuchtend verlief! Und nun – Rilke war nicht gekommen. Er hatte ein paar Zeilen des Bedauerns an Hugo Heller geschickt, mit Grüßen für mich – er war damals in Wien »amtlich« verhindert. – Aber ich wußte: Ihm mußte ich begegnen. Ein paar Zeilen ins Hotel Kontinental, glaub ich, und in der Früh am nächsten Morgen heißt es: »Herr Rilke ist am Telefon.« Nie werde ich das Glücksgefühl vergessen, die Bestürzung, mit welcher ich zum Telefon eilte. Rilke erwartete mich am gleichen frühen Vormittag im Hotel. Ich hatte ihn nie gesehen, kannte kein Bild von ihm. Aber aus der Fülle der Menschen im Hotel löste sich Rilke und kam mir mit leichten Schritten entgegen, und er hielt beide Hände mit den Innenflächen aneinander und wölbte aus ihnen eine kleine Schale, in die ich so zum ersten Male meine Rechte hineinlegte.

Er hatte sich für unser Beisammensein etwas Aufmerksames ausgedacht. Er wollte mir die ostasiatische Bildkunstausstellung zeigen, aus dem Thema meines Vortrag-Abends auf meine Neigung schließend.

Er nahm einen Fiaker, wir fuhren durch regenrieselndes leichtes Grau durch die Stadt an einem verschlossenen Gitter vor. »Ausstellung heute geschlossen.« Moment stillschweigende Enttäuschung. Dann sagt Rilke: »Dann bringe ich Sie nach Hause.« »Nein, das lasse ich mir nicht gefallen, mindestens zwei Stunden gehörten eigentlich noch mir.«

Worauf Rilke leise verständnisvoll sagt: »Das ließe ich mir auch nicht gefallen.«

Wieder sitzen wir in einem Fiaker, ich nach vorn geneigt, Rilke tief in die rechte Wagenecke zurückgelehnt, mein Blick zeigt mir sein blasses, durchsichtiges trauriges Gesicht.

In das Schweigen fließt ein einziger Satz Rilkes: »Ob man nicht *Hebräisch* lernen sollte.«!?!

Ich wußte damals keine Antwort – schwieg.

Wir fuhren zurück ins Hotel, Rilke und ich saßen in den Fauteuils des Foyers. Er holte ein Blatt Papier und las mir kleine Verse junger Dichter vor.

Aber das Gedicht wurde bedeutungslos vor seinem Gesicht, das diese starken, herrlichen Augen hielt. Abschied – wir werden im Frühherbst in München einander begegnen. »Wir freuen uns auf Sie«, sagte er noch, mir wohltuend, dann drehte mich die Hoteltüre ins Freie.

Frühherbst in München, als junge Schauspielerin – ich hatte das Glück, die arbeitsreiche und segenvolle Freundschaft Oskar Sauers zu genießen – wurde ich an die Münchner Kammerspiele engagiert.

München – nach dem Abschied von allem, was mir in Familie, Freundschaft und Kunst und aller Beziehung wertvoll war – neu – und im Alleinsein voller Bangigkeit und Sehnsucht. So erinnere ich mich, des öfteren allein über die kleine Brücke in den herbstlichen Englischen Garten gegangen zu sein und, traurig, auf einsamem Wege, ihm begegnet zu sein – Rilke –. Plötzlich im nebligen und fröstelnden Grau schritten wir nebeneinanderher – selbstverständlich – wie von ähnlicher Traurigkeit ergriffen. Und er sprach von seiner. Leise wie nur für sich klagte er damals den Verlust seines ganzen geistigen Besitzes, den er in Paris zurücklassen mußte.

Ich glaube, nie hat er davon auch nur ein Liebes und Wertes wiedergesehen.

Nie vergesse ich diese zarte Erscheinung, sorgfältig gekleidet, leicht den Rücken nach vorn geneigt, dieses rührende Gesicht, das zu klagen schien: »Es gibt keine Traurigkeit über meine.«

Und ich ging an seiner Seite und hörte seine Stimme und wie er seine Worte setzte und wußte, daß seine Sprache Quelle war. Wir reichten uns die Hände und gingen auseinander, um so einander wiederzubegegnen. Ein Besuch in der Käferstraße 11 war nur auf Fremdes konzentriert, das Stehpult mit aufgeschlagenem Buch, mit Bildern, zu denen ich keine Fühlung hatte, ein Gespräch über mein erstes Auftreten als Ismene, Schwester der Antigone, wurde von mir allein geführt, es war ein Ausdruck meines sicheren Unglücklichseins als diese Gestalt. Zwei kleine Rosen hatte ich in seine Hände gelegt, und dann begleitete ich ihn ein Stück Wegs. Begegnungen im Theater, wo ich Clara Westhoff[198] und seine Tochter das erste Mal begrüßen durfte. Ich nahm es als Fügung, ich hatte den Platz an seiner Seite. Zeit verging, mein Schicksal führte mich zur Heirat, alles Neue, zu Erlebende ließ mich Rilke nicht mehr in München begegnen. Dresden: In der Sehnsucht, wieder auszusagen, künstlerisch tätig zu sein, brachten mir große Abende im Kunstsalon Richter tiefen Erfolg. Da fand ich in seiner Poesie Erlösung. Da schrieb ich zum erstenmal seit langem wieder an Rilke und sandte ihm die Pressestimmen über seine Dichtungen und meine Wiedergabe. Da kam als Antwort der Brief, den ich Ihnen gern zur Verfügung stelle. Wieder in München, um 1919 im Januar zum ersten Male Mutter geworden, so völlig umfangen vom Erlebnis und der Sorge: »Das Kind, der Erstgeborene, taucht eines Tages der tiefe Wunsch auf, ihn wiederzusehen.« Und in der Laune einer Stunde liniere ich den Briefbogen wie ein frühes Schulheft und lasse mit kindlicher Schrift meinen kleinen Buben dem lieben großen Dichter schreiben. Aber er kam nicht. Es waren entsetzliche Zeiten in München, er war befangen und gefangen von den politischen Ereignissen des Frühjahrs 1919 und verließ damals, ich glaube sogar, damals politisch gezwungen, auf lange Zeit die Stadt.

Danach habe ich ihn nicht mehr wiedergesehen. Ich erinnere noch einen Märzvormittag, wo er mir begegnete, es war in der Ludwigstraße, ich schob selig meinen winzigen Buben im Wagen durch die Sonne. Ich hatte einen Strauß Märzweidenkätzchen im Arm und teilte freudig meinen Strauß mit ihm. Er nahm ihn, guckte in den Wagen nach meinem Buben, aber nichts hätte er gesehen, sagte er nachträglich, so verborgen im Kissen war das kleine Wesen. Ein lieber Gruß – Rilke verschwand in der weiten Allee. Ich sah ihm nach, eins der losen Weidenstämmchen schien seiner Hand entglitten zu sein, er bückte sich und hob es auf. So sind alle Begegnungen, und waren sie noch so leise, so sparsam nach außen gestellt, kristallklare Bilder der dankbaren eigenen Erinnerung geworden.

Medaillon III
Mein Freund Hans Christian Andersen

Wild jagen die Möwen über den Fischmarkt am Gammelstrand. Pfeilschnell schießen sie in verwegenen Runden auf den Abfall der Marktkörbe. Mit fast artistischer Gewandtheit trennen die breiten Fischfrauen Köpfe und Gedärme, Schuppen und Schwänze von den Fischen, und in wenigen Sekunden wird zappelnd Lebendiges Sache, notwendige Tagesnahrung. Eiskalt steht Luft und Wind im Gesicht. Die Sonne ist rund und gelb – die Finger der Fischfrauen, schuppenbespritzt und blaurot, das hastige Messer umklammernd.

Fischer säubern, waschen, bespülen mit Kübeln und

København. Andersen
Erworben von Lilly

Besen Fangboote vom Unrat und lockern die Netze und lichten die Maschen vom Bodensatz ihres Fanges.

»København c'est la ville, qui ne ce prononce pas facilement«, sagt Rilke, »quelle ville, quelle vie!«[199]

Wenige Straßen vom Markt entfernt, ein altes hochgegiebeltes Haus, das ein uraltes Menschenkind bewohnt. »Kommen Sie«, sagt mir eine Freundin, »Fröken Melchior[200] erwartet uns zum Tee.« Wir steigen die schmale Treppe hinauf. »Sie ist sehr alt, hat fast alles vergessen, nur ihre frühste Kindheitserinnerung, verknüpft mit dem Dichter der geliebtesten Märchen der Welt, ist noch wach. Sie erzählt …«

Der Glockenzug geht, wir sind wie im Traum, »Die Galoschen des Glücks«, so denke ich, zurückversetzt um fast ein Jahrhundert, und stehen vor »ihr«.

In schwarzer Seide, fein altmodisch gekleidet, ein Spitzenhäubchen, umrahmtes verschollenes Antlitz, so grüßt es vergilbt, und wir sitzen beim Tee. »Sehen Sie, liebe Freunde«, so sagt sie gebrechlich, »dies ist noch mein Ahnenhaus, das Haus meiner Eltern, der gütigsten Freunde von Andersen.«

Trippelnd weist sie uns Tisch, Stuhl und Gefäße, die der Dichter gebraucht, alte Fächer und Bilder, Blätter, vergilbt, wo überall launig Verse von seiner Hand, Namenszüge gesetzt sind. Und:

»Andersen im sommerlichen Garten seiner Wohltäter« –

»Andersen im berühmten Gehrock, Stock und Zylinder, in den schmalen Gäßchen der Stadt spazierend« –

»Andersen, vertraulich im Kinderkreise seine Märchen erzählend« –

Andersen – Andersen – Andersen – Und dann voller Demut tastet und streichelt mein Auge: Der Nachlaß des Dichters, von seinen Freunden gepflegt und geschützt wie von heute:

Der Lehnstuhl, der Schemel, der Wandschirm, die Dinge der letzten Lebenstage des Dichters. Gefesselt vom Sterben, gebannt durch Monate an den Lehnstuhl, eilte die Sehnsucht, die Phantasie des Künstlers hinaus in die Weite.

Er schnitt, seine Zeit in der Stube zu nützen, aus Zeitschriften und Tagesblättern Bilder und Texte zu den fünf Weltteilen zusammen und beklebte den Wandschirm mit Menschen und Blumen und Tieren und Scherenschnitten, daß wohlgeordnet entstand das Ziel seiner Sehnsucht, die Reise, die Welt.

Europa – Asien – Afrika – Amerika – Australien. »Der Reisekamerad«, dacht ich ergriffen und schwieg.

»Ja, ich erinnere noch«, so nickte das »Fröken«, die Alte, »er erzählte mir Märchen als Kind, er lebte viele Stunden hier in den Räumen, er streichelte meinen Kopf als Kind, meine Haare«, und sie lächelt beseligt.

»Und nun schenk ›ich‹ euch was, Lilly – die Märchen des Dichters sind weltgeliebt und weltbekannt, seine wenigen Gedichte fast ungenannt.

Aber ich hab eines, und ich liebe es, und ich schenke es euch her, damit wir alle es haben sollen.«

Hier ist es:

Agnetes Vuggevise
Agnetes Wiegenlied
unter Wasser zu singen

Sieh die Sonne in die Tiefe gleiten,
Schlafe, Kindlein, werde stark und groß.

Auf dem wilden Seepferd sollst du reiten,
Auf der Wiese in des Meeres Schoß.

Über dich, an großer Wolken Stelle,
Zieht der Fische Schar in Meeres Schaum,
Mond und Sonne scheinen durch die Welle,
Beide reichet dir dein süßer Traum.

Schlafe, Kind, das ich gebar mit Schmerzen,
Werde meine Freude auch dereinst,
Leben trankest du an meinem Herzen,
Und zu Herzen geht's mir, wenn du weinst.

Schlafe, Kind, ich sitz' an deiner Wiege,
Schließe mit dem Kuß deine Äugelein,
Wenn ich mit geschlossenem Auge liege,
Liebes Kind – wer wird dir Mutter sein?

Bergliot, das Kind vom »Dänen« Svend Borberg und Frau, geborene Björnson.[201]

Björn Björnson und Henrik Ibsen mit ihren Frauen sind Bergliots norwegische Urgroßeltern.[202]

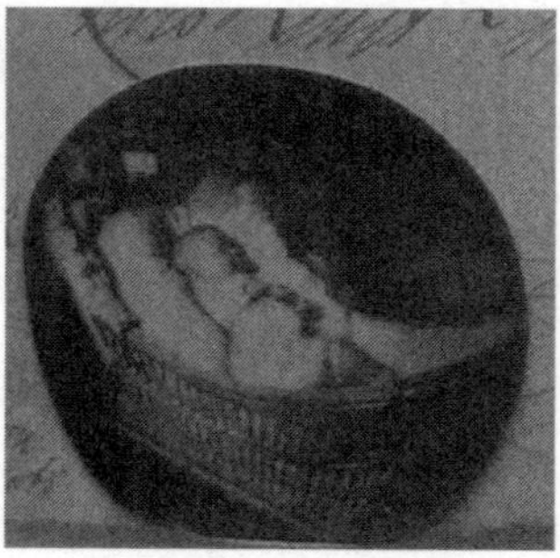

Geschenk an Lilly
von den Eltern Bergliots

Medaillon IV
Nikolsburg[203] und das Museum und Archiv jüdischer Sammlungen

Ein Wort aus altem Volksmund spricht: »Der guten Dinge sind drei«, und so wäre das dritte Ding sogar das allerbeste gewesen.

Ein Ruf, der dritte in den letzten Jahren, ergeht an mich von der feinsinnigen Führerin der Nikolsburger Frauenvereinigung der WIZO, und als Gast des Hauses Dr. Richard Teltscher ziehe ich in Nikolsburg ein.

Im alten Gewölbe der alten Frauenschul der alten Synagoge, gegenwärtiges Beeth-Haam – ein wärmender Eisenofen – einfache Holzbankreihen, aber dichtbesetzt – ein geschmackvoll arrangiertes Podium, und ich fühle mich glücklich, gebend und nehmend an Wärme und Widerhall.

Und dann wandeln wir am Abend die schräge, schmale alte Gasse hinauf, laternenbeleuchtet und mondbeglänzt, halbdunkel und schwer von Erinnerung.

Nikolsburg! Erd- und bodenangeschmiegte, zärtlichwehe Mischung von alter Erinnerung und neuem anschmiegsamem Leben. Kluge Hände und Sinne haben in einem Juwel der Stadt Schätze jüdischer Vergangenheit und Erinnerung von Sein, Kraft, Leben und Kampf geborgen.

Wir wandern dahin – im ehemaligen Ghetto – das erworbene Haus – ein paar Stufen hinunter.

Es war im Mai 1936, als das Jüdische Zentralmuseum für Mähren-Schlesien in Nikolsburg feierlich eröffnet wurde. Durch drei Jahrhunderte war diese Stadt Sitz des Landesrabbinats und die größte, bedeutendste Judenstadt Mährens, die 4000 jüdische Einwohner zählte in ihrer Blütezeit.

Die Emil-Schweinburg-Straße birgt das wertvolle Haus, nach einem Wohltäter benannt, welcher, 13jährig nach Amerika ausgewandert, während des großen Krieges starb und testamentarisch reiche Beträge zum Wohle der Stadt hinterließ.

Nur das Parterre des Gebäudes erfüllt das Museum, das einstöckige Haus, schindelbedeckt, mit barock geschnitzten Verzierungen versehen, fenstervergittert, durch eine geschnitzte Eisentür zu öffnen. Über der Eingangstür die Inschrift: »Museum Jehudi«, oberhalb ihrer die alte Hausnummertafel aus Stein mit hebräischer Inschrift: »Schachor al lawan, secher le churban«[204], »Schwarz auf weiß, zur Erinnerung an die Zerstörung« des Heiligtums.

Ein langer Gang, die Wände mit vom Denkmalsamt hergestellten Photos behängt, alte Truhen, ein Plan des Ghettos. Im nächsten Raum die Mohelbank (Beschneidebank), 1914–18 im Flüchtlingsbarackenlager am Muschelberg bei Nikolsburg verwendet.

Im ersten Raum weiß umrandete und weiß gestützte sorgfältige Glasvitrinen, deren Inhalt interessierte Aufmerksamkeit fesselt: auf Pergament geschriebene Bücher, die farbige Miniaturen enthalten, Nikolsburger Schreiber des 18. Jahrhunderts, Pergamenthandschriften, Kabbala. Die silberleuchtende Vitrine in der Mitte des Raumes lockt den Beschauer. Mit Kunstsinn geordnet, der Schuppenbecher des hohen Rabbi Löw (Golemsage), umgeben von einer bunten mannigfachen Formenfülle von Bessonim-Büchsen (Riechbüchsen). Silberfahnen, Früchte, Eisenbahn, und dann das Judenrichterszepter, bestätigt unter dem damaligen Schutzherrn Fürst Dietrichstein. Besonders beeindruckt die Wahlurne der Chewra-Kadischa, mit dunkelbraun leuchtendem Samt überzogen und Silber, aus der ersten Hälfte des 18. Jahrhunderts. – Zwei mächtige Chewra-Krüge (Havanna-Arbeit) und derjenige aus Nikolsburg – silberbedeckelt – aus dem 17. Jahrhundert gezeichnet. Alle Begräbnisse darstellend, der letzte eine Bahre eines Toten tragend, gestützt von vier Trägern in der Tracht der damaligen Zeit.

Bilder der Landesrabbiner und Rabbiner von Nikolsburg zieren die Wände, und dann haftet das Auge sympathiefordernd auf dem Jünglingsbild des jüdischen Freiheitshelden Spitzer, 1848 gefallen – und Ölgemälde, darstellend die Gründer der deutsch-hebräischen Schule, und voller Bemerkenswertem das Bild von Kolisch, nachmaligem Direktor des 1848 in Nikolsburg gegründeten ersten Taubstummeninstituts Europas. Taubstumme Kinder drängen sich kosend um die Knie des Wohltäters.

Kulturgeräte reihen sich wohlgeordnet in schöner Fülle in den nächsten zwei Räumen. Kohanimkrüge und Waschbecken verschiedener Formen und aus wechselnden Zeiten, Thoraschmuck, würdig und silberbeglänzt, und in reichster und schönster Ausführung die wertvollen Parochoth-Bundesladenvorhänge, die bis 300 Jahre alt sind – von schönster Verlockung, ihn zu streicheln, der Vorhang aus Genueser Sammet, aus dem 16. Jahrhundert stammend, und der andere aus Goldbrokat von den Vorfahren des Ratgebers der Kaiserin Maria Theresia, Sonnenfels, gestiftet, wohl aus einem kostbaren Kleide gewirkt. Bemerkenswert noch der Chalizaschuh[205] und ein weißseidener Vorhang, blumengeschmückt und farbig bemalt, japanischer Malerei vergleichbar.

Freud-Vitrine im Museum Nikolsburg

Eine alte jüdische Wohnung von Kleinbürgern der Stadt, im napoleonischen Stile eingerichtet, bewahrt das Museum, welche, schlicht und bescheiden, aus Zimmer und Küche besteht. Die Küche mit roten Ziegeln bepflastert, das Fenster schwer eisenvergittert. Einfache Möbel aus Eichenholz, Sabbatkerzen, eine hängende Sabbatlampe, ein Bild Mardechei-Benedikts[206] an der Wand, die Chanukkamenora[207], Bessonimbüchse schmücken den Raum. Ein Tisch vollendet die spärliche Einrichtung des Hauses. Auffallend noch die Legebank, eine Bank, zur Nacht durch eine große ausziehbare Schublade als Bett zu verwenden. Zwei Stufen führen von der Küche in den Wohnraum hinauf, den ein einfacher lederbepolsterter Sessel und ein behagliches Großvaterfauteuil noch erwärmt.

In der Nähe des Museums stehen drei große Tempel der Gemeinde Nikolsburg und noch viele Bethäuser, die sich im Ghetto befinden. – Die jetztzeitige Bibliothek der Kultusgemeinde, reichhaltig und wert, ist im Beth-Hamidrasch[208] unweit des großen Tempels beherbergt.

Fernher von den Hängen der Polanerberge ruft zur Betrachtung der alte berühmte Friedhof. Da wandeln die Schritte über hügelige Erde – steinerne Mäler des Rabbonim (Rabbiner) Platzes – alter Familien, Lebensmüder und Kinder.

Ergreifend die Rundung des stillen Heldenfriedhofs. 25 Jünglinge jüdischen Glaubens haben ihr junges Leben dem Vaterlande gegeben. Sie ließen sich fällen wie alle die anderen – nicht feige – auch mutig.

Und zurück ins Museum, wo eine stille Ecke ihn birgt – den reinen Bekenner und Sucher der Wahrheit. Auf dem Hintergrund eines rotsamtenen Thoravorhangs die Zeichnung von Schmutzer, auf der Brokatdecke geordnet 13 Bände seines Werks, ein Band davon in hebräische Sprache übersetzt und gewidmet, fotografische Dokumente der Ehrungen des Meisters und, groß und gerahmt, ein Brief an das Museum gerichtet:

An Herrn Medizinalrat Dr. Siegfried Fehl

Sehr geehrter Herr Kollege!

Ich hoffe, es ist Ihnen nicht unbekannt, daß ich mich immer treu zu unserem Volk gehalten und nie für etwas anders ausgegeben habe, als ich bin: Ein Jude aus Mähren, dessen Eltern aus dem österreich. Galizien stammten.

Den Beweis, daß wir Juden Kulturträger sind, halte ich nicht für notwendig zu erbringen. Wir haben uns seit jeher als solche bewährt, in den dunkelsten Zeiten des Mittelalters wie der kurzen Spanne der Neuzeit, da man uns als nahezu gleich berechtigt anzunehmen bereit schien.

Das Zentralmuseum in Nikolsburg möchte ich gerne nach Kräften fördern, aber ich besitze weder Gegenstände noch Dokumente, die für dasselbe von Wert sein könnten.

Wenn Sie irgend etwas auf meine Person Bezügliches zu erhalten wünschen, so bitte ich um einen Wink, was es sein sollte.

Ihr in Hochachtung ergebener
Freud

Ein Dokument kristallklarer Wahrheit!

Schön ist das reine Geständnis des Meisters, klar und ohne Trug wie diese steile Schrift, von jedem Schnörkel und jeder Verzierung befreit. Jünglingshaft lauter und stolz, und es klingt die reine Melodie von »Schrift und Wort« hinein in die Kammer des Herzens und trifft den Rhythmus der indischen Dichtung Tagores:

»Ich bin immer so jung oder so alt wie der Jüngste oder der Älteste in diesem Dorfe.
Ich bin mit allen gleichaltrig. Was tut es, wenn mein Haar weiß wird?«

Dankbar und ergriffen und im Andenken an meinem Abend am 14. November des Jahres und an meinen Besuch des Museums schreibe ich in das große Fremdenbuch des Hauses erst Rilkes Wort:

»Wer spricht von Siegen?
Überstehen ist alles.«

Und dann das meine:

Allen Ungerechtigkeiten und Grausamkeiten trotzend, rage auch diese feinsinnige und liebevolle Sammlung jüdischer Kraft und Kultur durch die Schatten und Wolken in gütigere Zeiten und Reiche wahrhaftigerer Gerechtigkeiten – in leuchtendes Licht!

Lilly Freud-Marlé.

Lilly Freud-Marlé vor der Freud-Vitrine

Literaturverzeichnis

Behling, Katja. 2002. Martha Freud. Die Frau des Genies. Berlin: Aufbau Taschenbuch Verlag.

Berthelsen, Detlef. 1989. Alltag bei Familie Freud. Die Erinnerungen der Paula Fichtl. München: dtv.

Bertin, Celia. 1989. Die letzte Bonaparte. Freuds Prinzessin. Ein Leben. Freiburg: Köre.

Biswas, Santanu. 2003. Rabindranath Tagore and Freudian thought. International Journal of Psycho-Analysis, 84: 717–732.

Freud, Martin. 1957. Glory Reflected. Sigmund Freud – Man and Father. London/Sydney/Melbourne/Wellington: Angus & Robertston.

Freud, Martin. 2000. Mein Vater Sigmund Freud. Heidelberg: Mattes Verlag.

Freud, Sigmund. 1900a. Die Traumdeutung. Wien: Deuticke. GW 2/3.

Freud, Sigmund. 1915b. Zeitgemäßes über Krieg und Tod. Imago, 4: 1–21.

Freud, Sigmund. 1925b. Brief an den Herausgeber der Jüdischen Preßzentrale. Jüdische Preßzentrale Zürich, 26. Febr. 1925. GW 14, S. 556.

Freud, Sigmund. 1925d. Selbstdarstellung. In Grote, Louis: Die Medizin der Gegenwart in Selbstdarstellungen, Bd. 4. Leipzig: Felix Meiner, S. 1–52. GW 14, S. 31–96.

Freud, Sigmund. 1925e. Die Widerstände gegen die Psychoanalyse. Imago, 11: 222–233. GW 14, S. 99–110.

Freud, Sigmund. 1927c. Die Zukunft einer Illusion. Leipzig/Wien/Zürich: Internationaler Psychoanalytischer Verlag. GW 14, S. 325 bis 380.

Freud, Sigmund. 1933a. Neue Folge der Vorlesungen zur Einführung in die Psychoanalyse. Wien: Internationaler Psychoanalytischer Verlag. GW 15.

Freud, Sigmund. 1935d. Ergänzungen zur »Selbstdarstellung«. GW Nachtragsband, S. 762–764.

Freud, Sigmund. 1939a. Der Mann Moses und die monotheistische Religion: Drei Abhandlungen. Amsterdam: Lange. GW 16, S. 103–246.

Freud, Sigmund. 1960a. Briefe 1873–1939. Frankfurt am Main: S. Fischer.

Freud, Sigmund. 1973b. Brief an Chaim Koffler (26. 2. 1930). In: Nitzschke, Bernd: Versöhnung – diesseits von Gut und Böse. Sigmund Freuds transkulturelles Erbe. Freie Assoziation, 6(2003), S. 7–21.

Freud, Sigmund. 1989a. Sigmund Freud, Jugendbriefe an Eduard Silberstein, 1871–1881. Frankfurt: S. Fischer.

Freud, Sigmund. 1992a. Sigmund Freud/Ludwig Binswanger. Briefwechsel 1908–1938. Hrsg. von Gerhard Fichtner. Frankfurt am Main: S. Fischer.

Freud, Sigmund. 2002. Unser Herz zeigt nach dem Süden: Reisebriefe 1895–1923. Hrsg. von Christfried Tögel unter Mitarbeit von Michael Molnar. Berlin: Aufbau-Verlag.

Freud, Sigmund. 2004. Sigmund Freud / Max Eitingon. Briefwechsel 1906–1939. Hrsg. von Michael Schröter. 2 Bände. Tübingen: edition diskord.

Freud-Bernays, Anna. 2004. Eine Wienerin in New York. Die Schwester Sigmund Freuds erinnert sich. Hrsg. von Christfried Tögel. Berlin: Aufbau-Verlag.

Gay, Peter. 1989. Freud. Eine Biographie für unsere Zeit. Frankfurt am Main: S. Fischer.

Gottwaldt, Alfred. 2004. Sigmund Freuds Schwestern und der Tod. Anmerkungen zu ihrem Schicksal in Deportation und Massenmord. Psyche, 58: 533–543.

Gundlach, Horst & Métraux, Alexandre. 1979. Kokain. Koller und Schleich. Psyche, 33: 434–451.

Jones, Ernest. 1960–1962. Das Leben und Werk von Sigmund Freud. 3 Bände. Bern/Stuttgart: Hans Huber.

Mann, Thomas. 1929. Die Stellung Freuds in der modernen Geistesgeschichte. Die Psychoanalytische Bewegung, 1: 3–32.

Murken, Barbara. 2005. Lilly Freud-Marlé über ihre Freud-Biographie. Aus einem Brief an Herbert Stuffer (1947). Luzifer-Amor, 35: 168 f.

Peters, Uwe Henrik. 1979. Anna Freud. Ein Leben für das Kind. München: Kindler.

Sachs, Hanns. 1982. Freud. Meister und Freund. Frankfurt/Berlin/Wien: Ullstein.

Segond, Pierre. 1993. Eva Freud. Une Vie. Berlin 1924 – Marseille 1944. Trames: Actualité de la Psychanalyse, September: 75–116.

Seidler, Ernst & Freud, Alexander. 1904. Die Eisenbahntarife in ihren Beziehungen zur Handelspolitik. Leipzig: Duncker Humblot.

Simon, Ernest. 1957. Sigmund Freud, the Jew. Yearbook of the Leo Baeck Institute, 2: 270–305.

Tögel, Christfried. 1989. Berggasse – Pompeji und zurück. Sigmund Freuds Reisen in die Vergangenheit. Tübingen: edition diskord.

Tögel, Christfried. 1990. Bahnstation Treblinka. Zum Schicksal von Sigmund Freuds Schwester Rosa Graf. Psyche, 44: 1019–1024.

Tögel, Christfried. 1994. »… und gedenke die Wissenschaft auszubeuten«. Sigmund Freuds Weg zur Psychoanalyse. Tübingen: edition diskord.

Tögel, Christfried. 1996. Freuds Wien. Eine biographische Skizze nach Schauplätzen. Wien: Turia und Kant.

Tögel, Christfried. 2004. Freuds Berliner Schwester Maria (Mitzi) und ihre Familie. Luzifer-Amor, 33: 33–50.

Tögel, Christfried. 2006. Freud und Berlin. Berlin: Aufbau Taschenbuch Verlag.

Tögel, Christfried & Schröter, Michael. 2004. Jacob Freud mit Familie in Leipzig (1859). Erzählung und Dokumente. Luzifer-Amor, 33: 8–32.

Wittenberger, Gerhard & Tögel, Christfried (Hrsg.). 1999. Die Rundbriefe des »Geheimen Komitees«. Band 1: 1913–1920. Tübingen: edition diskord.

Young-Bruehl, Elisabeth. 1988. Anna Freud: a biography. New York/London: Summit Books.

Anmerkungen

1 Anton Walter Freud, der Sohn von Freuds ältestem Sohn Martin, erzählte, Lilly sei die ehemalige Freundin von Hans Leip (1893–1983), dem Autor des Schlagertextes, gewesen, den sie verlassen habe, um Arnold Marlé zu heiraten. Darüber sei Hans Leip so gekränkt gewesen, daß er das Lied über die Soldatenhure »Lili Marleen« mit ihrem Namen belegte. In einem Brief an Margarethe Freud dementierte Leip entschieden: »Ich schrieb das Lied als Gardefüselier vor dem Ausmarsch nach Rußland im April 1915. – Es ist weder einer Tänzerin noch einer Diseuse gewidmet gewesen, sondern zwei schlichten Mädchen, von denen eine Lilli benannt war, die andere Marleen […].« Lilly selbst hat sich zu dieser Geschichte nicht geäußert; vgl. Tögel (2004), S. 39.

2 Murken (2005).

3 Zur Zeit der Niederschrift dieses Briefes war Martha Freud fast 86 Jahre alt.

4 Freud (1957), deutsche Übersetzung Freud (2000).

5 Vgl. Biswas (2003), S. 718 f.

6 Tögel (2004), S. 41–43.

7 Tögel (2004), S. 43 f.

8 Dieser Ausspruch ist bei Freud nicht nachzuweisen.

9 Freud (1925d), S. 34.

10 Wahrscheinlich handelt es sich um den Kaufmann Siegmund Freud, geboren am 24. September 1884 in Konstantinopel. Er wurde während der Nazizeit nach Theresienstadt verschleppt und vermutlich in Auschwitz ermordet (Auskunft des Historischen Archivs Köln vom 23. September 2003).

11 Amalia Freud: 18. August 1835 – 12. September 1930.

12 Jakob Freud: 18. Dezember 1815 – 23. Oktober 1896, hatte aus der ersten Ehe mit Sally Kanner zwei Söhne: Emanuel (April 1833 bis 17. Oktober 1914) und Philipp (September 1834 – 29. August 1911).

13 Jakob Freud war zu seiner Hochzeit am 29. Juli 1855 knapp 40 Jahre alt.

14 Anton Rubinstein (1824–1894), russischer Komponist und Klaviervirtuose, nicht zu verwechseln mit Arthur Rubinstein.

15 Hermann Nathanson hatte mindestens zwei Söhne, Jakob und Simon. Wer die Bibliothek gründete, konnte nicht ermittelt werden.

16 Margarethe: 4. August 1887 – 5. April 1984.
17 Anna: 31. Dezember 1858 – 11. März 1955. Die Familie war über einen Zwischenaufenthalt in Leipzig im Herbst 1859 nach Wien übergesiedelt, Freud war also reichlich drei Jahre alt; vgl. Tögel & Schröter (2004).
18 Julius: Oktober 1857 – 15. April 1858.
19 Maria Freud: 22. März 1861 – 24. September 1942.
20 Die Grünentorgasse verläuft in etwa parallel zur Berggasse, in der Sigmund Freud mit seiner Familie ab September 1891 wohnte; beide Wohnungen lagen knapp 400 Meter auseinander.
21 Sigmund Freuds Bruder: 19. April 1866 – 23. April 1943.
22 Auftakt des jüdischen Passah-Festes zum Gedenken an den Auszug aus Ägypten.
23 Adolfine Freud: 13. Juli 1862 – 29. September 1942.
24 Auch Freud hielt sich mehrfach in Ro nov auf, sowohl als Kind als auch als Erwachsener. Als Neunzehnjähriger begann er an einer Novelle zu schreiben mit dem Titel »Die Reise nach Rožnau«; vgl. Freud (1989a), S. 104.
25 Fluß in Mähren.
26 Eigentlich Bartgeier, ein im Alpenraum weitverbreiteter Habichtvogel, der im 20. Jahrhundert nahezu ausgerottet wurde.
27 Theodor Kohn (1845–1915), ein zum Katholizismus konvertierter Jude, zwischen 1893 und 1904 Fürsterzbischof von Olmütz.
28 Locker gewebtes baumwollenes Tuch.
29 Kleiner Damenhut mit Kinnbändern.
30 Prinzessin Marie Bonaparte (1882–1962) war eine Urgroßnichte Napoleons und mit Prinz Georg von Griechenland verheiratet. 1925 wurde sie erst Patientin und dann Schülerin Freuds. Sie unterstützte die Psychoanalyse finanziell, übersetzte viele von Freuds Schriften und trug maßgeblich dazu bei, daß dieser 1938 das von den Nazis besetzte Österreich verlassen konnte; vgl. Bertin (1989).
31 Sophie Halberstadt: 12. April 1893 – 25. Januar 1920, Freuds mittlere Tochter, starb im Alter von 27 Jahren aus bisher nicht eindeutig geklärten Gründen.
32 Lillys Schwager Jankew Seidmann (4. April 1892 – 19. Oktober 1929) und ihre Schwester Tom Seidmann-Freud (17. November 1892 – 7. Februar 1930) schieden beide durch Selbstmord aus dem Leben.
33 Freud erhielt 1930 den Goethepreis der Stadt Frankfurt, mit dem Personen ausgezeichnet werden, deren schöpferisches Wirken einer dem Andenken Goethes gewidmeten Ehrung würdig ist. Zu den Preisträgern vor Freud gehörte Albert Schweizer (1928), zu den späteren Thomas Mann (1949) und Marcel Reich-Ranicki (2002).

34 Aussteuer.
35 Jakob Freud starb im Alter von 80 Jahren und 10 Monaten.
36 Freuds Schwester Anna schrieb in ihren Erinnerungen: »Wir waren sehr einfach erzogen, daß uns selbst der Besitz eines Klaviers als Zeichen eines großen Reichtums erschien. Wir selbst lernten nicht Klavierspielen. Unsere Mutter hatte aus Liebe zur Musik einmal ein Klavier gemietet, um uns unterrichten zu lassen, aber mein Bruder Sigmund war über die ersten Skalen und Fingerübungen so entsetzt, daß er drohte auszuziehen. Darum unterblieb der weitere Unterricht, und zu unserem großen Leidwesen verschwand das Klavier wieder.« Freud-Bernays (2004), S. 12.
37 Es handelte sich um die 44 Verse 14–57.
38 Zu Freuds Identifikation mit Ödipus vgl. Tögel (1994), S. 27–32.
39 In Freuds berühmtem »Matura-Brief« an seinen Jugendfreund Emil Fluß; Freud (1960a), S. 6.
40 Freud (1925d), S. 34.
41 Das Leopoldstädter Realgymnasium, das Freud besuchte, befand sich in der Taborstraße 24. 1868 nannte es sich »Leopoldstädter Communal-Real- und Obergymnasium«, und 1877 zog es in die Kleine Sperlgasse. Die Räume, in denen Freud unterrichtet wurde, befanden sich im Hof des sog. Radislowitsch-Braun'schen Stiftungshauses; vgl. Tögel (1996), S. 11 f., 99.
42 Robert Bárány (1876–1936) erhielt 1914 den Nobelpreis für seine Arbeiten über Physiologie und Pathologie des Vestibularapparats, des Gleichgewichtsorgans im Ohr. Er selbst schlug Freud viermal für den Nobelpreis vor.
43 Zu Martha und ihrer Familie vgl. auch Behling (2002).
44 Das Schiwoh-Sitzen ist ein jüdisches Trauerzeremoniell.
45 Theodor Mommsen (1817–1903), deutscher Historiker und Nobelpreisträger.
46 Georg von Bunsen (1824–1896), Nationalökonom und liberales Reichstagsmitglied.
47 Pauline Fürstin zu Wied (1877–1965), Tochter Wilhelms II., des letzten Königs von Württemberg.
48 Lazarus Riesser (1763–1828), Talmudgelehrter und Rechtsgelehrter.
49 Eli Bernays: 6. Februar 1860 – 12. Oktober 1923.
50 Minna Bernays: 18. Juni 1865 – 12. Juni 1941.
51 In dieser Zeit wohnte Freud allerdings zu Hause.
52 Freud (1925d), S. 38 f.; vgl. dazu auch Gundlach & Métraux (1979).
53 Die Ziviltrauung fand am 13. September 1886 im Rathaus von Wandsbek statt, die jüdische Trauung einen Tag später im Haus von Marthas Mutter, Emmeline Bernays.
54 Lilly Freud-Marlé schreibt »Sühnehaus«, eine ungeläufige Wortform.

55 Friedrich Freiherr von Schmidt (1825–1891), Architekt, der den neugotischen Backsteinbau in Österreich durchsetzte. Neben dem Sühnhaus und dem Rathaus entwarf er auch die Votivkirche.

56 Hier handelt es sich offenbar um eine Familienlegende. Auch Freuds Schwester Anna berichtet in ihren »Erinnerungen«, sie hätte Karten für besagte Vorstellung gehabt und die Mutter hätte den Besuch untersagt. Übrigens behauptete halb Wien, durch ähnliche glückliche Fügungen dem Tod entronnen zu sein.

57 Mathilde: 16. Oktober 1887 – 20. Februar 1978.

58 Freud konnte zu dieser Zeit mit einem Jahresverdienst von drei- bis viertausend Gulden rechnen.

59 Aus Anlaß der Praxiseröffnung hatte Freuds Schwiegermutter ihm geschrieben: »Es wird sicher so kommen, wie ich Dir neulich propheziehen habe, daß Dir die Juden bei Lebzeiten ein Standbild errichten und an der Rathausstraße No. 7 eine Gedenktafel mit der Inschrift: Hier wohnt der große Professor D. Freud, der Wohlthäter der leidenden Menschheit ...«; Emmeline Bernays – Sigmund Freud, 17. April 1886; Sigmund Freud Papers, Library of Congress.

60 In der Rathausstraße ordinierte Freud nur bis zum Umzug in die Maria-Theresien-Straße Anfang Oktober 1886. Dann verlegte er auch seine Praxis an die neue Adresse.

61 Auch der Teppich, der Freuds analytische Couch bedeckte, stammte von Lillys Vater.

62 Minna Bernays war mit dem Sanskritforscher Ignaz Schönberg (1856–1886) verlobt, der an Tuberkulose starb.

63 Seine Praxis hat Freud zu keiner Zeit aufgegeben.

64 Wahrscheinlich Anna Poldinger.

65 Leopold Königstein (1850–1924), Augenarzt, war von Freud auf die Wirkung des Kokains als Anästhetikum aufmerksam gemacht worden.

66 Oskar Rie (1863–1931), Kinderarzt, einer der engsten Freunde Freuds.

67 Ignaz Rosanes (1856–1922), Hals-Nasen-Ohren-Arzt, Freuds Schulfreund.

68 Im Nachbarhaus befand sich die Fleischerei Kornmehl.

69 Dieser Ausspruch ist zumindest in Freuds Schriften und Briefen nicht nachzuweisen. Zu dieser Frage der Anerkennung im eigenen Land hatte sein Schüler Sándor Ferenczi einst an ihn geschrieben: »Allerdings finde ich es unwürdig, daß der Schöpfer der alles umwertenden Wissenschaft nach so vielen Jahrzehnten nicht einmal so viel Verständnis im eigenen Vaterlande gefunden hat, daß die Leute im eigenen Interesse lieber ihn als Unwissende aufsuchten. Wenn je eine Stadt unverdient zum Ruhme gelangt ist, die Geburtsstätte einer neuen Idee geworden zu sein, so ist es Wien. –

Ich gestehe, daß ich rachsüchtig genug bin, darüber nachzudenken, wie man die Wiener für den schimpflichen Empfang, den sie der Psychoanalyse bereitet haben, entlohnen könnte.« Sándor Ferenczi–Sigmund Freud, 26. 12. 1918; Handschriftenabteilung der Österreichischen Nationalbibliothek.

70 Teil Alt-Aussees.

71 Der Schlern liegt in den Dolomiten in Südtirol.

72 Vermutlich handelt es sich um den Sommer 1900, als die Freuds ihren Urlaub in Berghof am Ossiacher See verbrachten und Freuds Schwester Anna Bernays mit ihren Kindern gleichfalls anwesend war; vgl. Freud-Bernays (2004), S. 109 f.

73 Wahrscheinlich der Aufenthalt im Sommer 1906.

74 Im September 1894; vgl. Tögel (1989), S. 63.

75 Max Halberstadt: 14. Mai 1882–30. Dezember 1940.

76 Ernst Halberstadt wurde am 11. März 1914 geboren.

77 Heinz Halberstadt (»Heinele«): 8. Dezember 1918 – 19. Juni 1923.

78 Robert Hollitscher: 4. August 1875 – 7. März 1959.

79 Neben den zahlreichen Zeichnungen, Radierungen, Gemälden und Büsten, die Freud darstellen, gibt es aus Freuds Lebzeiten zumindest zwei Karikaturen: Eine von 1931 zeigt Albert Einstein, Sigmund Freud und Eugen Steinach und wurde auf dem Ball des Wiener Journalisten- und Schriftstellerverbandes verteilt; die Unterschrift lautete: »Die Juden drängen sich überall vor!« Die Zeitung »Der Morgen« widmete am 4. Mai 1936 ihre »Karikatur der Woche« Freuds 80. Geburtstag, zusammen mit einem humorvollen Gedicht.

80 Max Michael Magnus, der Sohn von Lillys Schwester Margarethe, wurde am 11. Oktober 1924 geboren.

81 Vgl. Jones (1960–962), Bd. 3, S. 291.

82 Bei Karl Friedrich Henckell, »Ich trage meine Minne«, heißt es: »Ja, daß ich dich gefunden, du liebes Kind, / das freut mich alle Tage, die mir beschieden sind.«

83 Cousin Marthas, den Freud während seines Paris-Aufenthalts 1885/86 mehrfach traf.

84 Paula Fichtl, von 1928 bis 1982 Haushälterin in der Familie Freud; vgl. Berthelsen (1989).

85 Die Widmung lautet: »Professor Sigmund Freud / In unveränderlicher Liebe und Verehrung. / Stefan Zweig 1928«.

86 In Freuds Bibliothek befinden sich weitere acht Bücher mit Widmungen von Stefan Zweig.

87 Auch von Arnold Zweig erhielt Freud viele Bücher mit persönlichen Widmungen.

88 Dahlien.

89 Im Sommer 1938 hatte Anna Freud den Pekinesen gekauft. Er sollte Freud über die Abwesenheit seines Chow-Chows hinwegtrösten, der nach der Ankunft in England für sechs Monate in Quarantäne mußte.

90 Eva Freud ist höchstwahrscheinlich an den Folgen eines Aborts gestorben. Es wurde ein Eingriff am Gehirn vorgenommen, aber einen Tumor hatte sie nicht; zu Evas ergreifendem Schicksal und ihren komplizierten Freundschaften vgl. Segond (1993).

91 George VI. (1895–1952) und Elizabeth (1900–2002), die Eltern der heutigen Königin Elizabeth II.

92 Fremde, nicht britische Staatsbürger.

93 Freud hatte das Bild im Februar 1932 von einem japanischen Schüler, Heisaku Kosawa, erhalten, der wenig später bei ihm eine Analyse begann.

94 In der Nähe von Schönbrunn.

95 Für die Sommeraufenthalte 1931 und 1932 hatten die Freuds eine Villa in der Khevenhüllerstr. 6 in Pötzleinsdorf gemietet.

96 Hampstead Heath, ein bewaldeter Hügel im nördlichen London.

97 Hans Pichler (1877–1949), Kieferchirurg in Wien, der Freud von 1923 bis 1938 behandelte.

98 Haakon VII. (1872–1957), König von Norwegen von 1905 bis zu seinem Tod. Als geborener Carl von Glücksburg, Prinz von Dänemark, war er mit dem Onkel des Ehemanns von Freuds Schülerin und Freundin Marie Bonaparte, Prinz Georg von Griechenland, verwandt.

99 Harry Freud, der Sohn von Freuds Bruder Alexander: 21. Dezember 1909 – 10. Oktober 1968.

100 Freud (1925d), S. 38.

101 Österreichische Schauspielerinnen: Agnes Sorma (1862–1927); Adrienne Gessner (1896–1987) debütierte 1916 an den Münchner Kammerspielen in dem Stück »Das Postamt« nach Rabindranath Tagore, bei dieser Gelegenheit wurde Lilly wahrscheinlich mit ihr bekannt; Paula Wessely (1907–2000) war ein gefeierter Star am Wiener Burgtheater.

102 Adolf von Sonnenthal (1834–1909), Schauspieler, zeitweilig künstlerischer Leiter und Direktor des Wiener Burgtheaters.

103 Friedrich Mitterwurzer (1844–1897), u. a. berühmt durch seine Rollen als Faust und Mephisto.

104 Nach Charlotte Wolter (1834–1897) benannter, sich steigernder schauspielerischer Vortrag.

105 Hugo Thimig (1854–1944), Schauspieler und Schwiegervater von Max Reinhardt; seine drei Kinder Helene (1889–1974), Hermann (1890–1985) und Hans (1900–1991) waren ebenfalls Schauspieler.

106 Georg Reimers (1860–1936), Schauspieler am Wiener Burgtheater, besonders bekannt durch seine Rollen des Egmont, des Karl Moor und des Königs Lear.

107 Josef Kainz (1858–1910), zunächst am Deutschen Theater in Berlin, seit 1899 am Wiener Burgtheater. Seine psychologisch feinfühlige Charakterdarstellung machte ihn weltberühmt.

108 Stella Hohenfels (1858–1920), Schauspielerin, Frau von Alfred von Berger, dem Direktor des Deutschen Schauspielhauses in Hamburg und später des Wiener Burgtheaters. Unter dem Titel »Chirurgie der Seele« schrieb Berger eine der ersten Rezensionen zu den »Studien über Hysterie« von Freud und Breuer.

109 Seidler & Freud (1904).

110 Karl Lueger (1844–1910), Bürgermeister Wiens von 1897 bis 1910.

111 Was Sigmund Freud betrifft, ist von einer solchen Offerte nichts bekannt.

112 Andererseits war Freud auch ein sehr anspruchsvoller und fordernder Reisender, dessen Ideal es war, auf seinen strapaziösen Touren jede Nacht in einem anderen Bett zu schlafen; vgl. Freud (2002), Tögel (1989).

113 Berühmter Friedhof, auf dem u. a. Honoré de Balzac, Georges Bizet, Marcel Proust, Oscar Wilde und Edith Piaf begraben sind.

114 Es handelt sich um die dritte Auflage der von Julius Petzholdt veranstalteten Ausgabe der »Göttlichen Komödie« von 1877. Sie befindet sich heute in Freuds Bibliothek im Londoner Freud Museum und enthält eine Widmung Lillys: »Maurice Freud's Werk – für Onkel Sigmund Freud – Lilly 1938.«

115 Dantes sterbliche Überreste wurden 1321 in der Kirche von Santa Pier Maggiore (heute San Frencesco) beigesetzt. Da die Florentiner wiederholt versuchten, sich in den Besitz der Gebeine zu bringen, wurden diese von Franziskanermönchen an der Kirchenmauer versteckt. Bis 1865 blieben sie verschollen, danach wurden sie an den Ort gebracht, wo sie heute noch liegen. Vgl. G. Petrocchi, Vita di Dante. Bari: Laterza 1989, S. 223; ich danke Mariacarla Gadebusch Biondio für diesen Hinweis. Die von Lilly offensichtlich unkorrekt zitierte Inschrift könnte heißen: »Die glorreichen Gebeine von Dante Alighieri aus dem Grabmal von 1780 habt ihr verlegt innerhalb dieser Mauern, ohne sie wegzunehmen, am 27. Mai 1865.«

116 Das Grabdenkmal Dantes ist ein kleiner Tempel, in dessen Innerem der Sarkophag steht. Die Inschrift lautet: »Hic claudor Dantes patriis extorris ab oris / Quem genuit parvi Florentia mater amoris«: Hier ruh' verschlossen ich, Dante, vom Vaterlande vertrieben, / Den Florenz einst gebar, eine Mutter, die wenig wußte zu lieben« (Ferdinand Gregorovius, »Wanderjahre in Italien«).

117 Die Freuds verbrachten die Sommer 1934 bis 1937 in einer Villa in der Strassergasse 47 im Wiener Stadtteil Grinzing.

118 Angela war die Tochter von Lillys Schwester Gertrud (Tom), die sie nach deren Selbstmord adoptiert hatte.

119 Hermann Bahr (1863–1934), österreichischer Schriftsteller, Essayist und Kritiker.

120 Eleonora Duse (1858–1924), italienische Schauspielerin, für die auch Freud schwärmte und mit der er 1897 auf einer Sommerreise im selben Hotel wohnte.

121 Kronprinz Rudolf und Mary Vetsera hatten am 30. Januar 1889 in Mayerling Selbstmord begangen.

122 Luigi Luccheni (1873–1910) ermordete die Kaiserin am 10. September 1898.

123 Der Aufenthalt fiel in das Jahr 1918.

124 Bezogen auf den Beginn der Krebserkrankung im Frühjahr 1923, waren es 67 Jahre.

125 In der ersten Septemberhälfte 1923 besuchte Freud, zusammen mit seiner Tochter Anna, zum siebenten Mal Rom. Während der Zugfahrt bekam er eine starke Blutung im Mund, die aber nicht zum Abbruch der Reise führte; vgl. Freud (2002), S. 377–383.

126 Mit Ausnahme der Aufenthalte zur Anpassung seiner Kieferprothese in Berlin in den Jahren 1928 bis 1930; vgl. Tögel (2006).

127 Jakob Klatzkin (1882–1948), Schriftsteller, Philosoph und Zionist. Gemeinsam mit Nahum Goldman begründete er die Encyclopedia Judaica. Zur Zeit des geplanten Besuchs schrieb er an dem Buch »Der Erkenntnistrieb als Lebens- und Todesprinzip«. Möglicherweise wollte er mit Freud darüber sprechen, dessen Abhandlung »Jenseits des Lustprinzips« er sicher kannte. Freud hatte dort den Todestrieb eingeführt.

128 Diese Geschichte erzählt Freud in der »Traumdeutung«; Freud (1900a), S. 202 f.

129 Freud (1925d), S. 34 f.

130 Korpulenz.

131 Patron und Fürsprecher der Krebskranken.

132 In Wohlwollen, Bruderliebe und Eintracht.

133 Freud (1935d), S. 763.

134 Freud (1925b), S. 556.

135 Allerdings schrieb Freud auch: »Aber anderseits glaube ich nicht, daß Palästina jemals ein jüdischer Staat werden kann und daß die christliche wie die islamitische Welt je bereit sein werden, ihre Heiligtümer jüdischer Obhut zu überlassen. Mir wäre es verständiger erschienen, ein jüdisches Vaterland auf einem historisch unbelasteten Boden zu gründen«; Freud (1973b), S. 16 f.

136 Eine ähnliche Geschichte findet sich auch bei Ernest Simon; Simon (1957), S. 291.
137 Moritz Freier, Rabbiner in Eschwege, Sofia und Berlin. Seine Frau Recha gründete das »Hilfskomitee für jüdische Jugendhilfe«.
138 Am 12. August 1933.
139 Heute Mikulov, Tschechische Republik.
140 Erinnerung an die Zerstörung.
141 Karl Heinrich Spitzer (1830–1848) war der erste gefallene jüdische Barrikadenkämpfer während der Märzrevolution 1848 in Wien.
142 Freud (1925e), S. 110.
143 Wilhelm Kerl (1880–1945), Wiener Dermatologe.
144 Julius Wagner von Jauregg (1857–1940), österreichischer Psychiater; für die Einführung der Malaria-Behandlung bei progressiver Paralyse erhielt er 1927 den Nobelpreis.
145 Ludwig Binswanger (1881–1966), Schweizer Psychiater und Leiter des Sanatoriums Bellevue in Kreuzlingen. Mit Freud verband ihn eine lange Freundschaft; vgl. Freud (1992a).
146 Otto Marburg (1874–1948), Direktor des Neurologischen Instituts der Universität Wien.
147 Otto Pötzl (1877–1962), Oberarzt an der Psychiatrisch-Neurologischen Klinik Wagner-Jaureggs, 1917–1933 Mitglied der Wiener Psychoanalytischen Vereinigung.
148 Henri Claude (1869–1945), französischer Neuropsychiater.
149 Der jugoslawische Bildhauer Oscar Nemon (1906–1985) schuf später auch eine Statue Winston Churchills für das britische Unterhaus. Seine überlebensgroße Freud-Statue befindet sich heute am Beginn von Maresfield Gardens in London.
150 Dieser Gedanke findet sich – wenn auch nicht wörtlich – in Thomas Manns Essay »Die Stellung Freuds in der modernen Geistesgeschichte«; Mann (1929).
151 Auch dies ist keine wörtliche Wiedergabe der Gedanken Manns.
152 »Wenn wir ehrlich sind, müssen wir gestehen, daß es keiner von Freuds Schülern ist, überhaupt kein Psychoanalytiker, kein Wissenschaftler irgendeines Faches, sondern der Dichter Thomas Mann.« Sachs (1982), S. 129.
153 »Man weiß, daß eine Nichte von Sigmund Freud, Frau Lilly Freud-Marlé, in Prag wohnt, wo sie sich einen Namen als Übersetzerin von Lyrik gemacht hat. Erst kürzlich hat sie im T. S. F. [Telegraphie sans fil] dieser Stadt sehr interessant über ›Freud privat‹ geplaudert, welche Beschreibung natürlich von größerer Vertrautheit geprägt war als jene von Stefan Zweig, trotz all dessen geistiger Verbundenheit mit seinem Sujet.«
154 Siegmund Blau, früher Bewunderer Franz Kafkas.

155 Dieser Ausspruch Freuds konnte so nicht nachgewiesen werden.
156 Lucy Bernays, verh. Wiener (1886–1980), Tochter von Freuds Schwester Anna Bernays.
157 Die Pläne zur Umbenennung wurden nicht realisiert.
158 Freud besaß die sog. Sophienausgabe in 133 Bänden.
159 Diskussionssitzungen, die ab 1902 in Freuds Wartezimmer in der Berggasse 19 stattfanden. Aus ihnen entstand 1908 die Wiener Psychoanalytische Vereinigung.
160 Die »Gesammelten Schriften» (1925–1934) umfassen 12 Bände, die »Gesammelten Werke« 18 Bände und die englische »Standard Edition« 24 Bände.
161 Außer an diesen engen Kreis, das sog. »Geheime Komitee«, verschenkte Freud den Ring später auch an seine Tochter Anna sowie an Ernst Simmel. Zu den Biographien der ersten Ringträger vgl. Wittenberger & Tögel (1999), S. 249–260.
162 Josef Terboven (1898–1945), Vertrauter Hermann Görings, von 1940 bis 1945 Reichskommissar für das besetzte Norwegen.
163 Anna Westergaard (1882–1964).
164 Vermutlich Bolko Freiherr von Richthofen (1899–1983).
165 Karl Roos (1914–1951), dänischer Regisseur und Filmkritiker.
166 Max Friediger (1884–1947), Rabbi in Kopenhagen, wurde 1943 nach Theresienstadt deportiert, überlebte das Lager und starb in seiner Heimatstadt.
167 Svend Borberg (1888–1947), dänischer Schriftsteller.
168 Die Familie war Ende Oktober 1859 nach Wien übergesiedelt, und Freud verließ die Stadt nach dem Anschluß an Nazideutschland am 4. Juni 1938.
169 Dieser vielkolportierte Satz findet sich nicht in dem Dokument, das folgenden Wortlaut hat: »Ich bestätige gern, daß bis heute den 4. Juni 1938 keinerlei Behelligung meiner Person oder meiner Hausgenossen vorgekommen ist. / Behörden und Funktionäre der Partei sind mir und meinen Hausgenossen ständig korrekt und rücksichtsvoll entgegengetreten.« (Handschriftenabteilung der Österreichischen Nationalbibliothek)
170 Die sogenannte »Reichsfluchtsteuer« belief sich bei Freud auf 31 329 Reichsmark.
171 Dorothy Burlingham (1891–1979), Tochter von Charles Tiffany, dem New Yorker Glaskünstler und Juwelier. Sie war Analysandin Freuds und enge Mitarbeiterin und Freundin seiner Tochter Anna.
172 »[…] in das Entzücken über die neue Umgebung, das einen zum Ausruf ›Heil Hitler‹ drängen möchte, mengt sich störend das Unbehagen über kleine Eigentümlichkeiten der fremden Umwelt ein«; Freud (2004), S. 903.

173 Der Hausarzt Max Schur (1897–1967) verabreichte im Abstand von zwölf Stunden zwei Morphiuminjektionen (20 ml), nach denen Freud ins Koma fiel und am 23. September 1939 um drei Uhr morgens starb.

174 Freud (1939a), S. 159.

175 Ernst Fleischl von Marxow (1846–1891), Physiologe und früher Kollege Freuds. Er war nach einer Daumenverletzung morphinabhängig, und Freud hatte erfolglos versucht, ihn mittels Kokain von dieser Sucht zu heilen.

176 Freud (1915b), S. 354.

177 Vermutlich handelt sich um Artur Fischer-Colbrie, einen der wenigen Menschen, mit denen sich Freud duzte.

178 Wahrscheinlich sind diese Zeilen an eine seiner Töchter gerichtet.

179 So geschah es auch, und 1951 nahm die Urne ihres Mannes auch ihre Asche auf.

180 Herbert George Wells (1866–1946), englischer Schriftsteller, der vor allem durch seine Science-Fiction-Romane »Der Krieg der Welten« und »Die Zeitmaschine« bekannt wurde. Wells hatte Freud in den 30er Jahren mehrfach besucht und sich auch an den Bemühungen um die Erlangung der britischen Staatsbürgerschaft für ihn beteiligt.

181 Zum Schicksal von Freuds Schwestern vgl. Gottwaldt (2004), Tögel (1990).

182 Zu Anna Freuds Leben und Werk vgl. Peters (1979), Young-Bruehl (1988).

183 Bei Freud heißt es: »Ich meine die Anwendung der Psychoanalyse auf die Pädagogik, die Erziehung der nächsten Generation. Ich freue mich wenigstens sagen zu können, daß meine Tochter Anna Freud sich diese Arbeit zur Lebensaufgabe gesetzt hat, mein Versäumnis auf solche Art wieder gutmacht.« Freud (1933a), S. 157.

184 Emanuels Frau Maria Rokach stammte aus Milow in Rußland.

185 Als Freud 1875 nach England reiste, war er neunzehn Jahre alt.

186 1880 von dem Turner und Radrennfahrer Albert Salomonski gegründet, war dieser Zirkus einer der ältesten Rußlands. Nach der Oktoberrevolution wurde er verstaatlicht und nannte sich später »Zirkus Nikulin«.

187 Ellen Terry (1847–1928), führende englische Shakespeare-Darstellerin.

188 Henry Irving (1838–1905) wurde durch seine Verkörperungen von Hamlet, Macbeth und Othello zum berühmtesten englischen Schauspieler der zweiten Hälfte des 19. Jahrhunderts. Seit 1878 arbeitete er eng mit Ellen Terry zusammen.

189 Herbert Beerbohm Tree (1853–1917), erfolgreicher englischer Schauspieler, brillierte vor allem als Falstaff und Shylock.

190 Abraham Brill (1874–1948), in Österreich-Ungarn geborener amerikanischer Psychoanalytiker. Viele Werke Freuds wurden von ihm ins Amerikanische übersetzt.
191 James Jackson Putnam (1846–1918), bedeutender amerikanischer Neurologe und Anhänger der Psychoanalyse. Freud lernte ihn 1909 in Worcester, Mass., kennen und verbrachte ein paar Tage in dessen Hütte am Lake Placid.
192 Wilhelm Worringer (1881–1965).
193 Bei Freud in dieser Form nicht nachzuweisen.
194 Freud (1927c), S. 377.
195 František Juráň, tschechischer Bildhauer.
196 Amalia Freud war 21, als Sigmund geboren wurde.
197 Auf dem Manuskript ist vermerkt: »Hamburg im Herbst 1932«.
198 Clara Westhoff (1878–1954), Bildhauerin und seit 1901 mit Rilke verheiratet.
199 »Kopenhagen ist eine Stadt, die sich nicht leicht mitteilt. Was für eine Stadt, was für ein Leben!«
200 Charlotte Melchior (1871–1926).
201 Svend Borberg heiratete 1932 Eleonora Ibsen, eine Tochter von Henrik Ibsens Sohn Sigurd und dessen Frau Bergliot Bjørnson.
202 Lilly verwechselt hier wahrscheinlich Bjørn Bjørnson mit dessen Vater Bjørnstjerne Bjørnson (1832–1910), der ein Generationsgenosse Henrik Ibsens (1828–1906) war.
203 Heute Mikulov, Tschechische Republik.
204 Erinnerung an die Zerstörung.
205 Der Chaliza-Akt befreit von der Wiederverehelichung der kinderlosen Bruderwitwe mit dem Schwager.
206 Oberrabbiner von Nikolsburg (1790–1829).
207 Chanukka: achttägiges jüdisches Fest aus Anlaß der Reinigung des entweihten Tempels in Jerusalem im Jahre 165 v. u. Z.; Menora: siebenarmiger Leuchter.
208 Talmudschule.

Abbildungsverzeichnis

Bildnachweis

Alle Abbildungen stammen aus dem Freud Museum London, ausgenommen die Motive auf S. 43 (Library of Congress, Washington D. C., Sigmund Freud Papers) sowie auf S. 61, 76, 213 und 243 (Archiv Christfried Tögel).

Anna Freud-Bernays
Eine Wienerin in New York
Die Erinnerungen der Schwester Sigmund Freuds
Hrsg. von Christfried Tögel
Mit 24 Abbildungen
272 Seiten. Gebunden
ISBN 3-351-02566-1

Ein Beitrag zum Freudschen Familienroman

Die zwei Jahre jüngere Schwester Sigmund Freuds erzählt von ihrer Kindheit und Jugend im Wien der k.u.k. Monarchie und dem Aufbruch in die Neue Welt, wo sie über sechzig Jahre lang lebte. Die Erinnerungen, plastisch und unprätentiös geschrieben, leben ganz vom Temperament der Verfasserin, einer vielseitig interessierten, selbstbewußten Wienerin, die im alten Österreich aufwuchs, als Vierunddreißigjährige mit Mann und Kindern nach New York auswanderte, sich dort einlebte, fortan zwischen Amerika und Europa hin und her reiste und die Sehnsucht nach Wien nie verlor. Was ihre Memoiren so lesenswert und sympathisch macht, ist das Selbstvertrauen, mit dem sie 65 Jahre ihres Lebens in prägnanten Szenen Revue passieren läßt.
Ein bisher fast unbekanntes Dokument im Umkreis der Familie Freud.

Auch als Taschenbuch erhältlich:
Eine Wienerin in New York. Erinnerungen. AtV 2226-3

aufbau
VERLAG

Weitere Informationen erhalten Sie unter www.aufbau-verlag.de oder in Ihrer Buchhandlung

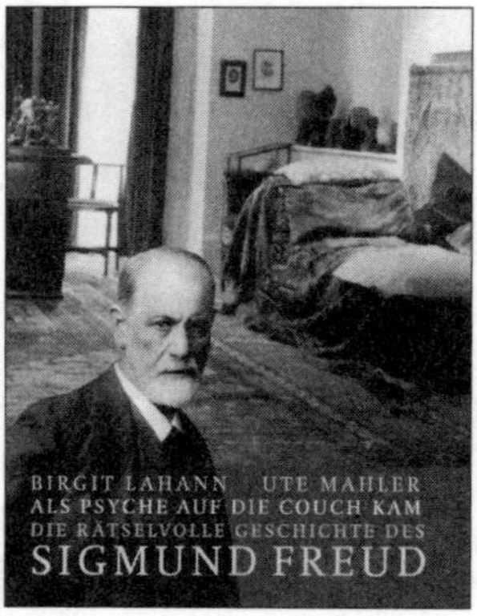

Birgit Lahann
Als Psyche auf die Couch kam
Die rätselvolle Geschichte des Sigmund Freud
Mit zahlreichen Fotos von Ute Mahler
192 Seiten. Gebunden
ISBN 3-351-02631-5

Er veränderte unser aller Träume

Die preisgekrönte STERN-Journalistin Birgit Lahann und die renommierte Fotografin Ute Mahler haben in Wien, Hamburg, Paris, Rom, Neapel, Venedig und London die wichtigsten Schauplätze von Freuds Leben aufgesucht. Entstanden ist ein mitreißendes und sinnliches Lebensbild dieser Jahrhundertgestalt. Birgit Lahann erzählt die rätselvolle Geschichte Sigmund Freuds neu – fesselnd, szenisch, mit Blick für das Detail und Sinn für das Ganze. Es, Ich, Über-Ich, Ödipus-Komplex, Traumdeutung und – natürlich – der Freudsche Versprecher: Kein Denker ist so populär geworden, so im Alltagssprachlichen verankert wie Sigmund Freud.
Wer auf unterhaltsame und überraschende Weise Einblick in das Leben und Werk Sigmund Freuds erhalten möchte, dem sei dieser Text-Bild-Band empfohlen. Die assoziationsreichen Fotografien Ute Mahlers spiegeln dieses Porträt auf faszinierende Weise.

aufbau
VERLAG

Weitere Informationen erhalten Sie unter www.aufbau-verlag.de oder in Ihrer Buchhandlung